中国出版家丛书
ZHONGGUO CHUBANJIA CONGSHU

国家出版基金项目
NATIONAL PUBLICATION FOUNDATION

中国出版家

赵南公

Zhongguo Chubanjia

Zhao Nangong

柳斌杰 主编　咸立强 著

人民出版社

出版说明

出版不仅仅是一个充满竞争的商业领域，同时，它也深深打上了"文化"和"思想"的印记。在这个文化场域中，交织着多种力量的动态关系，通过出版物的呈现和出版活动的开展，描绘了一个时代的文化风貌；而回旋折冲于其间者，则是那些幕后活跃、台前无闻的各类出版人。他们自喻"为他人做嫁衣裳"，事实上，却是国家文化传承和历史记录的主要担当者，有出版发展的参与人和见证者甚至称他们所起的作用为保存民族记忆的千秋大脑。虽然扼据出版要津之地，却少见自家行当的人物传记出版。本丛书是第一次规模化地为这个群体中的杰出者系列立传，从一个人到一群人的出版事功中，折射出近代以降出版业的俯仰变迁，同时也见证着出版参与时代文化思想缔构及其背后深广的社会历史内容。那些曾经彪炳于时的出版人，一方面安身于这个行业，以其敏锐犀利的时代洞察力，在市场、经营与创意中躬行实践，标领乃至规划了这个行业的发展，并使之成为国民经济的一个重要门类；另一方面又在"安身"之外，显现出面向社会的公共性关怀与"立命"的超越性关怀，从职业而志业的追求中，服务于民族解放、思想启蒙与文化进步的社会性经营，书写了出版人生的风采、风骨与风流。

本丛书所传写的 30 余位出版人，均为活跃于 20 世纪并已过世的出版前辈。中国古代也曾涌现了陈起、毛晋等出版大家，只是未纳入本书的传主范围。丛书在体例上，有单人独传与多人合传之分，但这并不必然意味着对传主出版贡献及其历史地位的轻重判别，许多情况下的数人合传，乃困于传主史料的阙如而不得已的选择，某些重要出版人如大东书局总经理沈骏声、儿童书局创办人张一渠等，也囿于同样情形而未能列入本丛书的传主名单，殊觉憾事。虽说隐身不等于泯灭，但这个行业固有的幕后特征多少带来了出版人身份上的隐而不显、显而不彰。本丛书的出版，固然是想通过对前辈出版事迹的阐幽发微、立传入史，能让同样为人做嫁衣者的当今出版人不至于觉得气类太孤，内心获得温暖，并昭示后来者在人生目标上，在家国情怀上，在出版境界上，追步于前贤，自觉立起一面促人警醒自鉴的镜子；同时更希望通过一个个传主微历史的场景呈现，让更多的人认识到出版在产业之外，更是一项薪火相传的社会文化事业，它对时代文化的接引与外度，使其成为一种任何人都不可忽视的"势力"，在百余年来的社会发展进程中，发挥了不可替代的作用。

故此，我们推出这套"中国出版家丛书"，以展示中国文化创造者的风采，弘扬他们的优良传统和崇高的职业精神，发掘出版史史料，丰富出版史研究和编辑史研究。

"中国出版家丛书"编辑委员会

人民出版社编辑部

二〇一六年四月

目　录

前　言

　　莫洛在《陨落的星辰·题记》中写道："中国的文化工作者，在抗战期中，以及在今天，所遭受到的是：贫穷，饥馑，疾病，逼害流亡，囚禁，枪杀与死亡……我在这里记下他们光辉的名字，使他们在中国的文化史页上，永远放射着文化战士不灭的光芒。"[①] 在莫洛记录下来的"文化战士"中，出版家共有两位：陆费逵和赵南公。陆费逵是中华书局的创办者，赵南公是泰东图书局的经理，他们都在20世纪中国出版史上留下了不可磨灭的痕迹。

　　赵南公，号荣第，出生于现在的河北省曲阳县赵城东村。赵南公是现代文化与文学史上的"名人"，经常出现在各种学术论著中，但是大多都是被附带谈及。由于赵南公生平文献史料非常少，一些学者在述及赵南公生辰时，往往都要在所用日期后打上一个问号，以示不能确定。赵南公具体的出生日期，现已不可详考，至于出生年，

[①]　莫洛：《陨落的星辰》，上海人间书屋 1949 年版，第 2—3 页。

笔者搜罗到以下三种史料，可间接进行推断。第一，1923 年 4 月 21 日《上海总商会月刊》第 3 卷第 4 号出版，其中《新会员纪略》第一条介绍的就是赵南公。"赵南公，年四十一岁，直隶曲阳县人，泰东图书局经理，由会董冯少山会员霍守华介绍。"由此可推知赵南公出生于 1882 年。第二，《赵南公日记》中赵南公的日记止于 1921 年 12 月 31 日："卅一日，星期六，直睡至二时始起。"就在这一天，李凤亭和郁达夫由安庆返回上海，在福州路门市店与赵南公见面。"至一时，凤亭觅周用吾去，达夫即睡予床，予乃坐终夜。"在这一天日记后面，赵南公回顾了自己两年坚持写日记的情况，然后说："予生四十年矣，向无恒性，任做何事无求成之希望，亦未计其如何是成，如何是败。"①赵南公 1921 年 12 月 31 日整夜未睡，与李凤亭和郁达夫聊天直到 1922 年 1 月 1 日凌晨 1 点钟。由此可知，赵南公 1921 年最后一天的日记只能写于 1922 年，而赵南公自称"予生四十年矣"的那段文字，也只能放在 1922 年中予以理解，即 1922 年赵南公 40 岁。以此计算，赵南公应出生于 1882 年。第三，《1935 年上海书店调查》中注明赵南公年龄为 60 岁。②上述三种材料，《1935 年上海书店调查》有关赵南公年龄的材料来源不明，大半来自调查者自己的推测，而《新会员纪略》中的年龄应是赵南公入会时自己所填，相比较而言，自是后者更为切实可信。此外，《1935 年上海书店调查》所显示的赵南公年龄只是孤证，别无其他材料持类似说法，因此本书不予采信。《新会员纪略》与《赵南公日记》所显示的赵南公年龄完全吻合，且

① 赵南公：《赵南公日记》，上海交通大学出版社 2016 年影印版。
② 《1935 年上海书店调查》，汪耀华编：《上海书业名录》，上海书店出版社 2011 年版，第 36 页。

材料来源直接与赵南公有关，本书据此断定赵南公出生于 1882 年。

赵南公出身贫寒，自从小疾恶如仇，好抱打不平，有燕赵侠士之风。曾被赵南公招揽进泰东图书局的张静庐回忆说，赵南公"是泰东图书局的股东兼经理，是充满着亢爽豪侠的燕赵之士。"① 与张静庐差不多同时在泰东图书局工作的沈松泉，也在回忆中说，"他（赵南公）具有北方人豪爽的性格，气度宽宏，我跟他数年，从未看见他疾言厉色地训斥过任何一个在他店里工作的人。"② 不仅泰东图书局内工作过的人持此看法，泰东图书局之外，也有很多人有相似的看法，譬如温梓川就觉得赵南公"为人重义气，好施舍，古道热肠，令人敬仰"。③

因为不满家乡县令横征税钱，赵南公在赵城东村的布市上打了县令，随后避祸南下上海，在亲戚的帮助下走上了经商之路。后来，赵南公加入了中国同盟会，以经商为掩护参加革命活动。辛亥革命后，在赵南公担任上海市河北赴沪同乡会会长期间，有河北籍乡民出国务工被骗，当时滞留在上海，无钱返乡，赵南公了解到情况后给他们安置住处，亲自出面找国民政府相关部门，帮助乡民讨回公道，并资助乡民路费回家。④ 江浙军阀混战时，周全平曾请郭沫若"向泰东图书局的经理赵南公说项，暂时奉母住到法租界贝勒路礼泉里内泰东图书局的堆书栈里。住着楼上一间厢房和一个前楼，颇为宽敞，所以在闸

---

① 张静庐：《在出版界二十年》，江苏教育出版社 2005 年版，第 60 页。
② 沈松泉：《泰东图书局·赵南公和创造社——回忆在泰东图书局的几年》，《百年书业》，上海书店出版社 2008 年版，第 2 页。
③ ［马来西亚］温梓川：《新书业与作家》，《文人的另一面——民国风景之一种》，广西师范大学出版社 2004 年版，第 344 页。
④ 郭晨峰：《民国杰出现代出版人赵南公》，《保定晚报》2009 年 2 月 28 日。

北尚公小学教书的孙伯才、严良才也常来寄宿。"①周全平只说是"寄宿"而不是租住，说明赵南公乐于雪中送炭，助人不求回报。赵南公的这番好意不仅解决了周全平家人的安全问题，还间接地为《洪水》乃至创造社出版部的成立提供了便利条件。

1914年，欧战爆发，欧阳振声、谷钟秀等人在上海创办泰东图书局，32岁的赵南公参与其中。泰有"极"、"最"等意思，"泰东"即极东，一般泛指东亚、东南亚各国。当时，中日等国多有以"泰东"命名的社会团体、公司旅店等，如本部设于日本东京的泰东教士团、中国天津的泰东旅馆等。书局取名泰东，只是顺应时代的风潮，并无特别的深意。

1916年，赵南公担任泰东图书局经理。从此，赵南公将满腔热血倾注到泰东图书局的事业中，前后长达二十余年，以毕生心血铸就了泰东图书局辉煌的发展进程。赵南公就是泰东图书局的支柱和灵魂，没有赵南公，就没有在新文学出版界叱咤风云的泰东图书局；没有泰东图书局，20世纪中国文化史上也就不会留下赵南公的名字。赵南公与泰东图书局，相互成就了对方。

赵南公担任经理的二十余年时间里，以与创造社的合作为坐标，泰东图书局的发展可以分为三个阶段：与创造社合作之前的泰东图书局（1914年—1921年5月），与创造社合作时期的泰东图书局（1921年5月—1924年8月），与创造社分手之后的泰东图书局（1924年8月之后）。

与创造社合作之前，泰东图书局的发展还可以再细化为三个小

---

① 周全平：《小伙计创业三部曲》，《百年书业》，上海书店出版社 2008 年版，第 48 页。

阶段：赵南公参与创办泰东图书局却还没有担任经理时期（1914年—1916年），赵南公担任泰东图书局经理初期（1916年—1919年），赵南公推动泰东图书局出版事业"趋新"时期（1919年—1920年5月）。1914年到1916年这个时期，赵南公在泰东图书局内所起的作用不明显，故而本书不将其作为单独的一个阶段进行叙述。以1919年为界划分泰东图书局发展的小阶段，乃是因为赵南公在"五四"新文化运动的影响下开始努力于"趋新"，泰东图书局的出版发行事业才开始有了真正重要的转变。

与创造社分手之后，泰东图书局的发展也还可以划分为两个小阶段：转型与突破时期（1924年9月—1930年12月），没落时期（1931年1月以后）。与创造社分手后，泰东图书局出版发行事业一度又失去了方向。1926年7月17日，《申报》刊载了"泰东图书局新书特价"广告，列出的书籍主要有《三国志》、《上海轶事大观》、《新华春梦记》、《秘术一千种》、《技击汇刊》、《芙蓉泪》、《建国方略》、《经商要素》和《外国地理》。除了《建国方略》，其他各种书籍让人觉得泰东图书局的出版发行事业是在大步倒退。就在郭沫若等创造社同人离开的同时，张静庐、沈松泉也都离开了泰东图书局，创办了光华书局。从1924年底到1926年夏，泰东图书局内几乎无编辑可用，出版发行事业自然颇受影响。但是，很快赵南公就找到了新的合作者，他们就是以汪宝瑄为代表的复旦大学法科学生、以钱杏邨为代表的太阳社同人、以高长虹为代表的狂飙社同人。同时与几股文坛新生力量合作，泰东图书局的编辑出版力量重新变得雄厚起来。从1927年到1930年，仅就出版物的种类和数量而言，泰东图书局的出版事业反而呈现空前繁荣的局面，1929年前后还出现过一个图书出版的小高潮，尤其是马列方面的社会科学书籍的出版更是其一大特色，而赵南公也因此多次被逮捕。仅就出版物的种类与数量而言，这时候的泰东图书局所呈现出来的发展态势绝不比与创造社同人合作的时候差。泰东图书局真正走向没落是在1931年之后。

以与创造社的合作为标志划分泰东图书局发展的三个阶段，首先是为了凸显泰东图书局与创造社合作的重要性，其次则是因为这样的划分能够清晰地显示泰东图书局发展轨迹的重要变化。1921年5月，赵南公答应郭沫若帮他们出版纯文学杂志《创造》，确定了要与创造社合作，可以将其视为赵南公真正与创造社合作开始的时间。1924年8月20日，《洪水》周刊创刊号出版，第2期虽已排印，却因故没能出版。《洪水》周刊的创刊号也就是停刊号。未能正式问世的《洪水》周刊第2期，便是泰东图书局与创造社最后一次的合作，故此1924年8月便是赵南公与创造社同人合作的结束时间。

综观泰东图书局二十余年的发展历程，从1914年开始创办，到1921年夏开始踏上辉煌之旅，其间经过了长达7年的酝酿铺垫。正所谓艰难困苦玉汝于成，美丽的彩虹总是出现在风雨后。与创造社合作的时期，也是泰东图书局出版事业最为辉煌的时期。这个辉煌，不单是因为出版物的数量与种类，更是因为出版物的质量及其在出版史、文化史上的开创性。郑振铎谈到中国现代文学发展轨迹时说："第二个时期是新文学的建设时代，也便是文学研究会和创造社的时代。不完全是攻击旧的，而且也在建设新的。不完全是在反抗、破坏、打倒，而也在介绍、创作、整理。"[1]"新文学的建设时代"也就是

---

① 郑振铎：《文学杂论·〈中国新文学大系〉文学论争集导言》，《郑振铎全集》第3卷，花山文艺出版社1998年版，第540页。

"文学研究会和创造社的时代"，这个建设时代的来临及实现，既需要作家们的不懈努力，同时也离不开优秀的出版家们强有力的支持。就创造社来说，若没有赵南公，没有泰东图书局，创造社可能仍然会出现，但肯定不会是现在人们所熟知的模样。历史不能假设，只要直面历史，就必然会承认泰东图书局与创造社相互成就了对方这一事实。正是在赵南公的大力支持下，"创造"系列刊物和丛书在出版界狂飙突起，成为了"近十年来的中国文学运动的一个主潮"，[①] 使得现代文坛从此变得五彩斑斓。从创造社 1921 年 6 月成立开始算起，到 1924年 8 月为止，泰东图书局朝气蓬勃的发展阶段，前后不过 3 年的时间。此后，泰东图书局又开始了一个长达 10 年左右的挣扎与衰落时期。美好的时光总是显得那么短暂，泰东图书局的发展历史也给无数出版人敲响了警钟：辛辛苦苦营造出来的辉煌局面，若不能精心呵护，溃败往往就在一瞬间。

就泰东图书局存在的时间而言，其发展过程贯穿了整个 20 世纪上半叶中国出版业发展的黄金时期。泰东图书局出版事业最为辉煌的阶段，曾以其无比闪耀的光芒照亮了整个新文学的出版界。在中国现代出版界快速的新陈代谢中，泰东图书局也曾站在时代的潮头，领得风骚三五年。

赵南公是一位进步的优秀的出版家，在出版发行事业之外，也为中国的革命民主事业默默地作出过不少贡献。1927 年，赵南公在陈独秀等的支持下当选为上海市政府委员。1930 年 2 月 12 日，在党的领导和支持下，上海进步文化界的赵南公与鲁迅、郁达夫、潘汉

---

① 顾凤城：《创造社和中国文学运动》，黄人影编：《创造社论》，光华书局 1932 年版，第 4 页。

年等 51 人，共同发起中国自由运动大同盟，抗议国民党当局的黑暗统治。1930 年《萌芽》月刊第 3 期刊发了《中国自由运动大同盟宣言》。宣言附有人员名单，共 51 人。鲁迅谈到列名问题时说："自由运动大同盟，确有这个东西，也列有我的名字，原是在下面的，不知怎地，印成传单时，却升为第二名了（第一是达夫）。"①《萌芽》月刊上的这份宣言，采用的是竖排，所有人员名单 4 人一列，共 13 列，最后一列只有 3 人。当时上海滩有名气的书局经理兼出版家，列名者也就只有赵南公一人而已。这份名单的顺序，其实有两种读法。一种是鲁迅的读法，每列自上而下阅读，发起人署名次序为：郁达夫、鲁迅、田汉、郑伯奇、赵南公、周全平……鲁迅就在第二的位置。还有一种读法，就是按照竖排报纸发表诗歌时的读法，每列 4 个人名，自上而下，人员名单也就分为四组，自左而右读完最上面的第一组，然后以此顺序读第二组、第三组、第四组。这样一来，郁达夫在第一的位置，第二则是赵南公，鲁迅在第十四的位置，田汉在第二十七的位置，郑伯奇则在第四十的位置。按照后一种读法，鲁迅的名字正如他自己所说，"原是在下面的"。鲁迅曾跟许寿裳说，自己只是被自由运动大同盟请去做演讲，演讲完就走了，事后却被列为发起人，因此还被国民党浙江省党部呈请中央通缉。"浙江省党部颇有我的熟人，他们倘来问我一声，我可以告知原委。今竟突然出此手段，那么我用硬功对付，决不声明，就算由我发起好了。"②自认并非发起人的鲁迅，在后来的各种论著中却一律都被放在发起人第一的位置进行叙述。随着时间的流逝，历史的叙述总是倾向于众善归之，像赵南公这样的发

---

① 鲁迅：《致章廷谦》，《鲁迅全集》第 12 卷，人民文学出版社 2005 年版，第 225 页。

② 许寿裳：《亡友鲁迅印象记》，人民文学出版社 1953 年版，第 76 页。

起人却成为叙述中被省略的路人。然而，回到历史现场，无论按照怎样的顺序阅读那份发起人名单，赵南公的名字始终都排在前面。这说明赵南公热心社会运动，而且得到了当时文化界进步人士较为普遍的认可。

　　出版界的"先进"，文化界的"战士"，这便是赵南公。

第一章

初掌泰东图书局

　　1981 年，沈俊盛与他人合作，一起绘制了一份《解放前福州路（文化街）一览》。这幅一览图反映的是"1948 年至 1949 年初上海福州路一带书店分布状况"①，本书借鉴这幅一览图直观地呈现泰东图书局当年的地理位置。

　　这幅一览图反映的主要是"1948 年至 1949 年初"坐落在福州路上的书店，那时候泰东图书局已经不存在了，但是可以通过"图注"找到泰东图书局的旧址。"图注 6"标注的便是"泰东图书局旧址"，即山西南路与福州路交叉口位置。其实，所谓泰东图书局的旧址，指的只不过是泰东图书局开设在福州路上

---

　　①　俞子林：《上海福州路文化街概述》，《百年书业》，上海书店出版社 2008 年版，第 343 页。

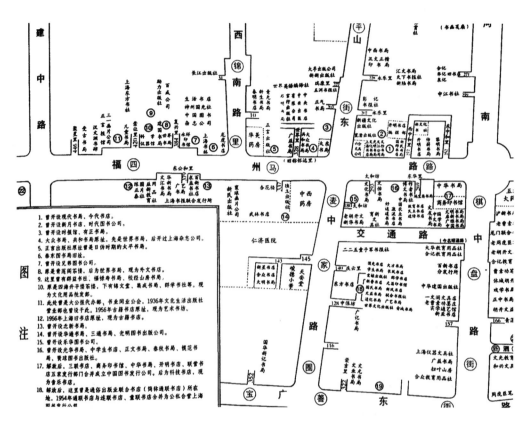

图注

1. 曾开设现代书局、今代书店。
2. 曾开设新月书店、时代图书公司。
3. 曾开设时报馆、有正书局。
4. 大众书局、新和书局原址，先是世界书局，后开设上海杂志公司。
5. 正言出版社原址曾是日伪时期的太平书局。
6. 泰东图书局书社。
7. 曾开设兄弟图书公司。
8. 原是青莲阁图馆，后为世界书局，现为外文书店。
9. 这里曾设群益书社、福禄寿书店、校经山房书社等。现为文化用品批发部。
10. 此处曾是大公报代办部、书业同业公会。1936年文化生活出版社营业部也曾设于此。1956年古籍书店原址，现为美术书店。
11. 1956年上海旧书店原址。
12. 曾开设兄弟书店，现为古籍书店。
13. 曾开设北新书局。
14. 曾开设华通书局、三通书局、光明图书出版公司。
15. 曾开设乐华图书公司。
16. 曾开设光华书局、中华生书店、正文书店、春秋书店、模范书局、黄埔书出版社。
17. 解放后，三联书店、商务印书馆、中华书局、开明书店、联营书店五家发行部门合并成立中国图书发行公司。后为科技书店，现为音乐书店。
18. 解放前，这里曾是通俗出版业联合书店（简称通联书店）所在地。1954年通联书店与连联书店、童联书店合并为公私合营上海图书音像公司。

的门市店曾经所在的位置。

随着赵南公的逝世，泰东图书局正式成为了历史名词，泰东图书局旧址早已面目全非。后人虽然能够按图索骥，却不能凭空想象泰东图书局门市店的真实模样。在泰东图书局的出版物中，有一幅没有署名的插图，所画即泰东图书局。这张素描式插图的存在，多少为后人想象当年泰东图书局的模样提供了一个参照。

赵南公苦心经营的泰东图书局，现在只留存于人们的记忆中。记忆中的模样，常常是言人人殊。不同人的回忆叙述中，泰东图书局的历史面相往往各不相同。萧聪和曹聚仁两个人，都曾以 1922 年的福州路为锚点，回忆自己见到过的上海的书店。他们对泰东图书局的叙述，便是大异其趣。

1947 年，萧聪回忆说："在二十五年前，当号称文化街的上海四马路上鳞次栉比的书店橱窗里正满摆着言情小说和黑幕大观的时候，能够不为时风所左右，严肃地出版着性质纯正的书籍的，除了已故赵南公先生所经营的泰东图书局之外，还有一家亚东图书馆，它的主持人就是汪孟舟先生。"[1] 文中的汪孟舟的"舟"字为"邹"之误。萧聪在文章中说"二十五年前"，从 1947 年倒推 25 年，正是 1922 年。

文化街上的书店鳞次栉比，萧聪赞赏的是泰东图书局和亚东图书馆。在追逐新潮的海派文化中，赵南公执掌的泰东图书局是上海出版界中趋新的先锋，同时也是中国出版界的先锋。北京虽是新文化运动的中心，但 20 世纪初中国新文化的出版中心是上海。"因为在全国中它是最拥有多量的印刷工具者，又是对内对外交通最方便的一个口

---

[1] 萧聪：《汪孟舟——出版界人物印象之一》，《大公报》1947 年 8 月 10 日。

岸，故输入纸张等原料便利低廉，而印成的东西更容易分送到各处去。再有一个历史的原因，就是因为上述两种缘故的绵延，使上海出的杂志都带有普遍性而不是地方性的，于是尊重了上海出版物的地位。"①"上海出版界充分代表了全中国，握有供给全中国的知识的钥匙。"② 赵南公执掌泰东图书局长达二十余年，引领新文化出版潮流的辉煌时期也有三四年。作为出版界的弄潮儿，赵南公和泰东图书局之名一度远播成都、长沙，甚或南洋等地。

中华人民共和国成立后，曹聚仁回忆上海的出版业时说："五十年前（清末民初），上海的商业中心在棋盘街。直到笔者来到上海（1922 年）时，上海租界向西向东北延伸，南京路上的繁荣，已经代替了棋盘街。在我们记忆中，提到了棋盘街，就等于说是提到了全国出版业的中心。（也好似提起了望平街，即唤起了新闻事业中心的印象。）商务印书馆、中华书局这两家书业重镇，雄踞在福州路（四马路）、河南路的转角上；在从前，我们应该从'商务'、'中华'数起，往南再说到文明书局、群益书社、民智书局、扫叶山房、中华图书公司、神州国光社，作纵的伸展；后来呢，却沿着福州路作横的发展，从黎明书局算起，'开明'、'大东'、'北新'、'世界'、'科学'、'生活'，一直到福州路西头，还有那家大规模的中国文化服务社。其他小型书店，如'光明'、'现代'、上海杂志公司、'春明'，不下五六十家。这里说的便是上海图书出版业繁荣的状况。如此众多的出版社和报

---

① 胡道静：《1933 年的上海杂志界》，宋原放编：《中国出版史料》第 1 卷，山东教育出版社 2001 年版，第 351 页。

② 伪上海市政研究会编写：《上海租界内中国出版界的实况》，宋原放编：《中国出版史料（现代部分）补卷》，山东教育出版社 2006 年版，第 350 页。

刊，必然有一支庞大的编辑记者队伍，这便形成了上海出版家群体。中国 80% 以上的书店集中在上海著名的四马路（即福州路）南北方向的两三个街区，长久以来一直被称为'文化街'。"①

曹聚仁列举了一系列的书局，却没有提及泰东图书局。曹聚仁 1922 年来到上海，正值泰东图书局推出"创造"系列丛书、出版《创造》季刊的时候，为何曹聚仁不提泰东图书局？是时间淡化了记忆，还是曹聚仁本就不以泰东图书局为然？

泰东图书局究竟是一家怎样的出版机构，赵南公在泰东图书局的发展中又有着怎样的地位和作用？不同的文献史料所呈现给人们的，是泰东图书局不同的历史面影。在研究者们的叙述中，有些历史的面影会愈加清晰，而有些历史的面影却可能会愈加模糊。完全还原历史是不可能实现的任务，太过主观地叙述历史则又会失去历史。本书力图在历史与现实的双重规约中描绘赵南公与泰东图书局的历史面影，为他们立下一个恰如其分的塑像。

一、泰东图书局的门市店与编辑所

泰东图书局成立于 1914 年，这已成为学界共识。但是具体成立于 1914 年的哪一个月，却少有人谈及。1914 年 4 月，东方法学会沈钧儒、何基鸿译编的《宪法要览（附法院编制法要览）》由泰东图书局出版，这是泰东图书局出版的"法政要览丛书"第一部。《宪法要

---

① 曹聚仁：《棋盘街上的沧桑》，《书林三话》，生活·读书·新知三联书店 2010 年版，第 169 页。

览》是泰东图书局的第一本出版物，若是以该书的出版作为书局成立的标志，则泰东图书局成立时间为 1914 年 4 月。若是以筹集股本、办公场所正式开张作为成立标志，由于缺少相关史料，具体时间不能确定，但从《宪法要览》一书的编辑和出版周期等方面来看，大概可以推断泰东图书局的成立时间应在 1914 年 3 月左右。总而言之，泰东图书局正式成立并开始出版活动，时间是在 1914 年春。泰东图书局成立后，首任总编辑是谷钟秀，首任总经理是欧阳振声。

1914 年 5 月 10 日，《顺天时报》开始刊登泰东图书局出版广告："袖珍法政要览丛书：共十七编。预备考试之利路，研究法政所必需。六编先出版：（一）宪法要览；（二）行政法要览；（三）刑法要览；（四）民法要览；（五）商法要览；（六）国际公法要览。北京经售处：浣花书局。"广告中给出的泰东图书局的地址是："上海江西路第二号"。在《顺天时报》上，这则广告连续刊登了将近一个月。8 月30 日，《顺天时报》刊登"袖珍法政要览丛书出版"广告，包含丛书全部十七编目录，广告顶部给出的出版信息已经改为："上海四马路泰东图书局发行"。在《顺天时报》上，这个广告也连续刊登了多日。从《顺天时报》所刊广告来看，泰东图书局的发行地址短时间内有过一次改变，即从江西路迁往了四马路。

"上海江西路第二号"是谷钟秀等人在上海最早的落脚点，也是筹办泰东图书局的地方，那时候泰东图书局还没有正式营业，没有正式的门市店，"法政要览丛书"的编辑工作很可能就是在此进行，是以"法政要览丛书"最初的广告刊登了这个地址，却未注明是"发行"地址还是编辑所地址。等到泰东图书局在四马路上设立了门市店，出版物及广告上所刊载的地址便统一为四马路地址，"上海江西路第二号"这个地址也就废弃不用了。

从江西路到四马路，改换的只是泰东图书局的发行地址，不能简单地将其等同于泰东图书局的整体搬迁。泰东图书局的发展历史上，一般都有两处办公场所，一处是编辑所，一处是门市店。四马路这个发行地址的启用，意味着泰东图书局门市店开张了，而编辑所却还在原来的位置。因此，萧聪等人所说四马路上的泰东图书局，说的便是泰东图书局的门市店。

泰东图书局何时在四马路上有了门市店？ 1914 年 6 月 8 日，《顺天时报》刊登的"袖珍法政要览丛书出版"广告，发行地址还是"上海江西路第二号"。这则从 5 月 10 日开始连续刊载的广告，所有文字一直没有改动过。在没有新史料佐证之前，不妨暂且认定 6 月 8 日广告刊出时泰东图书局的门市店还未开张。1914 年 6 月，泰东图书局出版《经济学要览》（"法政要览丛书"第 16 编），发行地址是"上海四马路一百十九号"。也就是说，泰东图书局设在四马路上的门市店，门牌号是 119 号，开张时间当在 6 月 9 日至 30 日之间。考虑到广告停止刊载的时间和《经济学要览》的出版问题，大概可以确定门市店的开张时间当在 6 月中旬。早于这个时间，则与之前广告上的发行地址相冲突；若是晚于这个时间，则《经济学要览》的制版时间不足。若以四马路门市店的开张作为泰东图书局正式成立的时间，这个时间是在 1914 年 6 月中旬。

泰东图书局在福州路上的门市店，也曾搬迁过。只是从福州路 119 号搬到了 124—5 号。1919 年 9 月 6 日和 18 日，赵南公在《申报》上连续刊登"泰东图书局迁移大扩充纪念特价赠品一月"的广告。从门牌号码来看，泰东图书局的"迁移"，其实只是门市店的位置稍微挪动了一下。这个挪动距离尚不至于让老顾客找不到门市店的新位置，赵南公为此特意连续在《申报》刊载广告，主要目的不是告诉那些爱到福州路逛书店的顾客，而是告知那些通过报刊等阅读泰东图书局早期广告的顾客。另外，这次搬迁后，门市店的店面扩大了，所以赵南公说是"迁移大扩充"，而"迁移大扩充"的根本原因则是赵南公想要大展身手，准备重建理想的新泰东，而重建的第一步工作，便是店面的"迁移大扩充"。这次搬迁后，一直到书局停止营业，泰东图书局门市店的位置再没有改变过。

四马路 119 号位于昼锦里青莲阁茶楼底层，迁移之后，泰东图书局的门市店离青莲阁茶楼稍微远了一点。温梓川在文章中说，泰东图书局"在上海四马路最著名的野鸡渊集的青莲阁茶楼隔壁"，[①] 温梓川谈到的泰东图书局，其实就是迁移之后的泰东图书局的门市店。青莲阁原名"华总会茶楼"，青莲取自李白的自号"青莲居士"。叙述书店，却以青莲阁为地标进行定位，说明这座带有色情意味的茶楼在当时的确相当"著名"。戴敦邦的《新绘旧上海百多图》，其中一幅的题名便是"青莲阁多野鸡"。在《旧上海》一文中，丰子恺也说四马路就是妓女的世界。在满是娼妓的地带，开办起一家家传播现代文明的书店，或许这就是上海滩的魅力：在东方魔都，一条聚集了罪恶与堕落的马路上，绽放出了艳丽的现代文明之花。

高长虹谈到上海的特色时说："肉。这是不必逛游艺场或夜半十二点钟行过青莲阁才可以看见的。"[②]"肉"即肉欲，与青莲阁相联，

---

① ［马来西亚］温梓川：《新书业与作家》，《文人的另一面——民国风景之一种》，广西师范大学出版社 2004 年版，第 343 页。

② 高长虹：《每日评论·上海的特色：经济与肉》，《长虹周刊》1928 年第 8 期。

指的就是娼妓业。陈无我说："清光绪间，四马路一带，书馆林立，然座场宽敞，歌妓最多者，推天乐窝为第一。"这里所说的"书馆"，指的是书寓，即高级妓院。①上海的文化街与妓女似乎总是相伴而生。后来北四川路成了现代作家和书店的聚集区，妓女们也随风而至。高长虹在文章中说："前几日，有一种报纸上又说北四川路是神秘的街，因为北四川路的淫业发达有凌驾四马路的势头。"②灵魂与肉欲相邻，和郁达夫小说创作经常表现的"灵与肉的冲突"很契合。汪孟邹回忆自身出版经历时说："我们出版认真，不肯苟且，一半是由于个性使然，一半也是许多朋友，如章行严、陈仲甫、胡适之诸先生督促之力。我与同业群益主人陈子佩、子寿昆仲，泰东主人赵南公，太平洋主人张秉文诸老友时常要闲谈，都说：'我们与其出版一些烂污书，宁可集资开设妓院好些。'"③出版图书还是开妓院，将二者并列作为选择项，不仅是为了形成有力对比，也是当时上海的书店与妓院毗邻而居的现实在言语中的自然反映。

与泰东图书局的门市店相比，妓女云集的青莲阁好像更有名。许多文化人回忆四马路上的泰东图书局时，大多都以青莲阁为地标。不仅泰东图书局，与泰东图书局相邻的来青阁也是如此。杨寿祺回忆说："（伯父）独自一人，筹备数月，至1913年2月底亲来上海，当即租定青莲阁楼下东隔壁铺面一间。返苏后将苏店存货合销之书，立即包扎装运至沪，三月初旬正式对外营业。"④来青阁开业一年后，边

---

① 陈无我：《老上海三十年见闻录》，大东书局1928年版，第53页。
② 高长虹：《每日评论·神秘的街》，《长虹周刊》1928年第6期。
③ 汪孟邹：《我与新书业——答萧聪先生》，《大公报》1947年8月24日。
④ 杨寿祺：《清末民初苏沪书业之状况》，《百年书业》，上海书店出版社2008年版，第317页。

上就有了泰东图书局的门市店，后来陆续又开办了一些书店。"设在福州路上的书店自河南路转角往西数，有中华书局、梁溪图书馆、新文化书社、群众图书公司、有正书局、大东书局、泰东图书局、国华书局、来青阁等。"[①]1932 年，世界书局发行所迁到福州路 390 号定建的四层七开间楼房，即青莲阁茶楼旧址。青莲阁茶楼这所地标性建筑消失了。代表精神文明的书店取代了妓女聚集的场所，这也可以看成是大上海完成自身蜕变，逐渐树立其文化中心地位的一个象征。

四马路又称福州路。早期泰东图书局出版的书刊上，发行一栏的落款一般都是："上海四马路泰东图书局发行"或"上海英租界福州路"。对于福州路上的这所门市店，沈松泉有过较为详细的回忆："泰东图书局的发行所设在福州路，离昼锦里（山西路口）不远，双开间门面。店堂后面有一间约十六平方米的小房间，里边设一张床铺，靠窗设一张书桌，桌旁一把椅子。赵南公先生平常难得到编辑部去一次，每天下午总坐在这间小屋里会客、谈事情、处理一些问题。"[②]为了保住这个小小的门店，赵南公曾与四马路上其他一些商家，在1921 年联合起来反抗房东收房。1921 年 11 月 22 日，赵南公在日记中记载了这次斗争的阶段性胜利："公廨今日已有示谕，房子事不必再要求房东赔偿搬迁之损失，应根据公堂示谕要求不搬。"直至泰东图书局停止营业，书局设在福州路上的这个门市店都没有再发生过此类问题。在这个过程中，带领众商家维护自身权益的主要是赵南公，

---

① 沈松泉：《1925 年前的上海文化街》，《百年书业》，上海书店出版社 2008 年版，第329 页。

② 沈松泉：《泰东图书局·赵南公和创造社——回忆在泰东图书局的几年》，《百年书业》，上海书店出版社 2008 年版，第 3 页。

议事地点多在泰东图书局门市店，斗争的胜利不仅有利于泰东图书局自身的发展，也为赵南公赢得了周围商民的拥护，为他日后在上海商会的活动奠定了基础。

与福州路上的门市店相比，泰东图书局编辑所的搬迁显得较为频繁。据现有材料可知，编辑所曾辗转设于以下四条马路：江西路、南成都路、马霍路、贝勒路。

1920 年 6 月，《新人》月刊第 1 卷第 3 期刊登《新人社消息》，宣称："新人社编辑所现移到上海南成都路新乐里一七七号"。新人社的编辑所原地址是王无为个人的住所，新乐里 177 号则原是泰东图书局编辑所的地址，由此可见泰东图书局曾租此处办公，但租住的时间并不长。9 月，《新人》月刊第 1 卷第 7、8 期合刊号刊载《新人社社员录》，赵南公名下的地址是"上海四马路泰东图书局"，张静庐和王靖名下的地址都是"上海马霍路泰东书局编辑所"。赵南公名下的地址就是泰东图书局的门市店地址，而张静庐和王靖名下的地址就是泰东图书局新的编辑所地址。《泰东月刊》创刊号刊载《投稿简章》，第十二条"投稿请寄上海法租界贝勒路礼和里四号泰东图书局编辑部"。"编辑部"也就是"编辑所"，这是泰东图书局编辑所再次搬迁后的新地址。

1921 年 1 月 3 日，赵南公在日记中写道："仍雪雨。十二时起，阅报。长源来，言马霍路有房招租，即嘱静庐往定。晚间王靖来，嘱其告汉杰退房。"日记中所提到的这处房子，位于上海马霍路（今黄陂北路）德福里 220 号，也就是郭沫若在《创造十年》中屡屡提及的泰东图书局编辑所，这处编辑所也因郭沫若等创造社同人而广为人知。

1921 年 4 月 4 日，郭沫若和成仿吾从日本来到上海，就住在马霍路上的泰东图书局编辑所。郭沫若后来回忆说:"号称为编辑所的地方,丝毫组织也没有。本是一所二楼二底的弄堂房子,楼下做了堆栈,五六个人通杂住在楼上。做工、会客、睡觉,在那儿是三位一体。"① 郭沫若和赵南公都称之为"编辑所",只有郑伯奇将其称为"编译所",郑伯奇所用的称呼估计是和商务印书馆的编译所混淆了。"所谓编译所,是在当时跑马厅西边马霍路福德里内一所两楼两底的旧式弄堂房子。楼下除了沫若住的一间厢房以外,前前后后,包括吃饭用的堂屋,都堆积了泰东出版的旧书和旧杂志,在这些堆积的空隙,支着一些校对和职员的床铺。"② 离马霍路不远,有一条名为Love Lane 的小巷,直译出来便是"情侣弄"或"爱情弄"。郭沫若觉得很有诗意,地方也很幽邃,晚上经常一个人去散步,还写了一篇题为"Love Lane"的随笔。郑伯奇回忆自己最初在泰东图书局的生活时说:"马霍路附近向西有一个幽静的所在,是离大路不远的一条曲折的林荫小道,外国名字叫'Love Lane',按字义应译作'情人巷',我们两个单身汉常常在饭后或晚间来这里散步。特别是在月夜,月光从树荫流泻地面,远处送来断续的琴音歌声,真使人忘却身在'十里洋场'而悠然生出超尘出世的幻想。我们就在这样梦幻似的环境里,交谈着各自的抱负和见解,有时会遇到一对相依相偎的外国情侣迎面而来,打断了我们的梦呓般的谈话。"③ 回忆中,"情侣弄"或"爱情弄"的幽静美好,与编辑所内的喧闹杂乱构成鲜明

---

① 郭沫若:《创造十年》,《郭沫若全集》文学编第 12 卷,人民文学出版社 1992 年版,第 123 页。

② 郑伯奇:《忆创造社》,《沙上足迹》,黑龙江人民出版社 1999 年版,第 13—14 页。

③ 郑伯奇:《忆创造社》,《沙上足迹》,黑龙江人民出版社 1999 年版,第 23 页。

的对照。郭沫若等创造社同人把编辑所周边的夜色描述得越迷人，也就越加反衬出编辑所内的生活是如何令人难以忍耐。在赵南公的日记中，有时也无意中透露出编辑所环境的恶劣。1921年8月14日，赵南公在日记中写道："四时，沫若同钱君胥来，沫若发寒甚重，遂睡。钱君以编辑所多臭虫，愿宿店中。"钱君胥就是《茵梦湖》的初译者，他因臭虫多不愿意住的编辑所，却是郭沫若等创造社同人的住处。

因为郭沫若等创造社同人的关系，泰东图书局设在马霍路上的编辑所最为著名。从出版品牌的营造来说，出名是好事；若是从泰东图书局的创办初衷来说，出名未必是好事。泰东图书局的主要股东谷钟秀、欧阳振声、彭允彝、殷汝骊，均是欧事研究会成员。泰东图书局的创办，本就是一项政治行为，书局便是上海的欧事研究会成员宣传自身主张的出版发行机构。

袁世凯就任中华民国临时大总统后，民主共和步履维艰。1913年3月20日，国民党代理理事长宋教仁在上海被刺。在对待袁世凯的问题上，孙中山与黄兴的分歧日趋严重。孙中山认为民气激愤，人心可用，遂提出"联日"、"速战"，主张先发制人，立即武力讨伐，推翻袁世凯。黄兴则认为既然已经建立了中华民国，颁布了《临时约法》，首先应通过法律程序，揭露谋杀宋教仁的真相，以真正的政党政治、议会民主推动中国社会的进步，而不愿轻易诉诸暴力革命，以暴易暴，结果失掉了好不容易才建立起来的一点现代民主政治原则。陈炯明在国民党粤支部追悼宋教仁大会上发表演说，表示："现在为法治之国，政府倘有违法行为，皆得以法律范围之。所望此案与政府无关系。如果有关系，吾人须以法律对待之。凡属国人皆应表同情，以维持国民权利。"① 与以法律还是暴力对待袁世凯直接相关的，还有抵御外侮的问题。"每念西北风云变幻万状，中央久违征抚之议，而军马使臣未出国门一步，一息尚存之政府，欲不亡于因循萎靡者几悉。"② 当时中国西北边境有外国势力入侵，先攘外还是先安内在革命者内部也有不同看法。概言之，当时国民党阵营分为以孙中山为首的革命激进派和以黄兴为代表的革命稳健派。

随着袁世凯政府愈加倒行逆施，黄兴、陈炯明等与孙中山掀起了"二次革命"。"二次革命"失败后，孙中山总结辛亥革命以来的经验教训，感到革命党内部思想混乱、组织涣散，决心整顿党务，组建中华革命党。有些革命党人不赞成中华革命党的入党要求，故不愿加入，欲在中华革命党之外另组新的革命团体。1914 年 7 月，第一次世界大战爆发，李根源、李烈钧、章士钊等以"欧事严重，集同人讨论"为名，于 8 月 30 日在日本东京正式成立了欧事研究会。

1916 年 11 月，周善培、李根源、杨永泰等人，在北京发起政学会，会章规定以"研究政务、实行改进"为宗旨，提出了六大主义：对于政权取恬静主义、对于政治取温和改进主义、对于政府取劝告监督主义、对于各政团取亲善联络主义、对于会务取公开主义、对于会员取平等主义。主要成员有岑春煊、章士钊、张耀曾、谷钟秀、杨永泰、欧阳振声、徐博霖、彭允彝等。从人员组织和思想主张等方面来看，政学会就是欧事研究会的延续，是在革命党人黄兴逝世后志同道合者的再次重新组合与确认。唐德刚谈到政学系（政学会）时说："若论政治信仰，则他们都是搞'驱除鞑虏、建立民国'起家的。他们都

---

① 《追悼宋钝初先生之哀声》，广州《民谊》1913 年第 7 期。

② 《汪陈两人之政见》，上海《申报》1913 年 5 月 16 日。

是时代的产儿，跳不开时代所给予他们的观念。这一时代有为有守的人都认为议会式的民主政治，是'民国'的最高原则。他们反对过满清大皇帝，也反对过洪宪新皇帝。对孙文要改变民主基础来'慎施命令'的寡头作风，他们也照样不能接受。"①

郭沫若在《创造十年》中回忆说："书店老板赵南公——其实赵南公并不是泰东书局的老板，那书局是政学系的人办的，赵南公只是经理，后来政学系的几个分子成了'大人物'，没有再管书局的事。"②郭沫若在回忆中只说"政学系"而不提欧事研究会，原因大概有二：首先，郭沫若进入泰东时，欧事研究会已经转为"政学系"，郭沫若与之发生关系的，是"政学系"，而不是其前身欧事研究会；其次，泰东图书局成立的背景虽然是欧事研究会，后来转为"政学系"，但是在实际的编辑出版活动中并没有打出过相应的旗号。从欧事研究会或"政学系"等政治背景看，泰东图书局的作用更多的应该是以商贾之事，隐藏革命行动。早期的泰东图书局应是被作为了活动据点，主要任务是秘密联络，而非公开宣传。

泰东图书局始终坚持将编辑所和门市店分设在两个不同的地点，这样的选择最初应该主要是出于政治上的考虑。

从武昌起义胜利到民国成立，"那时正值国家鼎革之际，社会一切都呈着蓬勃的新气象。尤其是文化领域中，随时随地在萌生新思潮，即定期刊物，也像雨后春笋般出版。因为在那时候，举办一种刊物，非常容易，一、不须登记；二、纸张印刷价廉；三、邮递利便，

---

① 唐德刚：《政学系探源》，台湾《传记文学》1993 年第 63 卷。

② 郭沫若：《创造十年》，《郭沫若全集》文学编第 12 卷，人民文学出版社 1992 年版，第 94 页。

全国畅通；四、征稿不难，酬报菲薄；真可以说是出版界之黄金时代"。① 然而，随着袁世凯倒行逆施，谷钟秀等参与的"二次革命"失败，国内出版界形势为之大变。国民党创办或与国民党相关的报纸，几乎被禁绝殆尽。据统计，从 1912 年 4 月到 1916 年 6 月，袁世凯政府至少查封 71 家报纸，杀害了 24 名以上的新闻记者，被捕者更是多达 60 余人。报纸数量急剧减少，大批报人受到戕害，人称之为"癸丑报灾"。②"当时真正之民意，几不能于字面求之矣。"③ 在这种情况下，坚持反袁革命的谷钟秀再怎么谨慎也是应该的。

泰东图书局经理赵南公和其他编辑工作和生活的场所主要是编辑所，而出版发行地址署的却是门市店地址。门市店位于英租界内的福州路，编辑所位于马霍路德福里，属于公共租界。1908 年春，留日归国的陈其美在马霍路德福里 1 号设立了同盟会总机关。当时，很多革命组织都在马霍路设有机关。泰东图书局将编辑所设在马霍路德福里，既是延承辛亥革命党人的余泽，也表明了内在的革命诉求。至于将门市店安置于福州路，一方面是在书店林立的福州路上更有利于发售书刊，另一方面也与公共租界的编辑所隔离开来，有利于政治上的安全，亦能有效地隐蔽某些方面的行动。

---

① 秋翁：《三十年前之期刊》，芮和师等编：《鸳鸯蝴蝶派文学资料（上）》，福建人民出版社 1984 年版，第 275 页。

② 丁淦林：《中国新闻事业史》，高等教育出版社 2002 年版，第 163 页。

③ 戈公振：《中国报学史》，上海古籍出版社 2003 年版，第 212 页。

二、谷钟秀担任总编辑时的泰东图书局

谷钟秀（1874—1949），字九峰，直隶定县东马家寨人。早年在保定莲池书院读书，后考入京师大学堂师范部。1901年留学日本，在早稻田大学攻读政治经济学。留学期间结识孙中山，遂加入同盟会。回国后任教于直隶高等师范学堂，曾任直隶巡抚署秘书。辛亥革命发生，谷钟秀以直隶谘议局代表，与其他省代表齐集武昌，商议成立临时军政府。又被推为直隶省代表，与其他各省代表齐集南京，成立参议院，选孙文为临时大总统，成为创立民国及共和政府的元勋之一。南京参院迁往北京后，谷钟秀当选为北京参议院全院委员长。国会成立后任众议院议员兼宪法起草委员会主任。

泰东图书局成立之初，推出了法政系列图书，版权页上的落款都是泰东图书局。从这些地方看，作为泰东图书局首任总编辑，谷钟秀最初似乎并非有意将泰东图书局完全隐藏于幕后。

1914年6月，泰东图书局出版《经济学要览》和《财政学要览》，由东方法学会编纂，为"法政要览丛书"第16编和第17编。两书出版后均于当年7月再版，可见受欢迎程度。《财政学要览》书前有"凡例"："一、本书详于比较且据最近之统计提要列表以便参考。二、凡论列财政之原理多引各国实例以资佐证，为财政整理之借镜。三、本书多取材于法学博士小林丑三郎之《财政学提要》、《比较财政学》及松崎博士《最新财政学》。"法政类教材大多取材于日本，与编译者大多在日本留学接受教育有关，也与中日国情相似有关。

在《经济学要览》和《财政学要览》出版之前，"法政要览丛书"

已经出版了《宪法要览》、《行政法要览》、《刑法要览》、《刑事诉讼法要览》、《民法要览》、《商法要览》、《民事诉讼法要览》、《国际公法要览》、《国际私法要览》等，一共17种。在出版"法政要览丛书"的同时，泰东图书局还出版了"政法丛书"。这两套大型丛书的编译出版，是中国有史以来最为全面的法政类书籍出版活动，泰东图书局为丛书所做广告称其为："法律唯一应用完善的书籍"。[①] 在当时追求法制建设的大环境下，这些丛书的出版意义非凡。若将两套丛书的出版活动置于中国法政教育的历史背景中给予考察，则更能见其重要意义。

1905年3月，伍廷芳等奏请各省"课程一切参照大学堂章程内法律学门所列科目及日本现设之法政速成科办理。选派明习法律的人员及外国游学毕业者充当教员，分门讲授，令学员在堂录写讲义，定六个月为一学期，三学期毕业，造就已仕人才，俾办地方庶政。当务之急，莫过于此。"[②] 1910年2月，《法院编制法》颁行，政法人员缺口猛增，清政府颁布《学部通行各省法政学堂应次第扩充文》，要求各地扩大法政学校的办学规模。等到民国成立，推崇法制，法政学校更是迎来了空前的发展机遇，"报章募集生徒之广告，则十七八法政学校也。"[③] 据统计，1912年全国法政专门学校有64所，学生30803人。[④] 郭沫若在回忆辛亥革命前后的情形时说："学生界中也惹起了一

---

① 扉页广告，参见汪馥炎、李祚禅编：《中华民国联省宪法草案及说明书》，泰东图书局1925年版。

② 伍廷芳：《奏请各省专设仕学速成科片》，《伍廷芳集》上，中华书局2004年版，第273页。

③ 黄炎培：《教育前途危险之现象》，《东方杂志》第9卷第12号。

④ 《1912—1922年专科教育概况表》，《第一次中国教育年鉴（丙编）》，上海开明书店1934年版，第143页。

个天翻地覆的变革，有好些学生便借这个机会离开了正规学校，而转入了军界或政界。特别是法政学校的设立风行一时，在成都一个省城里，竟有了四五十座私立法政学校出现。大家都想做官，几个月速成毕业之后便有考法官的资格，于是祖孙父子同学的佳话四处都是。"①

在法政专业学习的热潮中，"法政要览丛书"为当时的教育界提供了较为切实可靠的教材。这套丛书的编译者，大多在民国政府身居高位，利用职务之便，将这些书籍推荐为各专门学校的教科书，进一步打造成为泰东图书局的拳头产品，并非难事。可是"法政要览丛书"从来没有成为高等学校教科必用教材。赵南公执掌泰东图书局后，与"法政要览丛书"相关的广告迅速减少直至消失，说明了这套丛书的出版效益较差。

1914 年 8 月，泰东图书局出版了谷钟秀撰写的《中华民国开国史》，这是第一部有意为中华民国立史的著作。"《中华民国开国史》，谷钟秀著，纸数二百十四页，定价大洋一元二角。是书始武昌起义，迄国会废止，凡民国缔造之艰难，政局变迁之因果，无不择精语详据实直书，而于当时政潮之暗幕，将来元首之叛逆，尤能独具只眼，破其隐。人第见帝制发生，逆迹遂尔暴露。滇黔声讨罪首于焉。斯得而不知其黑幕中之种种导线已潜伏于民国元二年之交。国人欲究其原委，而一决今日之世局乎，不可不急取是书而一读之也。"②此前，郭孝成完成于 1912 年的《中国革命纪事本末》，主要是辛亥革命的报章资料与中华民国文件汇编。随着中国现代传媒的发展，许多著作都是

---

① 郭沫若：《我的学生时代》，《郭沫若全集》文学编第 12 卷，人民文学出版社 1992 年版，第 12—13 页。

② 参见张东荪编：《宪法与省制》，扉页广告，泰东图书局 1916 年版。

先在报刊上连载，而后结集出版。《中华民国开国史》则不然，首先是在泰东图书局正式出版，而后才在《正谊》杂志连载。这种较为反常的出版模式，既说明了泰东图书局和《正谊》杂志社之间存在较为密切的关联，也说明泰东图书局在出版发行方面采取的是较为内敛的低姿态。

上海作为欧事研究会在国内的重要活动基地，在1914年和1915年曾出版发行过多种机关刊物。1914年9月15日，《正谊（the Rightness）》月刊创刊，谷钟秀、欧阳振声、杨永泰等主编，创刊号刊载地址为上海英租界江西路4号，发行所是《正谊》杂志社，发行人是李宣。除了编辑者，地址与发行都看不到与泰东图书局有任何相关的信息。后来，《正谊》杂志临近终刊时刊登启事，声明社址迁至上海英租界福州路119号，这个地址正是泰东图书局门市店地址。此外，还有值得注意的事情是，1914年6月，泰东图书局出版的《经济学要览》，发行所泰东图书局的地址是"上海四马路一百十九号"。1914年5月10日，《顺天时报》刊登"袖珍法政要览丛书"广告，连续刊载到6月10日为止，广告内容没有任何变化，顶部所留泰东图书局的地址一直都是"上海江西路第二号"。"上海江西路第二号"毗邻《正谊》杂志的创刊地址，中间只隔了一个门牌号。无论是总编辑还是发行地址，都表明《正谊》与泰东图书局两者之间存在非常密切的关系。

泰东图书局和《正谊》明明有着非常密切的关系，却又一直在有意识地将两者的出版发行区别开来，不惜采取相隔一个门牌号这种欲盖弥彰的方式。胡道静谈到民国杂志出版时说："上海书店林立，每家都有一种至数种杂志出版，这数目就不少了。还有许多杂志名义上是由什么团体经营，可是除了编辑以外，印刷发行方面往往是和书店合作，由书店负责的。"① 这种情况显然不适用于泰东图书局和《正谊》。《正谊》名义上由《正谊》社发行，实际上却可能是由泰东图书局负责，正如后来泰东图书局出版《新人》杂志，版权页上虽然注明由"新人社"发行，实际上这只不过是障眼法，真正的发行者是泰东图书局。版权页相关信息上使用障眼法，原因可能有多种，比如给读者以繁荣热闹的感觉，或者是彰显编辑与出版发行各自独立，又或者是为了规避法律制度等。就泰东图书局和《正谊》两者的情况而言，谷钟秀似乎更多地是想将泰东图书局作为欧事研究会在上海的联络据点，而不是承担公开宣传革命理念的《正谊》等出版物的出版发行工作。

谷钟秀、杨永泰等创办《正谊》时，有意拉开与泰东图书局间的距离，后来创办《中华新报》，仍然如此。泰东图书局从创办伊始，承担的就是"法政要览丛书"那种基础性专业性图书的出版发行任务，而不是激烈的正面的思想宣传与政治斗争。曾在泰东图书局工作过的沈松泉说："政学系的人物懂得从事政治活动必须掌握一个出版机构，以便发表自己的政治主张，出版自己的著作。泰东图书局的创立，正是基于政学系的这个要求。"② 就泰东图书局创办的原始意图而言，的确如此。但是在实践方面却渐渐出现了某些偏差，政学系真正发表自己"政治主张"的机构，并非泰东图书局。就在泰东图书局成

---

① 胡道静：《1933年的上海杂志界》，《中国出版史料》第1卷，山东教育出版社2001年版，第353页。

② 沈松泉：《泰东图书局经理赵南公》，《中国出版史料（现代部分）》第1卷上册，山东教育出版社2001年版，第329页。

立的 1914 年，章士钊在日本东京创办《甲寅》杂志，出版发行则是由上海亚东图书馆负责。"章士钊于 1914 年在日本东京创办政论性月刊《甲寅》，撰稿人有陈独秀、李大钊、苏曼殊、东荪、梁漱溟、高一涵等，从事反对袁世凯的宣传。自第五期起移上海由亚东出版，前后共 10 期。"①1915 年 10 月 10 日，《中华新报》在上海创刊，谷钟秀、杨永泰等主编，创刊后即同筹安会就国体问题展开论争，反对帝制。欧事研究会在上海出版发行的三种刊物，出版发行均不经泰东图书局之手，这既是出于革命形势需要，不将鸡蛋放在一个篮子里，从另一方面也再次确认了泰东图书局创办之始作为联络处的初衷。

谷钟秀担任总编辑时期，泰东图书局并没有成为现代文化与文学的出版重镇，即便是在欧事研究会内部，也处于较为边缘的地位，与《正谊》、《中华新报》等颇有影响的出版物间的关系也说明了这一点。改变泰东图书局出版发行面貌，造就泰东图书局辉煌的出版局面的，是赵南公。

三、有能耐的人都去当官了，书局留给了赵南公

早期泰东图书局的股东和其他相关人员，主要围绕着谷钟秀和欧阳振声两人聚拢而来。谷钟秀是直隶（今属河北）人，欧阳振声和彭允彝是湖南人。欧阳振声（1881—1931），字笃初，号俊民，也作骏民，湖南宁远人。早年留学日本，就读于早稻田大学经济科。辛亥革

---

① 吉少甫：《亚东图书馆的盛衰》，《亚东图书馆与陈独秀》，学林出版社 2006 年版，第 236 页。

命胜利后，曾担任南京临时参议院议员，护国运动后任广州军政府财政部次长等职。除了欧事研究会的背景，早期泰东图书局人事建构的核心便是同乡关系。赵南公与谷钟秀是河北同乡；编辑李凤亭、易君左、成仿吾等，则与欧阳振声和彭允彝是湖南同乡。进入泰东图书局的方式和途径虽然各有不同，但是早期泰东图书局成员主要来自河北与湖南。在中国城市化的进程中，"那些境况较好的人或者那些已经在城里安顿下来的人们，故乡仍然值得他们重视。经商的人们都感觉到，在这个移民城市里，由同乡构成的关系网可以让生意开展得更为顺畅"。[1] 同乡关系在商业活动和革命活动中都有着非常重要的地位和作用，能在相互之间建立起一种自然而然的联系，用起来让人觉得可靠，管理起来更加方便。

赵南公之所以能够担任泰东图书局经理，缘于谷钟秀的推荐。曾在赵南公手下工作过的沈松泉回忆说："赵南公，河北省（当时称为直隶省）曲阳县（属保定府）人，听说他在前清还是一个秀才。曲阳县有一位政学系的人物叫谷钟秀，和赵南公是邻村小同乡。赵南公被聘为泰东经理，可能是谷钟秀的推荐。"[2] 赵南公担任泰东图书局经理后，尤其是在"五四"新文化运动发生后，锐意改革泰东图书局，极力招揽人才，在用人方面打破同乡观念，使泰东图书局成员结构改换了一番面貌，为泰东图书局出版发行事业的腾飞奠定了基础。

欧阳振声离开泰东图书局后，书局经理的位置空了下来，谷钟秀

---

① 卢汉超：《20世纪初日常生活中的上海》，段炼等译，上海古籍出版社2004年版，第40页。

② 沈松泉：《泰东图书局经理赵南公》，《中国出版史料（现代部分）》第1卷上册，山东教育出版社2001年版，第329页。

在自己离开之前，推荐赵南公担任泰东图书局经理。所谓推荐，其实就是将泰东图书局交给了赵南公，因为欧阳振声离开后，掌控泰东图书局的就是谷钟秀。谷钟秀不需要征求他人的意见，那时候政学系的人忙于出仕做官，也没有人在意这件事。

谷钟秀具体何时推荐赵南公担任泰东图书局经理？或者说赵南公具体在什么时间成为了泰东图书局的经理？曾在泰东图书局工作的沈松泉回忆说："赵南公虽然从泰东一创立就任经理，又热心从事社会活动，为上海各路商界联合会的核心人物，但对于他自己主持的书店却经营得并不理想。"① 认为赵南公从泰东图书局创立伊始就任经理，这与事实不甚相符。但是，沈松泉的回忆也提供了一种可能性，即赵南公很有可能在泰东图书局创办后不久就担任了经理的职务。所谓不久，即在 1916 年之前。这是第一种观点。

与沈松泉一样被赵南公招进泰东图书局工作的张静庐回忆说："泰东图书局的股东，多是与政学系有关系的。在民国三年（1914年）创办这书店时，出版计划注重在政治方面的。后来讨袁之役胜利，股东都到北平做官去了，无形中将这家店铺交给经理赵南公一手包办。"② 张静庐和郭沫若的说法大体一致，都明确点出了赵南公和泰东图书局的关系，至于泰东图书局何时被交给赵南公，郭沫若没有说具体时间，张静庐认为是"讨袁之役胜利"后。但是对于赵南公接手泰东图书局的语境，两人的认识是一致的，即有能耐的人都做官去了，于是书局留给了赵南公。这是赵南公执掌泰东图书局时间点的第

① 沈松泉：《泰东图书局经理赵南公》，《中国出版史料（现代部分）》第 1 卷上册，山东教育出版社 2001 年版，第 333 页。

② 张静庐：《在出版界二十年》，江苏教育出版社 2005 年版，第 62 页。

二种说法。

"讨袁之役"又称"二次革命"、癸丑之役或赣宁之役，指的是孙中山等国民党人于 1913 年（民国二年）在中国发动的反对袁世凯的武装革命。"讨袁之役"以失败告终，孙中山、黄兴等再度逃亡日本。欧事研究会的成立，是在"讨袁之役"后，泰东图书局的成立更在欧事研究会成立之后。从狭义上理解"讨袁之役"，张静庐的说法显然与事实不符。若是从广义上理解"讨袁之役"，乃是包括"二次革命"和"护国战争"在内的针对袁世凯的革命活动，"讨袁之役胜利"自然说得通。护国战争又称护国战役、护国运动或反帝制战争。1915 年 12 月 12 日，袁世凯在北京宣布复辟帝制，唐继尧、蔡锷、李烈钧等在云南宣布独立并出兵讨袁，南方其他各省之后亦纷纷宣布独立。1916 年 3 月 22 日，袁世凯被迫宣布取消帝制，并于当年 6 月 6 日病死。

据蒋永敬统计，1915 年初在国内的欧事研究会发起人仅有谷钟秀、欧阳振声、杨永泰、但懋辛和李思广 5 人，其他 40 余人皆在海外。[①] 在欧事研究会成立后的一年里，谷钟秀、欧阳振声、杨永泰、但懋辛和李思广皆在上海。也就是说，国内欧事研究会的活动基点，在最初的一年里就只有上海，谷钟秀、欧阳振声和杨永泰就是欧事研究会上海联络机关的负责人，机关就是泰东图书局。1915 年 9 月初，熊克武请但懋辛去南洋为倒袁运动做准备。1915 年 10 月，有些海外的欧事研究会成员来到上海。1916 年初，杨永泰去广东参加护国运动。谷钟秀和欧阳振声则留在上海。等到护国运动胜利，段祺瑞重组

---

① 蒋永敬：《欧事研究会的由来和活动》，《传记文学》1979 年第 5 期。

内阁，他们尽皆汇集北京。因为"讨袁在沪办报，劳苦功高"，[①] 谷钟秀出任农商总长兼全国水利总裁（1916 年 7 月—1917 年 6 月），欧阳振声出任农商次长。

1916 年，泰东图书局的两位最主要的股东，亦是书局里的总经理和总编辑，一时间都去北京做官了。其他曾在上海活动的有能力的欧事研究会成员，也都纷纷离开了上海，到各地从事政务活动。一直在上海从事商业活动的赵南公，此前没有参与过中华民国的政务活动，名声不显，此时也没有离开上海的打算，于是接受了谷钟秀的委托，开始担任泰东图书局经理。因此，赵南公真正掌握泰东图书局经理大权，应在 1916 年 6 月。换言之，即便是在此时间之前赵南公担任了泰东图书局的经理，在谷钟秀和欧阳振声都在上海的情况下，赵南公对泰东图书局的掌控力度也会非常薄弱，在重要事项上不会有真正的话语权。

1917 年，谷钟秀和欧阳振声辞职，离开北京，南下广州，参与护法运动。此后，谷钟秀和欧阳振声等人在动荡的政局中大都身居高位，未再插手泰东图书局出版发行业务，这个小小的书局在他们的生活中显然早已变得无足轻重。一个值得注意的问题是，谷钟秀当初推荐赵南公担任的职务是泰东图书局的经理，而不是继任自己总编辑的角色（也没有推荐其他人担任总编辑），一方面说明赵南公更胜任商人而非编辑的角色，另一方面也透露了谷钟秀和欧阳振声对泰东图书局所持心态：本就没有想要将泰东图书局打造成为政学系的宣传重镇，托付

---

① 吴叔班记录，张树勇整理：《吴景濂自述年谱》下，中国社会科学院近代史研究所近代史资料编辑组编：《近代史资料（总 107 号）》，中国社会科学出版社 2003 年版，第 39 页。

给赵南公后，也没有想要赵南公振兴泰东图书局出版事业的意思，就是留一个联络点而已。明乎此，庶能明了赵南公振兴泰东图书局出版事业之不易，同时有助于理解泰东图书局管理上出现的一些问题。

四、追逐武侠言情出版热潮

泰东图书局成立时，正值民国旧派小说盛行。徐枕亚的《玉梨魂》、吴双热的《孽冤镜》和李定夷的《霣玉怨》掀起了言情小说创作的热潮。"民初刊物不多，《礼拜六》曾经风行一时。每逢星期六清早，发行《礼拜六》的中华图书馆门前，就有许多读者在等候着，门一开，就争先恐后地涌进去购买。这情况倒像清早争买大饼油条一样。"①男女两性问题，往往在社会转型期表现得最为敏感，既与辛亥革命以来社会解放思潮相呼应，又寄寓了时局变换下小说家们的感慨。"项城全盛时代，草野能文之士，既不得志于政事，则相率退而治小说家言，以寄其感慨悲歌之思，于是小说潮流骤如风发泉涌。"②除了市场化的传统文人外，革命志士也借言情小说抒写胸臆，各种力量共同推动下，结果便出现了"1912 年（民国元年）到 1917 年这五年的所谓'鸳鸯蝴蝶—礼拜六'的繁盛期"。③

在言情小说出版热潮中，泰东图书局出版了《薄命鸳鸯》、《芙蓉泪》等哀情小说。《薄命鸳鸯》叙述有情人因父母反对、兵变等，不

---

① 周瘦鹃：《花前新记》，江苏人民出版社 1958 年版，第 2 页。

② 《对于本报第六年之三大希望》，《小说新报》1920 年第 6 卷第 1 期。

③ 钱理群等：《中国现代文学三十年》，北京大学出版社 1998 年版，第 80 页。

能成婚，能成婚时男方又病死。故事情节曲折离奇，笔调哀婉凄切。

与《薄命鸳鸯》相比，销售较好也较为赵南公看重的是《芙蓉泪》。中国国家图书馆所收藏的《芙蓉泪》，为1926年8月9日第8版。版权页上注明了发行者为赵南公，印刷者和总发行所为泰东图书局，初版时间为："中华民国三年三月一日"，1922年2月《芙蓉泪》出了第6版。但是著者各处搜求，皆未见与之相对应的初版本。若《芙蓉泪》由泰东图书局初版，也就意味着泰东图书局最迟在1914年3月1日已经成立。但是，著者又搜求到泰东图书局另一版本的《芙蓉泪》，版权页上写着："民国四年十月十日初版，民国五年十月十日再版，民国六年十月十日三版。著作者：江山渊；发行者：泰东图书局；印刷者：泰东图书局。"也就是说，《芙蓉泪》的版权页信息告诉我们，似乎存在两种"初版"本。鉴于民国出版界的乱象，同一本书在不同出版机构出版时，有时会存在两种"初版"本。但是就泰东图书局当时的印刷出版条件和排版成本而言，短时间内推出两种《芙蓉泪》初版本的可能性极低。若将《芙蓉泪》初版时间认定为1914年3月1日，也就意味着在出版"法政丛书"之前，泰东图书局就已经出版了《芙蓉泪》这种言情小说，这与泰东图书局创办的初衷不相符。此外，1920年代中期以后，泰东图书局在图书出版日期及版次等方面有随意改动的习惯，"赵南公"作为发行者就是再版时为了遵守新的出版法规而添加上去的。因此，就版权页上的信息而言，1926年版本的可靠性显然不如1917年版本。窃以为1926年版本中的初版时间有误，《芙蓉泪》真正的初版时间应该是1915年10月10日。

泰东图书局出版鸳鸯蝴蝶派小说《芙蓉泪》时，赵南公还没有担任书局经理。赵南公在这类图书出版中起到了怎样的作用？现已无法知晓。但是，赵南公接任泰东图书局经理后，对《芙蓉泪》等这类鸳鸯蝴蝶派的小说出版物还是比较重视的，这主要表现在两个方面：第一，虽然泰东图书局没有再出版类似的新书，却不断再版《芙蓉泪》等旧书，即便是与创造社合作的辉煌时期也没有停止；第二，持续不断地在泰东图书局内的各种出版物上为《芙蓉泪》等书打广告。

> 哀情小说《芙蓉泪》，江山渊著，全两册纸数：三百五十页；定价：上卷五角，下卷七角。著者江君为经学大师蟫盦先生之哲嗣，幼承家学，著述等身。多关于考订经史之作，诗古文辞尤为擅长，岭南学者宗之。近以其著述之余，兼及小说，凡数阅月，而后成此书。述一女士与某少年结婚事，欲合忽离，将成又败，离奇诡谲，变化万状，如行山阴之道，如过五都之市。及其结局，终归成：一则投身溺水，一则寄迹空门。声情凄婉，一字一泪。读者亦当为之泣下。近来哀情小说多矣，然皆陈陈相因，拾人牙慧，非事不足以惊人，即词不足以动目。此书择词则千锤百炼，藻彩纷披，叙事则柳暗花明，天地别有。情文兼至，意态环生。此书一出，定必空冀北之群，贵洛阳之纸，读者宜急购一编，勿失之交臂也。

上面这则《芙蓉泪》的广告，前后长达十年多的时间里，反复被刊载于泰东图书局出版的各种图书中。可见这类图书的市场销售不错，致使趋新的赵南公也不愿意抛弃这部分利润。

赵南公担任泰东图书局经理时，鸳鸯蝴蝶派小说已经过了"繁盛期"，言情热的负面效应已经出现。《芙蓉泪》的广告词中说："近来哀情小说多矣，然皆陈陈相因，拾人牙慧"。《新小说》的广告词："世局日沦，人心不古。庄言正论不合于世，遂群趋于小说之一途。然遍视书肆，大抵言情之作居其十九，求其对于国家社会世道人心大有关系者，卒不可观。"两则广告，口吻相似，表明泰东图书局既想要在这股出版热潮中获取某些利益，同时又不想随波逐流的出版姿态。所谓物极必反，图书市场上"言情之作居其十九"，一方面会给读者带来审美疲劳，另一方面言情之作失掉了最初的积极意义后，审美趣味越来越趋向于恶俗，而清醒地认识到这一点的赵南公，重新规划泰东图书局的出版方向也就成为必然。以"国家社会世道人心"相绳，显示了作为出版者的赵南公，在某种程度上秉承了泰东图书局创办时的革命倾向，同时也是受梁启超以来小说观的影响，表现出对社会功利性的追求。但是，一边批评言情小说的泛滥，一边鼓吹自家书局所出言情小说，不停地再版销售，这在某种程度上也正说明了赵南公的商人本性。趋新，有时候并不就一定意味着割旧，在赵南公努力想要转变泰东图书局出版方向的时候，一旦发现旧的出版物依然存在良好的市场，就绝对不会将其舍弃，而是不断地进行再版。

泰东图书局出版过的哀情小说并不多，经由赵南公之手组稿问世的更是几乎没有。有燕赵侠士之风的赵南公，在民国旧小说的出版热潮中，自己主持的且较成规模体系的出版选题是武侠类图书。"民国以来，上海的出版界经常掀起一个接一个的潮流。民国初年，竞出武侠小说，不是武侠章回小说，就是笔记一类的短篇武侠作品。例如《武侠大观》、《武侠汇编》以及《三十六侠客》。"[1] 泰东图书局出版的

---

[1] 平襟亚：《旧上海出版界之怪状》，《民国社会群像》，中国文史出版社 2002 年版，第 89 页。

《江湖轶闻：三十六侠客》、《拳术见闻录》、《技击汇刊》等武侠类图书，皆重实不尚虚，重技击而少玄幻，这些从两部小说的广告语中亦可见出："武侠书多矣，大都为荒诞不经互相抄袭，专撰之稿杰出之才不多见也。是书独能矫此弊。大刀阔斧前无古人，儿女英雄后无来者。开小说之蹊径，稿尽专撰，搜侠义于江湖，事皆欲实。盖我国江湖上流转者，独多奇士异人，不平则鸣，锄奸发覆成功则隐，匿影销声。所谓出处，有关治乱。神龙见首不见尾者也。著者为虞公等共得三十六侠客。江湖轶闻，人间豪气，有足令人眉飞色舞者。是书封面用彩色精印，神采弈然，尤足动人。""尚武小说《拳术见闻录》。向恺然著，定价三角。做书的人很懂得打拳。他这本书就是他的现身说法。看了很有益处。决不像那专做武侠书的人瞎三话四的说神说鬼。拿这本书一看就可明白拳家门径了。"1926 年 3 月 10 日《沉沦》第 8 版问世，版权页后还附有"五种武侠小说"的广告。

上海在当时是东亚最现代化的都市，又逢"中国资本主义的黄金时代"①，在出版界努力挣扎奋斗的泰东图书局，也就不能不遵循商业规则，重视广告效益。泰东图书局自创办伊始，就很看重商业广告。1914 年 5 月 10 日起，泰东图书局在《顺天时报》连续刊登了将近一个月的"法政丛书"出版广告，既为丛书做广告，也是在为泰东图书局开门营业做铺垫。1921 年 3 月 13 日，赵南公听闻世界书局在大肆广告后销售业绩可观后，在日记中写道："虽不能信，但广告效力当属不小。予今年当无告白，现于申、新两报，实太吃亏，自明日起，当抖擞精神，整理一切，对于告白，尤当特别注意。""告白"是

---

① 费正清主编：《剑桥中华民国史》第 1 部，上海人民出版社 1991 年版，第 796 页。

广告的一种。当时,《申报》已经开发出较为完整的商业广告刊登体系,按照版面位置、大小等分为"论前广告"、"紧要广告"、"特别广告"、"中缝广告"、"后幅广告"等,收费各不相同。赵南公所说"告白",应该属于评论版上的"紧要告白",位置醒目,广告效果显著,地位仅次于封面广告,收费自然不菲。赵南公的这段日记,并非表明在此之前自己并不注意广告,只是表明他认识到了大报纸重要广告的效果。

赵南公担任泰东图书局经理后,在四五年的时间里,基本没有在大报上连续刊登过泰东图书局广告,但是这并不意味着赵南公不看重广告。只要翻开泰东图书局的出版物,各种刊物著作大都载有泰东图书局的广告,广告的内容、刊登方式等等,颇多创新之处,能够见出赵南公在这方面的确用了心思。重视广告而又不在大报纸上刊登,说明了赵南公囊中羞涩,泰东图书局经济困窘,大报刊广告费用不菲。看重广告却又不想扩大投入,赵南公也就只能选择在泰东图书局自身出版物上多载广告。在世界书局身上,赵南公意识到了自己先前广告的投放方式有问题,不同的广告投放方式在效益上存在着巨大的差异。此后,赵南公开始重视报纸上的广告投放。与创造社合作时,赵南公在大报刊上刊登的广告明显变得多了起来。

翻阅《创造》季刊,就会发现创造社同人自己撰写的广告很少,关于"创造社丛书"的广告,大多只有一个简单的目录,而《凄咽》、《三弦》、《兴登堡东征实录》等刊登在《创造》上的泰东图书局广告,往往一本书的广告就占据了一个版面,这些应该都出自赵南公之手。赵南公不仅是泰东图书局的经理,也是泰东图书局最主要的广告写手。通过这些广告,可以看出那一时期文学观念与作品内涵方面的一些变化轨迹，以及小说类型的嬗变等等。当然，最重要的是最直接地呈现了赵南公及其掌管下的泰东图书局的出版方向。广告也是创作，从文如其人的角度来说，梳理赵南公为各种书籍撰写的广告，有时候比剖析泰东图书局出版的书籍更能够见出赵南公的某些特征。毕竟，赵南公是泰东图书局的经理而不是编辑，许多丛书的筹划及稿件的组织等等，大都直接由编辑决定。虽然泰东图书局内出版的图书，都离不开赵南公的支持和首肯，但是赵南公对图书本身影响极为有限，若是依据泰东图书局所出版的著作剖析赵南公，有时并不能够令人信服。但赵南公留下来的诸多广告，却为人们进入这位出版家的精神世界留下了一扇切实可靠的窗口。

五、出版传承中求变化

赵南公担任泰东图书局经理后，并没有马上对泰东图书局进行大刀阔斧的改革。从 1916 年到 1917 年，赵南公接手泰东图书局后的一年时间里，泰东图书局的出版发行事业，延续的大都是先前的出版选题，或是欧事研究会成员的编著，赵南公自身的出版发行追求尚不明显。在出版的延续性上，主要表现是：首先，延续法政类书籍的出版；其次，延续与中华民国历史有关的书籍类的出版。

欧事研究会的成员，后来多有主张联省自治者，如陈炯明等。在联省自治的口号明确提出来之前，泰东图书局就已经出版过一些相关的书籍。1916 年 9 月 10 日，泰东图书局出版了张东荪编辑的《宪法与省制》。该书收入张东荪著《宪法草案修正案商榷书》、谷钟秀著《中华民国宪法草案释义》、王宠惠著《宪法危言》、王宠惠著《宪法刍议》和张嘉森著《省制草案》，后附有《约法》和《议院法》。《省制草案》虽然没有联省自治的提法，却强调了省议会的重要性，如第二十二条规定："凡属各省权限内之事务，如中央各部认为应全国统一，及因时改良事项，由关系之部，命令省行政长根据部中宗旨，提出议案于省议会。"省议会等的职权设置，明显借鉴了西方的联邦制。或许正因《省制草案》中蕴含的联邦思想，《省制草案》日后在泰东图书局单独出版发行，与开中国联省自治先河的《湖南省宪法草案》一起在泰东图书局的广告上进行售卖。有关自治运动方面的书籍，泰东图书局出版的图书还有：汪馥炎和李祚禅编的《中华民国联省宪法草案及说明书》、周成编的《各国地方自治纲要讲义》、周成编的《山西地方自治纲要》、陈安仁著的《地方自治概要》、内务部编的《地方自治讲义》（十二册）、《湖南自治运动史》等。在泰东图书局，这类书籍的出版活动断断续续一直延续到 20 世纪 30 年代。其中，1920 年 12 月 20 日出版的《湖南自治运动史》，编辑者王无为，收入了毛泽东的 4 篇文章：《"湖南自治运动"应该发起了》、《再说促进的运动》、《湖南建设问题的根本问题》、《湖南受中国之累，以历史和现状证明之》，被认为是"毛泽东第一部独立成册的著作"。[①]

1916 年 6 月，泰东图书局出版《最新袁世凯》，叙述了袁世凯的生平及所犯罪行。共 58 页，实为配合护国运动的讨袁小册子。从 1916 年 4 月起，发行中华新报馆编辑的《护国军纪事》，并在泰东图书局出版物上刊登广告："已出图书。定价：一册五角，六册二元八

---

① 宋庆森：《书海珠尘：漫话老版本书刊》，新华出版社 2001 年版，第 105 页。

角，邮一册五分，六册三角。袁氏擅改国体，吾人民起义拥护，此不特为吾国之大变故，抑亦世界上之大问题。凡与吾有关系之列强，莫不非常注意。比之推倒满清，所关尤为宏大。不有专册汇载，安足以昭郑重而永流传？本局有鉴于此，特请专人杂采各报之事实，类录分编。颜曰《护国军纪事》。月出一大册。兹述其内容及利便如下：（一）内容精确。本篇分论说、文告、纪述三大门。论说门分国论、外论；文告门分对内文告、对外文告；纪述门分外交、财政、军情、战讯、义声。凡关于护国军及袁军之事迹，均择要搜入；（二）披阅利便。各报所登，既杂居无纪，又订阅难周，本篇采其菁华去其芜秽，使观者收参观互证之益，且得一事首尾之详，又风谣之起止，于一时各报，不免因而屡入，然事久真现，抉择自易为功。本篇既月出一册，则记载正确，使观者得祛前疑，有心国事者，当必以先睹为快也。"这类图书在泰东图书局的广告上被汇集销售：《青岛潮》（定价八角）、《护国军纪事》（定价二元五角）、《胆汁录》（定价二角）、《开国史》（定价八角）、《段氏卖国记》（定价四角）、《学生救国全史》（定价一元六角），成为认识中华民国政府现状和人物的重要出版物。

在延承谷钟秀时代出版选题的同时，赵南公主持下的泰东图书局也在悄然发生着一些变化。1916 年 8 月 20 日，泰东图书局出版了《韵琴杂著》，书名由谭延闿题写，书前有任厚康、陈荣广、静寂子、成本璞等人写的序。刘韵琴（1883—1945），早年曾留学日本，1915 年春因袁世凯勒令解散留日学生总会而被迫回国，旋即被上海《中国新报》聘为记者，是我国最早的女新闻记者。在《中华新报》任职的一年多的时间里，她创作了散文 17 篇、短篇小说 14 篇、传奇 1 篇、笔记 9 篇，大多都是批判袁世凯复辟帝制。陈荣广在序中说："吾国女界，能以文字托业于新闻，影响政局，启迪人群者，当推刘女士韵琴。始矣，女士以聪淑之资通进化之例，故为其文也，不缠绵悱恻于儿女之私，亦无撞搪呼号于参政之习。抉潘入轨，悉如分际。予于乙丙之交得之属，则抨击帝制警惕国人，庄谐杂作，惩劝并施，不求艰深而意则远。夫以一弱女子而能于春容吟咏，外举不律，与欺罔一世之奸人袁世凯抗，卒能合国人之血泪以倾之，其事诚杂而其文弥足贵矣。可不敬哉。陈荣广白虚序于上海中华新报馆。"刘韵琴以一个反袁女战士的形象出现在读者面前。泰东图书局出版《韵琴杂著》，与之前专业性的法政类著作和纪实类的民国史著作等出版选题大不相同，这既是泰东图书局对自身民国出版选题的突破，也有以女性作家吸引读者的意思。

1917 年 4 月，泰东图书局出版了长沙宁协万（楚禅）著的《青年成功策》。成功策（学）之类的书，向来备受读者们的青睐，该书只有 50 页，从常识、德性、和气、善恕、自立、魄力、刚毅、专攻、卫生、节用、逆境、失败等十六个方面做了阐述，算得上是国内最早的成功学专著。与《韵琴杂著》相同，该书题名也是由谭延闿题写。《丙辰》杂志 1917 年第 3 期刊发了吴家瑞的序，以及郑立三为该书写的"书后"，郑立三特意强调作者是章太炎的弟子，颇有扯虎皮做广告的意味。这些都可以说是为该书做了免费广告。名人题写书名，加之以多篇序言（书后），这种图书出版风格，明显与谷钟秀任总编辑时大不相同。如果说作为政治家的谷钟秀在出版方面的着眼点是政治，作为商人的赵南公更多地着眼于市场，两者在书刊装帧上的要求大不相同。

《青年成功策》并非是简单的个人成功学，而是与陈独秀一样，将中国的未来寄托在青年们的身上，藉此达到改造国民性的目的。刘青乙在为本书所作序中说："青年者，国家之元气也。吾国人口四万万。青年自居多数。则吾国之元气，宜若可谓盛无比伦也。然吾国青年之数虽多，而求其富有青年之真精神者，则甚鲜。此外人所由恒以老大嘲吾国也。长沙宁楚禅先生，有鉴于是，著《青年成功策》一书，大旨在改良旧习惯，造成新国民，即以造成新世界。"作者宁楚禅在"绪论第一"中说："若以共和二字为宇宙万能者，而不知此实不能得国家问题之根本解决也。夫国家问题之能否得根本解决，不在国家有无共和条文，而在国民有无独立能力。独立能力何由而发生耶？发生于独立知识也。独立知识云者，乃本心之良知。而独立能力云者，乃此躬之良能也。有良知者斯有良能，有独立知识者斯有独立能力。"[①] 从民主共和的角度，探讨青年成功问题，这表明该图书的出版实为泰东图书局民国出版选题的延续，而非迎合普通青年低俗趣味的读物。

六、出了一本畅销书

泰东图书局的创办，最初的目的不是为了繁荣文学，也不是为了能使创办者赚钱糊口，而是为欧事研究会的政治活动服务。在追求政治功利性的出版过程中，泰东图书局却为民国文坛贡献了一本畅销书，即杨尘因的长篇小说《新华春梦记》。

---

① 宁协万：《青年成功策》，泰东图书局 1917 年版，第 1 页。

　　胡适回忆说:"我第一次走过四马路,就看见了三部教'扑克'的书。我心想'扑克'的书已有这许多了,那别种有用的书,自然更不少了,所以我就花了一天的工夫,专去调查上海的出版界。我是学哲学的,自然先寻哲学的书。不料这几年来,中国竟可以算得没有出过一部哲学书。找来找去,找到一部《中国哲学史》,内中王阳明占了四大页,《洪范》倒占了八页!还说了些'孔子既受天之命','与天地合德'的话。又看见一部《韩非子精华》,删去了《五蠹》和《显学》两篇,竟成了一部《韩非子糟粕》了。文学书内,只有一部王国维的《宋元戏曲史》是很好的。又看见一家书目上有翻译的萧士比亚剧本,找来一看,原来把会话体的戏剧,都改作了《聊斋志异》体的叙事古文!又看见一部《妇女文学史》,内中苏蕙的回文诗足足占了六十页!又看见《饮冰室丛著》内有《墨学微》一书,我是喜欢看看墨家的书的人,自然心中很高兴。不料抽出来一看,原来是任公先生十四年前的旧作,不曾改了一个字!此外只有一部《中国外交史》,可算是一部好书,如今居然到了三版了。这件事还可以使人乐观。此外那些新出版的小说,看来看去,实在找不出一部可看的小说。有人对我说,如今最风行的是一部《新华春梦记》,这也可以想见中国小说界的程度了。"① 在胡适眼里,当时的出版界乏善可陈,但在时人的眼中,《新华春梦记》却是"最风行"的好小说,"曾畅销一时",② 而赵南公也正是靠着这部小说"大大"地"赚了一笔钱"。③

---

① 胡适:《归国杂感》,《新青年》1918 年第 4 卷第 1 期。

② 沈松泉:《泰东图书局经理赵南公》,《中国出版史料(现代部分)》第 1 卷上册,山东教育出版社 2001 年版,第 330 页。

③ 张静庐:《在出版界二十年》,江苏教育出版社 2005 年版,第 62 页。

《新华春梦记》被赞为"不落恒蹊","可算民初小说界的巨制",[①]
全书分为 10 卷 100 回,共计 70 万字。第 1 卷出版于 1916 年 12 月
20 日。正文前有序文五篇:吴敬恒序一,陈荣广序二,张冥飞序三,
张苇序四,汪文鼎序五。另有张海沤作眉批,张冥飞做总评。全书竖
排,封面灰蓝色,正中大字题写书名《新华春梦记》,右上小字"洪
宪演义",左下落款"上海泰东图书局印行"。第 10 卷出版于 1918 年,
封二载有《新华春梦记》销售广告:

> 甲种精制布皮金字,装订二大厚册,定价大洋六元
>
> 乙种平制分装十册,定价大洋五元,零售每册五角
>
> 丙种缩本,精制布皮金字,二大厚册,定价大洋四元
>
> 丁种缩本,平制美丽封面,五大厚册,定价三元五角

四种装帧形式,整卖零售皆有,各种价格区间,能够满足各种层
次的需要,充分显示了出版者良好的商业意识。此外,眉批与总评延
承了脂砚斋和金圣叹传承下来的小说阅读习惯,与吴敬恒(吴稚晖)
等 5 人所作序文一起,使《新华春梦记》一下子显得高端大气,这
些名人文字不仅能够起到广告的作用,有利于引导小说的阅读接受,
同时也奠定了小说评价基础。吴敬恒给予的评价非常高:"民国肇建,
雄著与奇变相胚胎,遂得杨子之《新华春梦记》。庶几绍继《石头记》
与《三国演义》,可作为定论。其书亦以《石头记》绵邈之笔墨,记
载三国操懿歆充之行为。合二书之奇而参一格。实足以竞二书者也。"

---

① 李健青:《民初上海文坛》,《上海地方史料(四)》,上海社会科学院出版社 1986
年版,第 214 页。

又从言论自由的角度肯定了小说的价值："《新华春梦记》乃得言论自由之新保障，直记今日街巷谈说之人物，可一无所讳。如《三国演义》之述，作于异世。此又开近世章回小说一新纪元矣。"

吴敬恒视《新华春梦记》为稗史，张苐在所撰之序中说："是书初欲名为《洪宪外史》，继而定今名。是书告成，庶几附会少确实多，未始不可供将来修洪宪史者采择。"从小说与历史的角度看待《新华春梦记》，讨论其虚实问题，固然有其价值和意义，但是更应该注意的和深入探讨的，是这部小说创作和出版所显示的文学与政治之关系。对于20世纪的中国来说，政治与文学有着特别密切的关联。在没有电影电视等声光化电的传播手段之前，现代知识分子们发现了小说（文学）所拥有的巨大功能。梁启超夸张地说："往往每一书出，而全国之议论为之一变。彼美、英、德、法、奥、意、日本各国政界之日进，则政治小说，为功最高焉。"①"日本维新之运有大功者，小说亦其一端也。"②之常在《支配社会底文学论》中说："俄国底革命，文学底力居很大一部分"，认为果戈理、托尔斯泰和屠格涅夫等作家居功甚伟，如果没有他们，"俄国革命之花能开得这么早吗？"③文学有利于宣传和鼓动政治，而政治反过来也会作用于文学创作、出版发行等等，不同的政治局势会促进或抑制某些书籍的出版发行。文学与政治，绝非单向的影响关系，而是影响一旦出现，就会交互作用下去。站在不同的角度看待两者间的相互影响，所得出的结论也就各不相同。

---

① 任公：《饮冰室自由书》，《清议报》1898年第1号。
② 任公：《译印政治小说序》，《清议报》1899年第26号。
③ 之常：《支配社会底文学论》，《文学旬刊》1922年第35期。

从图书出版的角度来说，全国反袁斗争的高潮及其胜利，为《新华春梦记》的畅销做了铺垫。因此，抓住时机，及时地推出《新华春梦记》，成了政治题材小说成功的关键因素之一。然而，一部 70 万字的长篇小说，并非仓促间所能成就。《新华春梦记》的创作，从 1915 年就已经开始着手。那时候，反袁斗争形势严峻，谁也没有能够预料到 1916 年 6 月袁世凯的统治会以那样的方式土崩瓦解。因此，从创作的角度来说，《新华春梦记》并非是为了追赶什么时代热潮，或者瞅准了某种出版时机，而是与泰东图书局出版《最新袁世凯》相似，为的是推动反袁斗争，宣传革命，与迎合低级审美情趣的宫闱秘史之类黑幕小说大不相同。在小说写作的过程中，袁世凯帝制时代结束了，随即袁世凯死了，当作者将这些都纳入小说创作中，《新华春梦记》也就成了对袁世凯倒行逆施洪宪帝制时代的完整记录。

杨尘因时为《申报》副刊编辑，"洪宪时代，谷钟秀办《中华新报》，以张季鸾、陈虚白综其成，张陈复招冥飞、尘因赞襄其事，于是小说界上，复有张海沤、王无为诸人出，追溯求本，皆属周之一系"。[①] 也就是说，杨尘因与谷钟秀等同为"一系"，故此《新华春梦记》能在泰东图书局出版，一方面和赵南公的努力分不开，另一方面也因为本就是"一系"。出版家张静庐说："'钱'是一切商业行为的总目标。然而，出版商人似乎还有比钱更重要的意义在这上面。以出版为手段而达到赚钱的目的，和以出版为手段，而图实现其信念与目标而获得相当报酬者，其演出的方式相同，而其出发的动机完全两样。"[②] 从出版《中华民国开国史》到发行《护国军纪事》，再到出版《最新袁世凯》，

---

① 冯并：《中国文艺副刊史》，华文出版社 2001 年版，第 141 页。
② 张静庐：《在出版界二十年》，江苏教育出版社 2005 年版，第 137 页。

关注中华民国、关注袁世凯，向来都是泰东图书局重要的出版选题。赵南公出版杨尘因的《新华春梦记》正是对泰东图书局这一出版传统的延承，而在这一出版延承中，也就显示出作为出版家的赵南公在思想上有自己的坚持。当然，正如前文所说，赵南公在出版传承中也在寻求新的转变，而这种坚持和转变从《新华春梦记》的广告中亦可见一斑：

> 序述洪宪时代
> 人物袁皇帝的
> 内容⌣是历史的轶事
> 人物是真名实姓
> 事体是千真万真

　　一方面说是"轶事"，却又肯定地说"事体是千真万真"，虽是广告语，却也说明出版者的良苦用心，不愿读者真正将其作为虚构小说阅读。袁世凯之复辟帝制，致使革命者们开创的民主政体毁于一旦，袁世凯虽死，谁敢说此后再不会有其他效仿者继起？陈荣广序言中说："《新华春梦记》虽托小说家言，极写袁氏昧于循环，异式为进化之公例以诏国人。"张冥飞的序对此说得更为透彻："呜呼，袁氏往矣，而怀抱袁氏之野心及躬行袁氏之秕政者，不一而足。彼岂不惩袁氏之失败而尤效之哉。""嗟乎，民生之困穷至今已极而模仿袁氏者乃继起而未有已。是不使中国灭亡而不止者也。"

　　此外，关于《新华春梦记》字句的广告语隐约预示了赵南公某些新的出版选择，即在出版选题、广告装帧等方面都表现出敏锐的把握出版市场新的发展趋势的意识。

说的都是普通官话

最容易看懂

字〔句〕是白话的

研究新文艺学官话

的人不可不看

赵南公对白话、新文艺等的持续性关注，对相关出版选题的重视、策划和出版实践，最终使赵南公成为了新文学出版界的明星。

第二章

重建理想的新泰东

1918 年，胡适在《建设的文学革命论》中提出八字宗旨："国语的文学，文学的国语"[1]，欲将晚清以来的文学运动与国语运动合而为一。1920 年 1 月，北洋政府教育部正式发文，改"国文"科为"国语"科，并训令"凡国民学校一二年级，先改国文为语体文，以期收言文一致之效"。中华书局、商务印书馆纷纷出版白话文教科用书，"'文学革命'与'国语统一'遂呈双潮合一之观。"[2]"以《新青年》为代表的出版物在鼓荡新思潮日益彭湃的同时，也反过来哺育了出版业自身的创新式发展。新出版与新文化的互为推动，在'五四'时期体现

---

① 胡适：《建设的文学革命论》，《新青年》1918 年第 4 卷第 4 号。
② 黎锦熙：《国语运动史纲》，商务印书馆 1934 年版，第 70 页。

得最为淋漓尽致。出版物数量的激增，出版物内容的革新，出版物形式的变化，出版机构的崛起与调整，都是新文化思潮直接影响下的结果。"① 正所谓大势浩浩荡荡，顺之者昌逆之者亡，出版界的新变已经不可阻挡地来临，大大小小的出版社都在以自己的方式进行着某种程度的调整。

在泰东图书局工作过的沈松泉回忆说："泰东创立后的第二年即1915 年，欧战（第一次世界大战）爆发。大战持续了四年，1918 年大战结束时，世界上出现了一个崭新的工农苏维埃政权的国家——苏联，紧接着在中国爆发了'五四'运动。在这些国际国内的重大事件的影响下，赵南公意识到泰东的出版方向不能不跟着时代潮流前进，同时他个人在社会活动方面也活跃起来。"②"自'五四事件'以后，因为政府之错误的压迫，反给予新文化运动以发展的助力。从此以后，于是立小团体，办新刊物，介绍西洋文艺与思想，成为极时髦的行动。"③ 社会的变化，自然引发出版界的变化。"出版界的变化，便是全国文化的转变，所以出版界也可以说是全国的命脉，中国的出版界的中心是在上海，因为上海的书店是最多，尤其是最近跟着新文化而涌起的一般新书出版界。"④ 现代出版与中国传统社会的现代转型有着非常密切的关系，赵南公的个人社会活动与泰东图书局重建工作同时进行，表明赵南公并非纯粹从商人逐利的角度紧随出版的新潮流，而是抱有出版以外的更为广大的社会人文情怀。赵南公"决定放弃过

①　王余光、吴永贵：《中国出版通史》第 8 卷，中国书籍出版社 2008 年版，第 47 页。

②　沈松泉：《泰东图书局经理赵南公》，《中国出版史料（现代部分）》第 1 卷上册，山东教育出版社 2001 年版，第 330 页。

③　周予同：《过去了的"五四"》，上海《中学生》1930 年第 5 号。

④　瑞民：《上海新书业之概况》，《出版消息》1932 年第 1 期。

去的一切"，"重建理想的新泰东"。① 对于赵南公来说，"理想的新泰东"不仅仅意味着获得经济利益，还意味着重新开启了对于社会理想的追求。

改革，从来都不是件容易的事情。对于赵南公来说，"重建"泰东图书局也要冒巨大的风险。曾在泰东图书局工作过的张静庐说："一家旧的书店，要放弃它的上了年纪的旧的一切，转变为新的书店，真是一件很艰难的事，还不如痛痛快快地另开一家新铺子来得容易得多"，因为一家书店有一家书店的发行路线，不同书店之间的发行路线很难共享，同一书店不同类型的书籍的销售路线也会有所不同。"书店的营业是靠'放账'的，出版的书，委托各地贩卖书店代售，卖出还钞，很多的卖出了也不还钞，于是有了'账底'。这'账底'，也可以说是'千年不还，万年不赖'的长期欠账。一家书店要先有了一层'账底'，然后可以逢节逢年，在'账底'以外的欠款内，收到了三五成已经卖掉的书款。"因此，出版一本书虽然计算起来可以赚钱，却往往因为"账底"的关系连成本可能都收不回来。想要铺设新的销售路线，就需要"花上半年一年的精力，将赚来的钱来铺这'账底'，没有'账底'就没有人替你贩卖。就是有人替你贩卖，卖出之后还是不还你的钱。这'不还的钱'说来说去还是'账底'。泰东要放弃这现成的'账底'而另行'打桩'，真是相当的困难。"②

重建是理想，理想很美，想要让理想真正得到实现，建设"理想的新泰东"，需要掌舵者的大决心，更需要脚踏实地做实事的耐心。赵南公"重建理想的新泰东"的动作主要有四：

---

① 张静庐：《在出版界二十年》，江苏教育出版社 2005 年版，第 62 页。
② 张静庐：《在出版界二十年》，江苏教育出版社 2005 年版，第 63 页。

第一，招人。赵南公自己担任的职务是经理，不是编辑，他要"重建"泰东图书局，第一任务就是要找到合适的编辑人才。在这个时期，王无为、张静庐、王靖、邓均吾、李凤亭等人，先后成为赵南公的招揽对象，也都为新泰东的建设作出了贡献。

第二，创办新刊物，出版丛书。赵景深说："办一个书店，总得有个杂志撑撑门面，或者借此登登广告。"[①]施蛰存也说："出一种期刊，对中小型书店来说，是很有用的，如果每月出版一册内容较好的刊物，在上海市，可以吸引许多读者每月光顾一次，买刊物之外，顺便再买几种单行本回去。对于外地读者，一期刊物就是一册本店出版书籍广告。"[②]《新的小说》和《新人》是泰东图书局内最早的自办杂志，两本期刊特色鲜明，赵南公充分利用了其刊载广告的功能。《新的小说》重在文学创作，而《新人》则重在思想建设，两份杂志各有侧重，又相辅相成。赵南公决定在泰东图书局同时刊行上述两种杂志，可见其新文化视野相当宽广，而其出版志向亦着实不小。但是，"这两种刊物，都由于没有基本作者，刊出的一些作品质量也不高，因而不久都停刊了"。[③]在丛书方面，先后推出了"新潮丛书"、"新人丛书"和"新知丛书"等。上述刊物和丛书的出版发行，也就正式拉开了泰东图书局"重建"的序幕。

第三，出版普及性白话图书。对于出版社来说，国语运动是功德无量的文化事业，同时也是一项"发财事业"。[④]赵南公在这方面的出

---

① 赵景深：《十七年度中国文坛之回顾》，《申报·艺术界》1929 年 1 月 6 日。

② 施蛰存：《沙上的脚迹》，辽宁教育出版社 1995 年版，第 60 页。

③ 沈松泉：《泰东图书局经理赵南公》，《中国出版史料（现代部分）》第 1 卷上册，山东教育出版社 2001 年版，第 329 页。

④ 乐嗣炳：《十年来的国语运动》，《世界杂志（十年增刊）》1931 年 8 月 10 日。

版努力，虽不能与中华书局、商务印书馆相比，但与其他出版者相比却属于着手最早且有自己想法的一批。在赵南公的努力下，1920 年5 月，泰东图书局出版了蔡晓舟撰写的《国语组织法》。1921 年出版了马继贞编纂的《国语典》，作为教育部审定中学师范学校通用教材，该书扉页特别刊登了"关于教育部审定之公函"的函件全文。此外，还出版王无为的《白话信范本》和《分类白话信》。

第四，重视广告。赵南公对广告的重视，主要表现在以下三个方面：

（1）1921 年 3 月 13 日，赵南公在日记中表露了要在《申报》等大报纸上刊登广告的决心。此后，泰东图书局的图书广告就在上海《申报》等重要媒体上频频出现。1923 年 11 月 4 日，赵南公在《申报》上专门为钟健闳的两部译著（《首领论》和《群众》）投放了广告。从 1921 年到 1923 年，泰东图书局在《申报》投放的广告数量，仅次于商务印书馆和中华书局。《申报》等大报广告费用昂贵，赵南公不惜代价的广告投入，为泰东图书局出版物打开了市场销售的大门。施蛰存回忆说："《女神》出版的时候，我正在病榻上，在广告登出的第一天，我就写信给泰东书局去函购，焦灼地等了一个多礼拜才寄到。"①

（2）自己动手拟写广告。1921 年 3 月 22 日，赵南公在日记中写道："一时起。晴。风寒。阅报。拟泰东历史入广告，未成。"虽然这条广告暂时"未成"，但是赵南公自己撰写广告，且颇有眼光地要将"泰东历史入广告"，却也显示出了他对广告的看重。在《赵南公日记》

---

① 施蛰存：《施蛰存七十年文选》，上海文艺出版社 1996 年版，第 53 页。

中，赵南公屡屡记载自己动手撰写"告白"（广告），如 1921 年 8 月
29 日记载了给成舍我写信询问几件事情，最后一个便是自己拟的广
告："予《地球与其生物之进化》之告白"。赵南公似乎很喜欢撰写广
告文案，参与组织商会活动时常常需要撰写"通告"等，在赵南公日
记中，都是赵南公自己动手即时撰写，罕有交代书局内其他职工撰写
广告（通告）的记录，由此可以判断，泰东图书局内许多出版物的广
告大多应出自赵南公之手。其次，善于利用广告营造声势。赵南公撰
写的广告，在广而告之之外，还有预告的作用，而一些没有付诸实施
的预告很可能只是赵南公为了吸引读者注意而抛出的噱头。1921 年 4
月 27 日，赵南公在《申报》刊登"新知丛书"广告，整个广告宣传
的是《地球与其生物之进化》。1921 年 4 月 28 日，赵南公在《申报》
刊登"新知丛书"广告，整个广告宣传的是《红衣记》。初版本《地
球与其生物之进化》附有"新知丛书"的一个目录，除了《地球与其
生物之进化》外，"新知丛书"还有《红衣记》（已出版）、《近世化学》（印
刷中）和《吹管分析学》（印刷中），印刷中的两本未见实物，应未出
版。将丛书中的图书分开在《申报》上连续刊载广告，对于中小出版
者来说这是相当大的魄力。

　　（3）善于利用人际关系刊发广告。赵南公日记中有这样的记载：
"拟《外国汇兑》告白一纸，交应图。"《外国汇兑》指的就是吴应图
编写的《外国汇兑详解》。"告白"（广告）由赵南公撰写，然后交给
作者。吴应图（1885—1925），湖南省邵阳市人。1914 年左右毕业于
日本山口高等商业学校，1915 年担任北京《中华新报》记者，后任
上海《中华新报》经理。将"告白"交给著作者，就是让在报社工作
的作者自行刊发。

一、创办新潮社与《新的小说》

1919 年，孙伯兰在上海组织全国各界联合会，赵南公作为上海代表出席，会议期间认识了宁波代表张静庐。张静庐回忆说："那时他正在穷困挣扎之中，深深地感到自己精力的衰颓，和书店经营的不得其法，要想找寻一位相当干练的襄理人。在不多几次的谈话之后，我被他认为理想中的助理者。我开始主编一本月刊《新的小说》。"按照张静庐的说法，两人先前并不相识，也没有人中间介绍，只是偶然在会议上相遇，张静庐的"革命精神与才干"①得到赵南公的赏识。张静庐被认定为是"理想中的助理者"，受邀进入泰东图书局，就此"踏进了出版界"。②招揽张静庐、出版《新的小说》，赵南公"重建"新泰东的理想迈出了重要的一步。

1920 年 3 月 15 日，《新的小说》创刊号初版，主编是张静庐。在创刊号发表的《创刊话》中，张静庐宣布了《新的小说》的办刊宗旨：

> 我们为什么要办小说？因为我们知道这小说在社会上的潜势力非常的大，能够默移人心，去向善向恶；我们并且承认这小说是通俗教育的一种，要借他来补助社会教育的不足。
>
> 但是我们为什么在小说上加"新的"两个字呢？因为有两种理由：
>
> （1）中国的旧小说，和现在坊间流行的一类小说，都是不合

---

① 陈青生：《上海"新潮社"及其文学活动》，《中国学术》2008 年总第 26 期。
② 张静庐：《在出版界二十年》，江苏教育出版社 2005 年版，第 60 页。

现代潮流的了，像《红楼》、《水浒》、《玉梨魂》的一流，看的人不过拿他当"茶余酒后怡情悦性"罢了，倘要将他认真当作是通俗教育的补助品起来，那末！就逃不了"诲淫诲盗"的罪了。

（2）旧社会的万恶，旧习惯的罪孽，已渐渐的暴露出来，处处是表示不合现代的潮流了；这种社会，我们不能不去改造他，这种习惯，我们不能不去打破他。

有这两种理由，我们就不能不办这一本册子，是标明不和旧的小说一样，只当做"茶余酒后，怡情悦性"的用；是用——

"新的"文化来改造旧社会，

"新的"思想来建设新道德。①

《新的小说》第 2 卷第 1 期《弁言》宣称："若说我们的手段，暂时的确注重'自然主义'，而以'神秘主义'——新浪漫主义——为之和。"

从《创刊话》与《弁言》这两篇文字来看，《新的小说》已经把握到了新文学出版界内在的发展趋势。1920 年 12 月 19 日，上海《国民日报》副刊《觉悟》刊发了《文学研究会宣言》，第三条主张中有这样的表述："将文艺当作高兴时的游戏或失意时的消遣的时候，现在已经过去了。我们相信文学是一种工作，而且又是于人生很切要的一种工作。"这与《创刊话》中的意思颇有相通之处。对于自然主义和新浪漫主义的肯定，也与主编《小说月报》的茅盾相似。当然，与文学研究会的相关文字表述及文学实践相比较，《新的小说》在各方

---

① 静庐：《创刊话》，《新的小说》1920 年第 1 卷第 1 期。

面都显得粗陋。但是，对于大多数开拓者来说，粗陋在所难免，这也正是一般开拓者共有的特征。

1920年，泰东图书局出版了王靖编著的《英国文学史》，这是中国人自己写的第一部英国文学史。王靖在《自序》中说："《英国文学史》一书，乃民国六年夏所著"，1919年，"张君静庐来津，索观此稿，谓可为研欧美文学者之参考，乃谆嘱成书，以付刊。"1920年春，"静庐自沪来函，催迫再四，谓先以此稿付印，续稿俟之他日。余乃不能更却。"此序落款为"民国九年，三月，十日，王梅魂自叙，时客津门。"由王靖自己撰写的序言可知，他对英美文学相当熟悉。此书1919年完稿后，张静庐就已读过。张静庐和王靖对中外文学知识的了解，构成了他们对中外文学发展形势的判断，由此也就催生了《新的小说》之"新"的追求。泰东图书局刊登的《新的小说》出版广告中，抬头两个字便是"革命"："小说界革命的急先锋。改造小说家的头脑！改造看小说人的眼光！文学革命后的局部革命。"《新的小说》的自我定位是"革命"、"趋新"，在翻译、创作、理论等方面都表现得相当前卫。

陈青生谈到上海新潮社时说："中国现代文学史著述，几乎都认为1921年在北京成立的'文学研究会'是现代中国第一个新文学社团。其实，上海'新潮社'的问世比'文学研究会'要早近一年……上海'新潮社'一直没有受到现代文学史家、史著的应有关注，以至成为中国现代文学史和中国新文学史研究的一项缺憾。"[1]"张静庐的几篇新文学作品接连登载于1920年1月底的上海《民国日报》副刊《觉悟》（这

---

[1]　陈青生：《曹靖华与上海"新潮社"》，《新文学史料》2007年第3期。

几篇作品后来陆续在《新的小说》再次刊登）；《新的小说》创刊号的出版预告最初刊发于 1920 年 2 月 6 日的上海《民国日报》第一版上——根据这些情况可以推测，上海'新潮社'的成立当在 1920 年的 1 月底、2 月初。"① 以《新的小说》出版预告作为上海新潮社成立的时间，就意味着应该将筹备阶段的相关人员都视为新潮社成员。上海新潮社成立时，赵南公是最初的六个发起人之一。然而，在各种论著的相关叙述中，赵南公却不被视为新潮社的发起人，或视为无关重要的成员略去不提，甚或不将其视为新潮社成员，这些都与事实不相符。赵南公是上海新潮社的发起人及其机关刊物《新的小说》出版者，没有赵南公，就没有新潮社。

新潮社创办的《新的小说》是中国现代创办最早的新文学杂志，作为"一种应时的刊物"，最初的社会反响相当不错。张静庐回忆说，《新的小说》一度每期"有四五千份的销路"，"浅薄尽管浅薄，幼稚尽管幼稚，在当时，上海还正是'礼拜六派'小说盛行时代，一本不伦不类的上海人讲话'半栏脚'式的新刊物，能有这样的销数，确实不能说它坏。"销路不错，自然也就获得了赵南公进一步的支持，允许张静庐招纳新的人手，扩大编辑队伍，于是"又请了两位助理编辑——沈松泉和曹靖华先生"。② 此外，还请来了天津的王靖。

1920 年 3 月，曹靖华以河南省学生代表的身份来到上海，参加 5 月份召开的第二届"全国学生联合会代表大会"。张静庐也应邀出席了这次大会，并在会议上作了演讲。两人在大会上相识，曹靖华随后加入了上海新潮社。会议结束后，曹靖华返回河南。暑假时，曹

---

① 陈青生：《上海"新潮社"及其文学活动》，《中国学术》2008 年总第 26 期。
② 张静庐：《在出版界二十年》，江苏教育出版社 2005 年版，第 42—45 页。

靖华中学毕业，"在当地寻找不到职业，只好又硬着头皮来到灯红酒绿的上海谋生。带着再一次饱受冷眼的精神准备，在朋友的帮助下，曹靖华好不容易才在泰东图书局找了个校对的工作。生活极为清苦，任务又很繁重，他把旺盛的精力和宝贵的时间都用上了，依然忙得头昏眼花，疲惫不堪。"①人事关系复杂，有志难伸，加以工作与报酬的不相称，曹靖华已迫切地想要离开泰东图书局。曹靖华回忆说："一九二一年初，我到了安徽的芜湖和安庆之间、长江中游的一个小岛——和悦洲去教小学。它属于大通县的管界。这是蒋光慈介绍我去的。我原来在上海泰东书局当校对，蒋光慈对我说，你在书局工作没办法读书、学习，不如去教书。"②对于祥林嫂、娜拉等出走者来说，工作的辛苦并不可怕，可怕的是没有工作机会，没有工作也就没有了生存的空间。在没有别人理会的情况下，是赵南公接纳了曹靖华，给了他在上海最初的立足之地。在商人的精明之外，赵南公不失燕赵豪侠之气，乐于给曹靖华那样的年轻人提供工作机会。

1920 年 2 月初，沈松泉靠友人的介绍，"背了铺盖，进泰东图书局编辑部工作，名义上是助理编辑，实际的主要工作是看校样、跑印刷所和装订所，管理出版事务"。③沈松泉待在泰东图书局的时间相对长久，却没有什么真正的作为。郭沫若进入泰东时，沈松泉还在"担任校对"，郑伯奇回忆说："沫若为了帮助他，曾为他们翻译了一本安

---

① 钟子硕、李联海：《曹靖华访问记（一）》，《新文学史料》1986 年第 1 期。
② 转引自姜德明：《往事小记》，《拾叶小札》，复旦大学出版社 2013 年版，第 71 页。
③ 沈松泉：《泰东图书局·赵南公和创造社——回忆在泰东图书局的几年》，《百年书业》，上海书店出版社 2008 年版，第 1 页。

得生的童话。"①"他们"可能是笔误,因为郑伯奇在另外一篇文章中回忆说:"当时泰东有一个校对,工资太少,生活贫困,他在酷热的夏天,赶着蚊子,流着大汗,替他翻译了一篇安徒生的童话,不光解救了那个青年的困难,而且使他出了名。"②郭沫若帮助过的"一个校对",指的就是沈松泉。郭沫若翻译的安徒生童话是《没有画的画谱》,是由德文重译的。郭沫若在《创造十年》中明确地说,《没有画的画谱》"没有译完","那译稿直到现在都还留存在我的箧底"。郭沫若最初真正帮助他们做"书生意"的稿件,不是安徒生的童话译本,而是《三个叛逆的女性》。③

在张静庐介绍进来的人中,真正对泰东图书局的发展产生了较大的影响,搅动了泰东图书局内人事格局的,是王靖。张静庐在天津和北平编辑《公民日报》副刊时,就认识了王靖。1920 年 7 月 10 日,《新的小说》第 1 卷第 4 期刊登《本社启事》:"社友王靖(梅魂)君已由津来沪,寓居本社,专任介绍外国名家小说及编译丛书——已出版的有《英国文学史》一书;在印刷中者有:托尔斯泰《忏悔录》、《希腊哲学》二书;在编译中者有:《美国文学史》、《两性问题》、《泰谷儿诗集》三书。"④ 并且声明《新的小说》"以后编辑事宜,暂由王靖君负责"。从此,王靖担任《新的小说》主编,直至终刊。

在王靖和曹靖华到来之前,《新的小说》就是王无为在"唱独角

---

① 郑伯奇:《二十年代的一面》,《沙上足迹》,黑龙江人民出版社 1999 年版,第 180 页。"安得生"今译"安徒生"。

② 郑伯奇:《忆创造社》,《沙上足迹》,黑龙江人民出版社 1999 年版,第 17 页。

③ 郭沫若:《创造十年》,《郭沫若全集》文学编第 12 卷,人民文学出版社 1992 年版,第 236—237 页。

④ "泰谷儿"今译"泰戈尔",当时也被译为"太戈儿"。——编辑注

戏"。《新的小说》创刊号共发表了 12 篇小说,其中 3 篇出自张静庐之手,再加上张静庐撰写的《创刊话》、《〈新的小说〉社的调查》,小半文字皆由张静庐完成。张静庐为这个新生的刊物费尽心血,努力地想要将其办好。在外稿很少的情况下,张静庐赤膊上阵,自己创作,他叙述包办婚姻的小说《我与她》也得到了读者们的认可。碧痕谈到《我与她》时说:"静庐此作,尽写情的能事矣。小说至斯,我叹观止。《新潮》罗家伦作《是爱情还是痛苦》,还须输他一着。"①

1920 年 5 月 8 日,《新的小说》曾遭到直隶省长公署的查禁,罪名是"主张改革社会,反对政府"。②《新的小说》打出的旗号是:以"新的"文化来改造社会,"新的"思想来建设新道德,明显带有梁启超以来的小说功利观。与所秉持的主张相一致,《新的小说》发表了一些带有"新的"思想的文字,以及揭露社会黑暗面的小说。乐勤的《新社会的访问》和《新的小说社的调查》、悟仇的《独立》和《两个强盗的枪毙》、一觉的《一个黄包车夫》、白萍的《均产主义》等,都带有较强的社会批判性,与当时流行的问题小说一脉相承。王无为谈到《新的小说》时说:"《新的小说》这刊物名称上似与文化运动无关,而实际上究有多少关系。因为它对训练潜意识是很有力的。它第五六两期,所发行的《托尔斯泰号》,尤有训练潜意识的力量。"③王无为所说的"潜意识的力量",指的就是"主张改革社会,反对政府"的思想,这也就是《新的小说》后来被查禁的原因。《新的小说》推崇的是现

---

① 碧痕:《碧痕读评》,《新的小说》1920 年第 1 卷第 4 期。

② 张克明:《北洋政府查禁书籍、报刊、传单目录(续)》,《天津社会科学》1982 年第 6 期。

③ 王无为:《新人社消息》,《新人》1920 年第 1 卷第 5 期。

实主义的文学，本来有可能与文学研究会合流，共同推动中国现实主义文学的发展，但历史悄然拐了一个弯，最终使泰东图书局成为了现代文学中浪漫主义文学的出版重镇。"为艺术"成了创造社抹不掉的标签，同时也成为了泰东图书局出版历史上最为耀眼的亮点。至于泰东图书局曾经出现的，为人生的现实主义的出版路径，则被遗忘了。

1920 年 9 月，泰东图书局内汇集了赵南公、张静庐、王靖、曹靖华和王无为五位新潮社成员，其中，张静庐、王靖、曹靖华专办《新的小说》。编辑实力一时间大增，催生了上海"新潮社"新的野心。在刊物方面，预备创办新刊，发表《小说新潮》出版预告，声称将于 1921 年 1 月 1 日出版"上海新潮社第二种刊物《小说新潮》"，由张静庐主编，创刊号作品有张静庐的《黄河渡头》、王无为的《钟声》等。然而，由于种种原因掣肘，"《小说新潮》的未能如约出刊，似乎是赵南公不再支持张静庐的初步结果"。[1] 在书籍出版方面，虽然附着于《新的小说》的"新潮丛书"并无起色，但是在这一段时间里，泰东图书局推出了杜威的系列演讲集。在泰东图书局之前，江苏省立第二师范学校新学社曾编辑出版过《杜威在华演讲集》（1919 年 10 月）、北京晨报社编辑出版过《杜威五大讲演》（1920 年 8 月），但是在出版规模及持续性方面，其他书局皆无法与泰东图书局相提并论。迅速地抓住时机，利用杜威来华系列演讲造成的光环效应，显示了泰东图书局强烈的趋新意识及良好的编辑实践能力。

1920 年 11 月 10 日，泰东图书局出版《哲学史》，封面注明为美国杜威博士的演讲，刘伯明口译，沈振声笔述。此后，泰东图书

---

[1]　陈青生：《上海"新潮社"及其文学活动》，《中国学术》2008 年总第 26 期。

局还出版了杜威的《杜威三大演讲》、《试验心理学》（在南京高等师范学校的讲演）和《杜威罗素演讲录合刊》。杜威演讲系列没有列为"新潮丛书"，但其编辑出版主要由上海新潮社的张静庐等人完成。郑伯奇在回忆文字中曾说："我也为静庐所编的杜威讲演集，代他写了一篇序文。"[①] 泰东图书局出版的四种杜威讲演集，唯一有序言且注明编者为张静庐的，只有 1921 年 9 月出版的《杜威罗素演讲录合刊》。这部集子是杜威和罗素在中国各地所作的临时演讲，共收录了《现代教育之趋势》、《公民教育》、《平民主义之教育》等10 篇。该书目录页前有一序言，无落款也无其他能够表明撰写者身份的信息。与郑伯奇的说法相印证，可知这篇唯一的序言应该就是郑伯奇所写。

进入 1921 年后，赵南公越来越不看好张静庐。1 月 6 日，赵南公在日记中写道："深为无为忧，因其聪明甚好，而学无根柢，前途殊危险。静庐不同无为，而忌人同，尤危险。"这时候，郭沫若等创造社同人还未与赵南公接触，张静庐所"忌"之人，就当时的泰东图书局而言，似乎只有王无为和王靖。王无为与泰东图书局更像是合作而非雇佣关系，因此张静庐所"忌"的对象应是王靖，两人在泰东图书局内的角色地位等高度重叠，相互间的冲突在所难免。赵南公在 2 月 13 日的日记中，记下了泰东图书局编辑所改组的聚谈结果："编辑所织暂定四五人，首重文学、哲学及经济，渐推及法政及各种科学。文学、哲学由王靖担任"，张静庐的任务则是"专任印刷，并另拨一人副之"。"专任印刷"不宜视为赵南公更看重张静庐的经营才能，如

---

① 郑伯奇：《二十年代的一面》，《沙上足迹》，黑龙江人民出版社 1999 年版，第181 页。

果看重张静庐的才华，所做调整应该是"专任发行"才对，日后张静庐经营自己的书店时，最擅长的也是发行。

赵南公既然判定张静庐"尤危险"，自然不会再重用他，到了后来，甚至有些盼望张静庐离开泰东图书局。赵南公8月2日在日记中写道："任便如何不肯他去"，说的便是张静庐不愿意离开。在这种情况下，豪侠仗义的赵南公并没有搞什么强硬辞退，而是对其做了内部调整。赵南公执掌泰东图书局时，前后二十余年，前后重用过许多编辑人员，却从未强制清退过任何一个编辑，不再被重用的编辑在找到新的事情之前往往仍然待在泰东图书局，自然也短不了要从柜上支点钱用，直至最后离开为止。

在泰东图书局内，王靖几乎和所有人的关系都处不好，张静庐、曹靖华和郭沫若对他都抱有很大意见，但他能力却并不差，否则赵南公也不会将自己最看重的文学与哲学都让王靖担任。王靖，暂时成了赵南公重建泰东的希望之星。对泰东图书局内的人事调整，张静庐并不满意，不久便借《新晓》事情向赵南公作了汇报。赵南公在1921年7月3日的日记中写道："饭后，静庐为予言，编辑所进行茫无头绪，明日须来一商否则沫若要去也。予询其故，知王靖以《新晓》二号假名批评《小说月报》架（嫁）祸于沫若也。王靖性好夸大，其出此言或无心，而听者有意，遂到沫若之耳。"从这段文字来看，赵南公倒是对王靖相当宽容。暂时并没有因郭沫若等创造社同人的到来而厌弃王靖。不过，好景不长，等到郁达夫来到泰东图书局，代替郭沫若继续编《创造》季刊，赵南公看王靖就完全换了眼光。

8月5日，王靖到编辑所找赵南公要钱，又说张静庐告诉他李凤亭在信中批评他，赵南公在当天的日记中写道："予言诚然，盖对于君所译稿，错误处太多，言君胆太大也。予不懂英文，故不明其故。但断非恶意，实系对君忠告，请勿误会。"又提及曹靖华在泰东图书局的时候，就曾说其友人读王靖译的泰戈尔小说，看一篇撕一篇，王靖曾因此与曹靖华大起争执。随后，赵南公告诉王靖，李凤亭并没有说泰东图书局因王靖译书错误而致名誉扫地，但是却也承认书籍错误多是导致泰东图书局营业不佳的重要原因，其中，王靖的误译也是一个原因。赵南公的话语虽然比较客气，但对王靖的能力明显也有所疑虑。8月25日，赵南公在日记中写道："王靖以穷光旦（蛋）来泰东，年余以来，用泰东款在七八百元外，复为荐至别处教英文月廿元，神州女学廿元，在编辑所教学生五人月复有廿元，合计月百元左右。而彼来至今，除翻译几篇小说登入杂志，复辑成平行本外，并未有一种正当著作，且译书错误之处不可胜计，甚且有译来而书著作者。泰东之名誉，为之丧尽，所以年来生意一落千丈。予本不解英文，受其骗至今，始有人告予。"其实，只要翻翻《新的小说》，看看这一时期泰东图书局出版的图书，就能明白王靖在泰东一年的成绩，就数量而言绝对不能算差。至于译书质量，其实也并不像赵南公所说错误之处不可胜计。最好的证明，便是王靖翻译的《泰谷儿小说》等一直被泰东图书局不停地再版发售，直到1926年3月10日《沉沦》第8版问世时，后面还附有王靖译《泰谷儿小说》和《柴霍甫小说》①的广告，广告语还是"两种极有价值的汉译英文的小说"。如果真的像赵南公所说，王靖译书错误太多，使得泰东图书局名誉扫地，按理来说就不应该再继续销售王靖的译书。

---

① "柴霍甫"今译"契诃夫"，下同。——编辑注

　　赵南公在日记中明确表示自己不懂英文，译书的好坏自然不知，但是商人出身的赵南公却有敏锐的市场意识，他真正不能容忍的，其实是"年来生意一落千丈"。趋新，是为了投资将来。但是对赵南公来说，他所趋的新对他来说应该能够在不远的将来就能给他带来利益，而不是藏之名山留存后世，在遥远的将来才能获得名利。随着著译皆佳的创造社同人们陆续到来，赵南公开始重新选择了自己的投资对象。9月21日，赵南公在日记中写道："适王靖亦到，表显（现）出一种颓靡不振之形态，询予房已租出，伊将无住处，将奈之何。且月只十四元，何以生活。予言生活本不难，乃自己把路走错，致人不敢问津。"王靖以译为著，张静庐私自编辑章太炎文章为《章太炎的白话文》却对人说是自己"在章氏沪寓索得付印"[1]，所有这些都是"自己把路走错"的表现。赵南公当初对王靖等人怀抱的希望有多大，现在的失望就有多大。

　　在用人方面不讲资历，特别愿意将重要的担子交给更有才华的人，这是赵南公的优点。同时，赵南公特重义气，对于不肯离开的人尽量安排，有饭大家吃。上述两个方面，单独看都很不错，但是两者同时并存，就显露了赵南公在人际关系处理方面较为粗犷不甚讲究。受器重者自然高兴，但一山总比一山高，不断有更高才华者出现，赵南公不断改换自己器重的对象，而那些不被看重的人却依然留在泰东图书局。赵南公的这种用人方式，一方面给书局内有能力的人员提供了较好的发展机会，另一方面却也使泰东图书局不断地蕴积新的人事纠葛。郭沫若和张静庐回忆泰东图书局时，都指出了赵南公的不会用

---

[1]　汤志钧：《章太炎年谱长编》第 5 卷，中华书局 1979 年版，第 623 页。

人。然而，正是被他们视为不会用人的赵南公发现了他们并给了他们踏进出版界的机会，这是郭沫若和张静庐两个人都特别予以承认的，因此，所谓赵南公不会用人，并非指的是识人之明与用人的勇气，而是指在相互的合作过程中不能处理好各方面的关系，结果就是留不住人。善始而不能善终，从赵南公的方面来说，最简单直接的解释也就是不会用人。

1921 年 6 月，《新的小说》出至第 3 卷第 1 期时改名为《新晓》，随即宣告停刊。停刊的主要原因，一方面是自身水准下降，营业上难以为继，另一方面则是为《创造》季刊让路。

对赵南公来说，《新的小说》的出版发行在人事上还带来了一些隐形收益。首先，郭沫若与泰东图书局最早发生关系，不是与成仿吾同到泰东图书局，而是缘于《新的小说》；其次，因《新的小说》作者吴芳吉的推荐，邓均吾本拟到上海某女校任职，结果教职被泰东图书局编辑王靖所占，邓均吾只好暂时待在泰东图书局。郑伯奇回忆说："他从一九二一年到上海，就住在泰东编译所，既没有正式名义，也没有固定工资。他家里来信叫他回去，他似乎不愿回到那封建家庭。"[①]郑伯奇重在叙述邓均吾生活不易，顺带着也有批评赵南公"剥削"的意思。但是，站在赵南公的角度，能够给一个乍来上海无立足之地的青年容身之处，绝非出于利益的考量。"没有正式名义"从郑伯奇的角度来说可能是不付给固定的报酬，而在赵南公则可能纯是收留寄居者，不好谈什么"名义"。因此，换一个角度看待邓均吾的"没有正式名义"，所表现出来的正是赵南公豪侠仗义，乐于雪中

---

① 郑伯奇：《忆创造社》，《沙上足迹》，黑龙江人民出版社 1999 年版，第 33 页。

送炭。因缘巧合之下，邓均吾与郭沫若相识，他的勤奋与才华也得到了郭沫若的赏识，遂成为了初期创造社重要的一员。

陈建雷和吴芳吉是《新的小说》的作者，他们和郭沫若在书信中探讨诗歌创作、诗论等问题，成为"诗友"。郭沫若写给陈建雷的两封信，分别刊载于《新的小说》1920 年 9 月 1 日第 2 卷第 1 期和 10 月 1 日第 2 卷第 2 期，这是目前所知郭沫若与泰东图书局最早发生的关联。蔡震将郭沫若、陈建雷和吴芳吉三人的交往视为与《三叶集》并列的朋友圈，"时间上虽有先后，但实际上是并行的两个圈子"，"前一圈子内讨论的问题面比较宽泛：文学、艺术、哲学、爱情等等，后者则集中在诗论、诗歌创作问题的交流"，并认为"郭沫若与吴芳吉的文学交往，实际上是一个新诗写作者与一个旧体诗写作者互为'诗友'、彼此引为同道的交往。"[①] 围绕《新的小说》，郭沫若与泰东图书局有了最初的关联，同时也建立了新的朋友圈子，蔡震先生的这些论断都很正确。但是认为郭沫若与吴芳吉是"一个新诗写作者与一个旧体诗写作者"的交往，则未免有些过于武断。固然，吴芳吉是一个以旧体诗闻名的诗人，但是他对于新诗有很多精妙的见解，如"今日的新诗，只知写实，不知写美，实为进步上之大缺陷"，"The Pantheist，最近同乡诗友郭沫若君以其《三叶集》相示，其集中已先我说及；但我与他的意思稍不同的：他以诗人的'我'，列于神以外；吾则以诗人的'我'，本是神之一体"。[②] 吴芳吉在新诗思想上与郭沫若有很多相似之处。

---

　　①　蔡震：《"诗友"之交吴芳吉》，《郭沫若生平文献史料考辨》，社会科学文献出版社 2014 年版，第 255 页。

　　②　吴芳吉：《谈诗人》，《新人》1920 年第 1 卷第 4 期。

吴芳吉也创作新诗。卢冀野编的新诗选集《时代新声》(1928 年 2 月由泰东图书局初版发行)就编选了吴芳吉的四首新诗:《笼山曲》、《明月楼述》、《护国岩述》和《婉容词》。吴芳吉的新诗《别上海》发表在《新的小说》第 2 卷第 5 期上,诗题下有段"按语":"吾以昨年八月,自蜀来沪。今年八月,以长沙明德学校之邀,复别沪去;是为吾别沪之第六次也。"全诗分为 7 节 56 行,现将其第一节与第三节抄录如下:

> 秋风和以平,秋月皎且清;
>
> 啊!上海!我惯游的小村庄,
>
> 我又别你去了,今夜与你辞行!
>
> 一囊诗稿一肩衾,
>
> 也无人送也无迎;
>
> 只你可爱的村庄,累我别泪盈盈。(第一诗节)
>
> 在那虹口的桥头,
>
> 在那日晖的港滨,
>
> 在那龙华的塔影,
>
> 在那松社的茅亭,
>
> 我日日散步长吟;
>
> 可不是你精神的表示
>
> 温柔,绚烂,纯洁,真诚?(第三诗节)

吴芳吉的这首新诗,与郭沫若的抒情诗很相似,同时在诗歌形式方面也充分利用了现代印刷技术带来的排版便利,以错落的诗形表达连绵的离别之情,相当有创意。在中国诗歌传统的熏陶下成长起来的诗人们，所擅长的是旧体诗创作，吴芳吉的新诗创作固然很少，不能与其创作的旧诗相比，但是这正说明了新诗发生期的难题，及其新诗创作的难能可贵。吴芳吉后来"参加学衡。所作新诗，实系旧韵文之变体。著反对新文学论文甚多，散见《学衡》等杂志"。[1] 在阿英的叙述里，《学衡》是新文学的对立面，吴芳吉也是守旧派。然而，以今天的眼光重新审视学衡派，自然会承认《学衡》代表的其实是新文学发展的另一种可能性。将郭沫若引为同道的吴芳吉，虽然参加了《学衡》派，却并不意味着他背叛了新文学，只能说吴芳吉和郭沫若的结交，缘于两人对新诗（新文学）的发展存在某些共识，同时也存在一些分歧。吴芳吉和郭沫若，两个人的诗歌创作道路也正是中国诗歌现代化进程中两种探索和努力的表现。

　　如果将吴芳吉视为一个从旧体诗转向新诗写作的诗人，将其视为新诗创作的践行者，那么，郭沫若、吴芳吉和陈建雷这个交往圈子所探讨的，也还是发生期新诗创作的可能性及其途径等相关问题，而从《新的小说》来看，吴芳吉、陈建雷等人的加入，目的都是为了推进文学新潮的产生。吴芳吉在《新的小说》上发表的旧体诗，表现出来的是其创作的惯性，所发表的新诗才是诗人努力的方向，也代表着《新的小说》努力的方向。肯定《新的小说》真正趋新，郭沫若借助这份杂志构建的朋友圈子实质上也是"新诗"友，在某种程度上也就能够理解郭沫若为什么乐意跟随成仿吾来到泰东图书局，哪怕没有任何名义也还是义无反顾，除了相信成仿吾这个朋友的因素之外，恐怕还有《新的小说》及与吴芳吉构建的朋友圈带给郭沫若的对于泰东图

---

　　① 阿英：《中国新文学大系·史料索引》，上海良友图书印刷公司1935年版，第213页。

书局的某些期盼。

二、创办新人社与《新人》月刊

1920 年 4 月 3 日，在赵南公的鼎力支持下，《新人》月刊出版，编辑者王无为。

王无为（1892—1961），原名吉曦，福建闽侯人，又名新命。曹聚仁在文章中谈到王无为时说："二十岁时到关外沈阳闯天下，他的本职是沈阳奉天工程局测量科做学生，却爱在沈阳各报写新闻稿，一心以为鸿鹄将至，就此丢了测量员职位。既然对新闻工作那么有兴趣，却又不专心在这一岗位上工作，要替同盟会的大员沈缦云闹革命。"1911 年，王无为到沈阳工作，正好虚岁二十。1913 年参加中华革命党组建的"关外讨袁军"，"跟袁世凯斗，跟张作霖斗"，因此"坐了一年牢监，几乎送了命"，"第一次改名为无为，那是沈阳出狱后的事"。1916 年初，王无为来到上海，"在《中华新报》工作，那时，他只有二十多岁"，[①] 王无为曾说："民国七年上海《中华新报》元旦会餐，到者十二人，那时的我也还是十二人中的最少年。"[②] 王无为曾站在成舍我一边与柳亚子在南社内部发生唐宋诗之争，同时又和友人与研究系《时事新报》展开论战。

一份刊物从无到有创办起来，需要一定的时间。《新人》月刊第 1 期刊有王无为的《欢迎戴季陶的忏悔》，文中提到"在一月二十四

---

① 曹聚仁：《听涛室人物谭》，上海人民出版社 1998 年版，第 350—353 页。
② 王无为：《孤芳集·自序》，泰东图书局 1924 年版，第 1 页。

日的正报，发表了《戴季陶应该忏悔》的一段随感录。"后面又说，"隔了半个月我因为要发行《新人》月刊去访康季"。由此可知，至少从1920年2月中旬开始，王无为就已经在为《新人》月刊的发行想办法了。此时，王无为应该已经着手《新人》月刊的筹备事宜，只是还没有找到一个合适的出版机关。后来，王无为找到了赵南公，又或者是赵南公找到了王无为，然后就开始了一段时期的合作。

1920年6月13日下午，王无为在新人社第一次联谊会上说，自己因为有感于"平民无发言权之痛苦"，于是创办《新人》月刊，"以发表平民自由意见"。① 创刊号交给赵南公出版，是因为赵南公能让他在刊物上随意发表自己想法。创刊号上的文字主要由王无为和陈伯熙两个人完成，而"刊费则纯由无为负责，近虽有报费收入，然所损失亦不下六七十元。"由此看来，《新人》月刊原本不是为泰东图书局编辑的刊物，王无为自己掏钱印刷，自己承担钱财损失，这样的一个自费刊物，若是将创刊的功劳归之于泰东图书局，归之于赵南公的策划，将置王无为于何地？"第二期发行《上海淫业问题号》，无为停止新闻记者之职务以为之；伯熙稍为助力，但非甚多。无为个人所为文近十万，而搜罗参考资料、访问事实等，所费时间尚未计也。文成，无条件归泰东图书局发行。出书后，泰东图书局酬书百册，作为义务报酬之用。"从经济上来说，王无为认为这纯粹属于自我牺牲，对于泰东图书局来说也是如此，"发行月刊之泰东图书局亦无利益可言"。王无为并非富有之人，在自己不能支撑《新人》月刊的时候，只能越来越依赖泰东图书局。正是在这次联谊会上，赵南公宣布全面接手

① 王无为：《新人社消息》，《新人》1920年第1卷第3期。

《新人》月刊。"月刊嗣后均归泰东图书局发行。赵南公自谓虽贴本不恤，则继续发行之经济当无虑。"①

泰东图书局出版《新人》月刊并不赚钱，而赵南公依然决定接手出版工作，要么是看重将来可能会产生收益，要么就是为了理想不计利益。其实，这两者也并非相互矛盾到不能并存。看重将来可能会产生的利益，也是为了理想不计当下利益，为了理想不计利益。若是理解为宁可损失眼前利益以博取未来的大利益，也就可以说是看重将来可能会产生的收益。赵南公在很多时候可能显得商人习气较重，王无为很多时候也不是那么完美，但也不应该总是从无奸不商的角度看待赵南公。一个同盟会走出来的出版家，无论是当年的革命热情，还是身边革命同志们的熏染，或多或少对其出版活动都会有所影响，不计利益地出版富有理想色彩的期刊，并非不可能之事。起码，在创办和出版发行《新人》月刊的事情上，赵南公表现出浓郁的人文情怀。

"新人社"与《新人》月刊相伴而生。《新人》月刊本为聚集"新人社"成员而创办，"发行这《新人》月刊做征求同伴的机关"。②"新人社"的成立及其社员的增加，则让《新人》月刊有了更为广阔的发展空间。这是一个良性的互动。在某种程度上，或许正是"新人社"与《新人》月刊的这种相辅相成的模式，给了赵南公继续出版《新人》的信心，同时在出版发行方面也受到了某些启发。《新人》月刊第3期，刊登了陈建雷给王无为的信："你教我入新人社，我是非凡愿意的；因为我从前也曾经发起个新人社，后来看见你们已取这个名字了，我便把他改为人学社。……我顶赞美《新人》的地方，是肯骂新派，肯注

① 王无为：《新人社消息》，《新人》1920年第1卷第3期。
② 王无为：《新人约》，《新人》1920年第1卷第1期。

意实际问题。所以我愿粉身碎骨，为《新人》出力。……我是留日学生，好像《新人》里没有懂日文的，所以我请求你给我做日文翻译的社员。"同期刊登的王无为写给宁波吟雪先生的信中，谈到了入社问题："我们社里没有具体规约，也没有入社手续，但凡对于我们抽象的主张——《新人约》（刊在创刊号）不发生异议，我们都欢迎他入社。入社以后，对于社里的义务，听他自由担负；就是无力担负，也不要紧。"大力招徕社员而无具体限制，人员亦与新潮社共享，反映出来的是赵南公在出版发行方面所做的新的努力，即尽可能地将刊物的作者与读者皆纳入一个团体，以团体的形式开创出版新局面，而这肯定也得到了编辑王无为等的认可，所以才会出现成员共享的局面。泰东图书局内，"新潮社"的成员大都参加了"新人社"；泰东图书局之外，一些人也同时参加了这两个团体。

在王无为拟定的《新人约》中，提出了六项任务，其中第三项任务是："用和平的手段，去占领我们所要求的空间，建设我们所要求的社会，使这理想社会，变成现实社会。"最终的任务则是："把你我他融会为一，推翻字典上头你我他三个字的解释；使人不知道有你，不知道有我，也不知道有他，只知道有人。"这些任务全都是些"抽象的主张"。创刊号上用了几篇文章探讨的有关"新人"的具体问题，反复用来作为案例的，是戴季陶等人的言行。署名"南星"的《新人的环境创造》以叶楚伧、邵力子和戴季陶为例，说明有同情心的人也会受旧环境的不良影响。"天天深夜到了《民国日报》社门口，总看见许多人力车夫睁着只猫儿似的眼睛，在那里拉争叶先生和邵先生回家；不时到了戴季陶的家里，就总看见泪眼汪汪十分希望解放的可怜婢女。如果社会的组织真能完善，这三位极高明的先生，又何至有这人力车和婢女的需要呢?"伯熙在《如何做新人?》一文中再次叙述了叶楚伧、邵力子和戴季陶三人的上述"事迹",说明"有些人智识很高,思想很正确,但他的言行终不一致。"随后较为切实地剖析了言行不能一致的主客观原因,提出"这都不能单怪个人,实在旧社会的种种组织不良,也要负一大部分的责任。"①

北京有署名田志一的读者来信问王无为:"有新思想、新头脑的新少年的责任是什么?"王无为在第 3 期"通讯栏"中回答他:"我个人的意思,以为我们的责任,是为真理社会驱除'难'字;我们自己不必希望成功,最好更能由我失败,开条血路,让来者成功。"王无为欣赏的是实践,而不是坐而论道。当时与王无为做同事的张静庐回忆说,王无为信奉无政府主义,在现实生活中也切实地践行平等思想。"不坐人力车,'咯碌''咯碌'老是拖着一双半统皮鞋跑东跑西。一天跑几回四马路,也不感觉吃力。"② 坐起而行的王无为自然看不惯只说不做的朋友。然而,有意思的是后来的研究者却以《如何做新人?》等文章所揭露的某些无政府主义者言行不一的文字,反过来批评"新人社",认为这些文章"能帮助我们估计新人社的主要编辑人员的思想和他们的文章的真正价值"。③ 言下之意,是"新人社"也同其他高举道德大旗的知识分子一样,往往只看到了别人言行不一,却将自己排除在外,因此没有什么真正的价值。对"新人社"的这种批评显然有些过于求全责备,且也误读误用了《新人》月刊上发表的

---

① 伯熙:《如何做新人?》,《新人》1920 年第 1 卷第 1 期。
② 张静庐:《在出版界二十年》,江苏教育出版社 2005 年版,第 64 页。
③ 中共中央马恩列斯著作编译局研究室编:《五四时期期刊介绍 (2)》上册,生活·读书·新知三联书店 1959 年版,第 416 页。

文字。

《新人》月刊除了创刊号外，原本各期均为专题号：第 2、3 期是"废娼运动专号"，第 4 期是"文化运动批评号"，第 5 期是"泰谷儿号"。实际出版情况有所变化，"《新人》第四期《文化运动批评号》，稿件多出意料以外，现改分三期刊行；三期皆为《文化运动批评号》，以上、中、下别之。《泰谷儿号》改在第七期出版"。[①]《新人》月刊的特色，便是每期都有一个明确的主题。《新人》月刊第 7、8 期合刊号"泰谷儿号"，内容很充实，扉页有泰戈尔像、迷途之鸟图案，然后是"泰谷儿主义"、"迷途之鸟"、"新月集"、"泰谷儿传"等，专号囊括了泰戈尔的图像、思想、诗、小说和传记，是一个非常全面的介绍，可惜自问世后一直没有得到应有的重视。1923 年，《小说月报》推出"泰戈尔专号"，却立刻引发了全社会性的热议，一冷一热，有天地之别。"回顾近代出版史，时势造英雄的印象是很深的。旧时出版社成功和失败的关键首先在机遇的把握上。"[②] 趋新的路途中，这一时期的泰东图书局似乎总是表现得有心无力，或快或慢，总是不能踩到恰当的节拍上。就此而言，王无为和张静庐虽然都是很有能力的编辑，却还不是赵南公想要的理想中的编辑。

1920 年 5 月 21 日，赵南公曾联合王无为、张静庐等人在上海成立废娼会，发表废娼宣言，出版"废娼运动专号"，掀起轰轰烈烈的废娼运动。"废娼运动专号"是一个非常完整详尽的社会调查报告，对上海淫业发展的历史，书寓、长三、么二、台基、野鸡、咸水妹、擦白党等的来龙去脉等，都作了详细的调查。梁启超在《新中国未来

---

① 王无为：《新人社消息》，《新人》1920 年第 1 卷第 4 期。
② 汪家熔：《旧时出版社成功诸因素》，《出版发行研究》1994 年第 3 期。

记》中，借山东曲阜大博士孔觉民之口，指出人人都知道社会应改革，但因缺乏详细的调查研究资料，对于中国社会情形其实并不了解，所谓改革往往无从着手，因此希望政党组织能够设立专门的调查委员会，以十年之力，遍游各省，调查中国都市乡村详细情况。就此而言，"废娼运动专号"的意义，就是为相关的社会改革活动提供了翔实的参考。

王无为主编《新人》月刊，从创刊号到"文化运动批评号"，一个人承担了大部分的稿件撰写工作，有些文章虽然署名各异，实际上都是王无为一手操办。"因外稿的缺乏，老是唱独角戏的。他的写作真敏捷，记得《新人》出过一期废娼运动专号时，十几万言厚厚的一本，竟由他一个人花了十天十夜的工夫，分门别类将它完成。"①曹聚仁也说："他下笔很快，在北京办报时期，他身兼三职，每天写八九千字，颇有香港爬格子文士的气魄。"②这种编辑状况，虽然有利于期刊内容上的统一，却也不免显得单调。直到王靖进入泰东图书局，才真正打破了《新人》月刊一言堂的局面。《新人》月刊不用王无为包办，一方面说明王无为想要痛快地说出来的思想已经阐述得差不多了，需要补充新的思想，另一方面也意味着《新人》渐有不再是王无为理想之刊物的趋势。

1920 年 7 月到，王无为离开上海，去湖南长沙主编《民国日报》，9 月又返回上海，编了《新人》月刊 7、8 合刊号。合刊号刊登了《新人社社员录》，有赵南公、张静庐、陈建雷、陈伯熙、成舍我、王无为、王靖等 50 余人，除了陈建雷等读者与投稿者外，许多都是赵南

---

① 张静庐：《在出版界二十年》，江苏教育出版社 2005 年版，第 64 页。
② 曹聚仁：《听涛室人物谭》，上海人民出版社 1998 年版，第 351 页。

公的熟人。从这份社员名录也可以看出，赵南公之于新人社的活动，的确出力良多。"社员赵南公现负发行责任，嗣后关于发行事务，都归赵南公办理。"[1] 在努力将读者变成社员的前提下，与赵南公有关系的社员，自然也就因熟人关系成为了《新人》的读者。合刊号似乎就是《新人》月刊的集结号，较为完整地展示了社员名录，同时也宣告了杂志的终刊。

新人社《新人》月刊与"新人丛书"，在思想倾向上一般都被视为是新村主义和无政府主义。对于决定出版《新人》月刊且加入了新人社的赵南公来说，未必真心信仰新村主义或无政府主义，但是赞同新村主义与无政府主义，且乐意为其传播提供臂助，却是不容否认的事实。

早在《新人》月刊创办前，赵南公就销售过无政府主义的书籍。1919年上半年，郑佩刚拿了一些讲无政府主义的书托亚东书局售卖，负责接洽的汪原放回忆说："书名记不清了，好像有的是什么'实录'，有的是'克鲁巴特金'的什么什么。不几天，竟卖光了。郑先生来看看，又送了一些来。他也说起过：'泰东图书局也卖掉不少了。'"[2] 亚东书局之所以愿意寄卖无政府主义的书籍，主要是因为陈乔年的介绍。陈乔年是陈独秀次子，1915年在上海法语补习学校学习，1917年考入震旦大学，1919年1月参加无政府主义组织进化社，同年12月由吴稚晖介绍赴法留学，在巴黎参加了无政府主义组织工余社。赵南公又为何愿意寄售无政府主义书籍呢？刘纳在《创造社与泰东图书局》中说："可以推测，赵南公是因为该书销得不错才愿意

---

① 王无为：《新人月刊社消息》，《新人》1920年第1卷第2期。

② 汪原放：《亚东图书馆与陈独秀》，学林出版社2006年版，第51页。

代销的。"① 赵南公愿意代销的原因，最初肯定不是因为"销得不错"，最多只能说是代售之后发现销得不错，于是愿意继续代售。

1919 年 5 月初，郑佩刚、陈延年等创办的宣传无政府主义的杂志《进化》及"进化丛书"被查禁，英租界巡捕房追捕《进化》的发行人。英租界巡捕到泰东图书局检查，赵南公因此"被捉去"了。亚东图书馆也经受了同样的遭遇，汪原放回忆说："一天早上，我们开了店门以后，忽然有一个外国人，带着两个中国人，进店堂来了。其中一个中国人指着无政府主义的书，问道：'这种书，你们还有吗？'我们回答道：'还有。'两个中国人说：'你们一齐拿出来罢。'那个外国人登时大怒，连连说：'I am very angry！ I am very angry！'摆出一副十分难看的面孔。两个中国人道：'我们是巡捕房里的。外国人很气恼，你们竟卖这种坏书！你们经理在家吗？'于是立即把我大叔从楼上叫下来，捉到巡捕房去了。店里人赶紧到泰东去看，原来也有人在搜书，也把赵南公捉了去哩！"开庭的时候，巡捕房律师提起公诉，章行严介绍来的律师为赵南公、汪孟邹等辩护。最后宣判的结果是："赵南公先生和我大叔各罚大洋五十元。郑佩刚先生也被捉去一起审的，判坐牢多少时。赵先生和我大叔当庭释放。"② 代销者赵南公和汪孟邹被罚款，委托者甚或是印刷者郑佩刚坐牢，纯粹从经济的角度来说，这是很不划算的。郑佩刚拿来代销的书即便是销售不错，销售所得利润恐怕也没有五十元。

对于赵南公来说，代销无政府主义书籍是一次失败的商业行为。但是赵南公显然并不后悔，反而越发勇猛，出版了带有浓郁的无政府

---

① 刘纳：《创造社与泰东图书局》，广西教育出版社 1999 年版，第 63 页。
② 汪原放：《亚东图书馆与陈独秀》，学林出版社 2006 年版，第 52 页。

主义色彩的《新人》月刊。在《新人》月刊停刊后，他依然念念不忘恢复其出版。1921 年 2 月 4 日中午，赵南公与李凤亭一起找王无为，"商承办《新人》事，仍未决"，但是王无为坚持要东渡日本。无可奈何之下，赵南公想让李凤亭负起编辑《新人》的责任。当天晚上，"凤亭来，决定不承办《新人》。予力劝，勉力从事，坚不肯。"① 最终，赵南公只能无奈地放弃继续《新人》月刊的出版，"新人丛书"也因稿源难以为继而停止出版。

三、出版"新人丛书"

对应《新的小说》的是新潮社，新潮社出版"新潮丛书"；对应《新人》月刊的是新人社，新人社出版"新人丛书"。这本是理所当然之事，可是因为两个社团的成员大量重叠，在丛书的编辑上不免发生了问题，结果便如《新人社消息》所说："本社丛书部现经组织成立，所出丛书仍名《新人丛书》。唯此《新人丛书》实包含上海新潮社所编之《新潮丛书》在内，非完全由新人社编辑者。"② "新潮丛书"与"新人丛书"的叠合，遂使泰东图书局广告中的丛书目录各不相同，实际出版方面也多有变动。

1920 年 9 月《新人》月刊"文化运动批评号（下）"刊登"新人丛书"广告，共八种：第一种《贫乏论》；第二种《忏悔录》；第三种《娼妓论》；第四种《两性问题》；第五种《黑暗之光》；第六种《和平与战争》；第

---

① 赵南公：《赵南公日记》，上海交通大学出版社 2016 年影印版。

② 王无为：《新人社消息》，《新人》1920 年第 1 卷第 5 期。

七种《回溯录》；第八种《泰谷儿诗集》。

1920 年 11 月 10 日出版的《哲学史》目录页后附有"新人丛书"广告，共计十五种：第一种《贫乏论》，日本河上肇著，止止译；第二种《忏悔录》，俄国托尔斯泰著，王靖译；第三种《露天学校》，黄光斗译；第四种《劳动总同盟研究》，邹敬芳译；第五种《希腊哲学》，王靖编；第六种《娼妓论》，王无为著；第七种《两性问题》，俄国托尔斯泰著，王靖译；第八种《泰谷儿学说》，钱家骧译；第九种《湖南自治运动史》，王无为编；第十种《模范小说集》，王靖译；第十一种《托尔斯泰小说集》，邓演存译[①]；第十二种《中国小说史》，张静庐著；第十三种《俄国文学思想》，王靖译著；第十四种《黑暗之光》，俄国托尔斯泰著，邓演存译；第十五种《人种改良学》，姚柏麟译述。

"新潮丛书"与"新人丛书"未合流时，各有丛书出版顺序，广告时或许会标注，当两套丛书合流时，再度刊登广告，丛书的顺序一般都会进行适当的调整。但是，1920 年 8 月，王无为已经声明两套丛书混合出版，接下来 9 月与 11 月广告中的丛书目录却依然没有固定的次序。"此项丛书，同人认为文化运动工具之一种，故无论如何，不能不审慎出之。现议每一书付印之前皆组审查会审查之。如审查员不同意，即不能付印。至以前所出丛书，亦须重新审查。审查员如追认之，则可加入《新人丛书》；若不予以追认，即不得名为《新人丛书》。"[②]由此观之，9 月份广告中的丛书目录，可能经过了再度审查，

①　此书实为多人译作合集，共收托尔斯泰小说 7 篇，依次为：孙锡麒译《一个鸡蛋那么大的谷》，邓演存译《什么是幸福》、《一个忏悔的罪人》和《天真烂漫》，孙锡麒译《三个逸士》，朱朴《误火焚屋》，王靖《雪夜》。附有《托尔斯泰传略》。

②　王无为：《新人社消息》，《新人》1920 年第 1 卷第 5 期。

结果《和平与战争》、《回溯录》、《泰谷儿诗集》被淘汰，其他五种仍被保留。但所谓审查后所调整的丛书目录，究竟也只是猜测，因为有些书其实并未出版，而未出版的图书是否经过了审查，以及具体是如何审查的，诸如此类的一些问题，都没有相关的史料文献予以说明。从当时的实际情况来看，所谓的丛书目录与审查制度，大多都还只是停留在筹划的阶段。

不知是王无为提出的丛书审查制度难以为继，还是其他原因，后来再公布"新人丛书"相关书目时，有时候连每部在丛书中的序号都没有了。1921 年 3 月，泰东图书局出版了王靖、孔襄我译述的《同名异娶》，原作者为王尔德。版权页同时刊登"新人丛书"广告，共三种：孙范译《过激党真相》、王靖译《迷途之鸟》、王靖与钱家骧合译的《人生之实现》。只是简单标注"新人丛书"的字样，没有相应的丛书序号。不过，这个广告中的图书却都是确切出版了的。王无为在《新人社消息》中明确地说："《新人丛书》今已发印者有《生命的实现》、《迷途的鸟》、《托尔斯泰小说》第一二集、《泰谷儿小说》第一集、《过激党之真相》、《希腊哲学》等数种。"[1]1921 年 10 月，泰东图书局再版《中国家庭问题》时，于该书版权页前刊载"新人丛书"广告，共计五种：第一种《贫乏论》、第二种《同名异娶》、第三种《过激党真相》、第四种《人生之实现》、第五种《托尔斯泰小说集》。

在《新的小说》出版前，张静庐就向王靖约来了《英国文学史》的稿子，也很快就出版了。在《英国文学史》的封面上，以较为粗大的宋体字印着"新潮丛书"四个字，边上括弧里还有"文学系"的字

---

① 《新人》1921 年第 1 卷第 7、8 期合刊号。

样。既然张静庐的《中国文学史》能够被列为"新人丛书"，王靖的《英国文学史》没有理由审查不通过。但是，在各种"新人丛书"目录中，均未见有将《英国文学史》列入者。"新潮丛书"与"新人丛书"合并时号称要经过审查，事实证明审查并无一定标准，且审查制度不能贯彻始终，丛书序号时有时无，丛书到底出版了多少，哪些应该认定为"新人丛书"中的著作，所有这些都成了现代出版史上需要研究的新问题。"新人丛书"广告中，有邓演存译的《黑暗之光》，实际上这部译作在 1921 年由商务印书馆出版了。显然，邓演存先答应了泰东图书局，结果后来商务印书馆也想要出，泰东图书局的出版广告，相当于是给商务印书馆服务了。一旦被大书局盯上，好的稿源很难留住，这便是泰东图书局这类小书局的悲哀。

赵南公与王无为合作推出的"新人丛书"，明确规定了著作者的版权版税等问题。"《新人丛书》决归泰东图书局发行，兹商定条件如下：《新人丛书》如取版税，由泰东图书局付一成书价；如取版权，付费不得在一元以下。其利益则由著作或编译之人享之。"① 当时在泰东图书局工作的张静庐日后回忆说："泰东因经济拮据，工作人员的报酬是很菲薄的。一个月没有一次整数发薪的事，总是陆陆续续在柜上碰到有的时候随便拿三元五元。他（赵南公）是马虎不过的人，对编辑人也是如此，既不讲明一定的薪水，也不讲明在所里（工作时间内）所做的文章和所外所做的文章著作应属于谁的？虽是当时出版界还没有抽版税的先例，然而对于著作品的所有权当然应该划分得清清楚楚。"② 从"新人丛书"的情况来看，张静庐的说法并不

---

① 王无为：《新人社消息》，《新人》1920 年第 1 卷第 4 期。
② 张静庐：《在出版界二十年》，江苏教育出版社 2005 年版，第 65 页。

全是事实。当然，"讲明"版税或版权是一回事，在实际工作中有没有贯彻又是另一回事。不能贯彻约定好的版权版税条件，有时并非因为赵南公贪婪，也有可能如《新人》月刊，本就没有赚到什么钱，甚或有可能赔钱，在这种情况下，约定好的版权版税也就没有任何意义。但是，有些著作刚出版时销售不好，过了一段时间甚或是几年之后，忽然销路变得好起来，这时候有没有约定好版权版税问题就显得重要起来。

综观"新人丛书"，从译作者的角度来说，最引人注目的一点就是王靖的崛起。在上述三种"新人丛书"目录中，直接署名王靖译（作）的共有 11 种，还有两种虽未显示王靖之名，而王靖也参与了译述。王靖是"新人丛书"（"新潮丛书"）的主要撰稿人，泰东图书局刊出的广告，对王靖译书不吝赞叹之词："《泰谷儿小说》，汉英文合璧，中学校用书。王靖君以善译著，此为海内学者所公认，不独两社同人之倾倒已也。今慨乎中学校文学教科书之缺乏，教育部审定者之不适用，恐有志从事英文翻译之学生，兴望洋之叹，特以其最近所译印度诗人泰谷儿小说六篇，用英汉合璧，印一厚册，以供中学校教科之用。即有志英文翻译之士，亦可由此得其门径。第一辑已出版。内容为（一）邮政长（二）喜兆（三）尊严之夜（四）命运（五）河阶（六）芳邻。其第二、三、四、五辑，为柴霍甫、托尔斯泰、易卜生等诸大名家云。上海新潮社新人社同介绍，泰东图书局发行。"如此高产的王靖，赵南公许之为"善译"，也是理所应当。观其所译泰戈尔《人生之实现》："自我必须以失为得，以降为升。倘若小孩不能回到他母亲，他的游戏将变成恐惧；倘若我们不能在爱里牺牲我们的人格，人格将变成我们的祸因。我们必须知道，只有无限的启示是在我们里面，他是不尽的新和永久的美，并且给我们自我的唯一意义的。"①一时之间，市场上到处可见王靖的译书。"王靖君是何许人我不认识，仿佛是个能译外国小说的人，平常我没事时，在青云阁、劝业场玩玩，偶尔看见旧书摊上有三四册小书，如《泰谷尔小说》、《柴霍甫小说》和《英国文学史》等等，上面都有王靖译数字。"②

倾向于文学创作的刊物是《新的小说》，倾向于社会问题和思想的则是《新人》月刊；由《新的小说》衍生出来的"新潮丛书"，应该倾向于文学创作；由《新人》月刊衍生出来的"新人丛书"，应该倾向于社会问题和思想。从王无为和张静庐两人留下来的相关文字看，《新的小说》"有四五千份的销路"，③销路相当不错，而《新人》月刊前几期都处于亏本的状态，按理来说，与《新的小说》相关的"新潮丛书"发展势头也应水涨船高。然而，当两种丛书合并时，最后保留下来的却是"新人丛书"。

被合并掉的为何是倾向于文学创作的"新潮丛书"？就当时泰东图书局内三位编辑而言，王靖由张静庐介绍而来，擅长的也是文学方面的著译，仅是王靖和张静庐两个人的著译，就完全足以撑起"新潮丛书"，就著作数量而言，与王无为相比更是占有压倒性优势。对于赵南公来说，"新潮丛书"完全属于泰东图书局，而"新人丛书"在开始的时候则具有相对的独立性。然而，赵南公、王靖、张静庐没有坚守对自己来说更为有利的"新潮丛书"。这种集体性的退让，根本的原因可能在于他们知道自身文学创作乏力，不能真正地鼓动新潮，

---

① 王靖、钱家骧译：《人生之实现》，泰东图书局1921年版，第88页。
② 华清：《读王靖译的〈泰谷儿小说〉后之质疑》，《创造周报》1924年第46号。
③ 张静庐：《在出版界二十年》，江苏教育出版社2005年版，第62页。

开辟新的局面。王靖的《英国文学史》只写到 19 世纪，虽然自言无暇叙及 20 世纪的文学，但是从他贡献出来的译著看，他最熟悉的是泰戈尔和托尔斯泰，并不热衷 20 世纪世界文学新潮。以"新潮文学"相号召，却不能真正地把握世界文学新潮流，"弁言"中所说的自然主义与新浪漫主义终究只是时髦的词汇，不能变成为现实。泰东图书局真正点亮"新潮文学"，尚须等待创造社同人的到来。

从出版选题看"新人丛书"，最大的亮点是率先出版了一些与新俄国和劳工问题有关的书籍。当时还在泰东图书局工作的沈松泉说："在这一时期中，泰东出版了一些介绍新俄情况和进步的社会思想以及论述中国社会问题的书。前者如《新俄国研究》、《劳农政府与中国》、《劳动总同盟研究》，日本社会学家河上肇的《近世经济思想史论》和《贫乏论》；后者如《失业者问题》、《中国家庭问题》、《妇女职业问题》等。值得注意的是，当时上海以至全国还没有出版这类新书的书店，泰东可说是敢于开创的。"[1] 沈松泉将泰东图书局发行的一些书籍误认为是泰东图书局出版的书籍了，如《新俄国研究》和《劳农政府与中国》。

1919 年，张邦铭翻译了英国 Charles Sarolea 著的《托尔斯泰传》，1920 年由泰东图书局出版，该书扉页载有泰东图书局发行广告，共六种：《托尔斯泰小说集》、《新俄国之研究》、《劳农政府与中国》、《过激党真相》、《现代十五名人传》和《俄国革命史》。1919 年底，赵南公因销售无政府主义书籍被捕，为此缴了一笔罚款，但赵南公并没有因此退缩，不久泰东图书局的出版物上就刊载了这样的广告："欲研

---

[1]　沈松泉：《泰东图书局经理赵南公》，《中国出版史料（现代部分）》第 1 卷上册，山东教育出版社 2001 年版，第 330—331 页。

究布尔萨维克之主张者，欲明瞭劳农政府之组织者，不可不看《新俄国之研究》（邵飘萍先生新著）。内容要目（略）。《劳农政府与中国》内容要目(略)。以上二书均是上海四马路泰东图书局发行。"①身为出版家的赵南公自然要追求利润，但是在同样能够赚钱的低俗出版物与革命出版物之间，赵南公毅然选择了革命的出版物，这充分显示了一个出版家的良心，以及追求进步的思想倾向。与那些怯懦不敢销售此类书籍的出版家相比，或者那些出版发行名为革命实际恶俗不堪作品的出版家相比，赵南公都展示出了难得的胆识与勇气。

因为广告问题，《新人》月刊还闹过一场风波。《新人》月刊第3期通讯栏刊登天津邵光典来信，谈到第2期《新人》杂志："很整净的一本杂志里，夹杂着一节很肮脏的广告。——什么泰东书局发卖《风流艳集》……这不能不算'白璧之瑕'了！"王无为回答说："《风流艳集》的广告，不是我发的；我因为这个，从本期起，并负刊登广告的责任，务使月刊里头，不再见这样的广告。至《风流艳集》的书，原是诗集，严格讲起来，固然是不好的东西，但稍放宽些，就也不能说它是晦淫；不过广告的字面太不好，容易使人误会罢了。"《风流艳集》由李警众编纂，汇集古今风流艳事的诗词并加以介绍叙述，此书广告语言采用的是《礼拜六》式风格。"是书汇集近今名人香艳之作，如樊山实甫等，多为世未经见者，加以抉择，附以说明，如诗话之例。实汇艳体之大成，极才人之能事，读之如亲芳泽，真个销魂。凡具审美观念者，幸速购阅，尝能扑去俗尘三斗。"既然王无为公开声称这则广告不是由他刊发，刊发者就只能是赵南公。但是，仅凭这则广告

---

① 《评论之评论》1920年第1卷第1期。

就认为赵南公到处投机，只要能赚钱，政治与艳情都无所顾忌，似乎也有些不公。首先，这则广告并不能够确认是赵南公所撰；其次，即便是赵南公所撰，泰东图书局以"香艳"招徕读者的广告仅此一则，泰东图书局出版的其他言情小说，广告词强调的都是哀情，对当时流行的鸳鸯蝴蝶派的言情小说模式亦多有批评。《风流艳集》的广告，在语言使用及刊出频率方面都不是泰东图书局常见的广告风格。因为《风流艳集》的广告，引发了《新人》月刊的广告改革，而在《风流艳集》之外，泰东图书局内实未再见类似广告。

1920 年 10 月，毛泽东在《文化书社社务报告（第一期)》中列出了一些较为重要的销售书籍，属于泰东图书局发行的有：《新俄国之研究》（30 本）、《劳农政府与中国》（30 本）。1921 年 4 月，毛泽东在《文化书社社务报告（第二期)》中列出了一些较为重要的销售书籍，泰东图书局发行的有：《试验心理学》（250 本）、《教育哲学》（150 本）、《托尔斯泰传》（100 本）、《新俄国之研究》（80 本）、《劳农政府与中国》（80 本）、《国语组织法》（80 本）、《胐盦客座谈话》（40 部）、《南洋》（40 本）。上述销售较好的书籍，毛泽东在《文化书社通告好学诸君》（《湖南通俗报》1920 年 11 月 10 日）一文中重点进行了推介，销售成绩可能与这种推介有关。

《胐盦客座谈话》等书籍在湖南的热销其实也正是全国热销的典型表现。高长虹说："不装腔作势而说心腹话的文体，是从语丝，莽原开始的，语丝多讽刺，莽原多谩骂。……吴稚晖则又是这样文体的一个先驱者。"[①] 高长虹推崇吴稚晖。在《今昔》一文中，高长虹说："国

---

① 高长虹：《不装腔作态》，《高长虹文集》下，中国社会科学出版社 1989 年版，第 108 页。

人之能应用科学于中国事实之批评者，以吴稚晖为第一人。虽然他说话随便，感想多而谨严少，然其基本思想则纯然科学的也。我于中国负时望者之文字，最喜欢看者，只吴稚晖，鲁迅两人。"① 陈西滢曾在《吴稚晖先生的著作》中说自己知道的吴稚晖的著作有四种：《上下古今谈》、《天演学图解》、《荒古原人史》，以上三种由文明书局出版，第四种则是《脞盦客座谈话》，1919 年由泰东图书局出版。高长虹在《今昔》一文中说："吴老先生的书，这一部销行最广，冯军几乎人手一册。泰东书室销了至少四五万，赚了不少钱。"② 陈西滢虽然肯定吴稚晖著作的价值，在他的文章末尾希望有书局能够将吴稚晖的文字收集起来出版，同时又希望"不要学泰东书局的主人才好"。③ 尽管讨厌赵南公的书贾气，却不得不承认吴稚晖老先生的著作正因赵南公的努力得以流传，新思想也因此得以更为广泛地传播。

四、多方开拓发行业务

谈到杂志发行经验的时候，出版家张静庐认为扩大销路的办法很多，"有时也很简单，说得长些，写一本书也说不完备，说得短些，归根结底只有一句话——'内容充实！'"但怎样能够使得"内容充实"起来，却是"编辑先生的事"，"发行人是在船里着力，无济于事"。④ "内

---

① 高长虹：《今昔》，《高长虹文集》下，中国社会科学出版社 1989 年版，第 100 页。
② 高长虹：《今昔》，《高长虹文集》下，中国社会科学出版社 1989 年版，第 100 页。
③ 陈西滢：《吴稚晖先生的著作》，《西滢闲话》，新月书店 1933 年版，第 43 页。
④ 张静庐：《在出版界二十年》，江苏教育出版社 2005 年版，第 139 页。

容充实"虽然是"编辑先生"的事，但是赵南公不仅是发行人，还是泰东图书局的经理。虽然赵南公自己不能使刊物"内容充实"起来，但若是觉得内容不够充实的原因在编辑身上，他却可以通过更换编辑，寻找更好的"编辑先生"，以便使"内容充实"起来。

对于 20 世纪初期的新文学出版界来说，"内容充实"固然不容易，想要寻求能够使得"内容充实"起来的编辑，更不是一件容易的事。先后被赵南公招揽到泰东图书局工作的王无为、张静庐与王靖，三人皆算得上是一时之选。王无为在到泰东图书局之前就是新闻界知名人士，而张静庐在离开泰东图书局后，先后主持光华书局、现代书局、联合书局和上海杂志公司的业务工作，工作能力毋庸置疑。赵南公与王无为、张静庐与王靖三员大将通力合作，多点开花，四处寻找出版发行的突破口。创办了《新人》、《新的小说》两种杂志，出版发行了"新潮丛书"、"新人丛书"两套丛书，还在筹划出版《小说新潮》、《科学的新人》两种新的杂志。对于一个小书局来说，铺开来的摊子并不小。有些出版计划成功了，有些却在筹划阶段便夭折了，如《小说新潮》和《科学的新人》。但是，无论是成功问世的还是中途夭折的，都实实在在地表明泰东图书局诸人在编辑出版方面始终都在坚持不懈地努力着。

《新人》月刊曾经三次报告《科学的新人》筹办情况：

第一次："本社现决定更发行一种刊物，定名为《科学的新人》，介绍普通科学知识，专供高小以下学生及不曾得有科学知识者之阅览，唯发行日期尚不能预定。"①

第二次："本社第二种出版物《科学的新人》，拟稍提前出版。此

---

① 王无为：《新人社消息》，《新人》1920 年第 1 卷第 5 期。

刊乃以科学常识供给小学生及其他常识缺乏之人；故取材不求高深，篇幅亦不求多；但以富于趣味，适合儿童心理而又切于实用者为主。各社友如有此种著作，望多寄社发表，俾缺乏常识者得受该刊之惠。此外本刊亦为绝对公开之刊物，除发表同人稿件外，并愿发表外稿；唯有不能不求谅于投稿人者，则此项稿件均须无报酬而割让耳。"①

第三次："《科学的新人》现由社员朱某某担任编辑。朱君通讯处为无锡东门城头弄一号。凡寄稿与《科学的新人》者，请即径寄该处。"②

新刊物的出版计划胎死腹中，主要原因在编辑。因编辑问题而出现的种种困难，赵南公也没有办法解决。面对泰东图书局日渐困窘的经济局势，赵南公比谁都着急，一批好的编辑虽然已经招来，出版发行局面的改观尚需时间。在泰东图书局自己没有更多更好的出版物之前，赵南公也就做起了代印代发行等业务。有些书籍的印行，采取的则是书局与作者合作的方式，如姚伯麟的《战后太平洋问题》一书，就是由姚伯麟和泰东图书局各出资一百元出版发行的。

当时的出版界，各书局大多集编辑、出版、发行于一体，有一定规模的书局大都设有编辑部、出版部和发行部。商务印书馆、中华书局发行网的铺设主要靠开设分部，但分部的开设需要经理、会计等，所需费用不赀。1921年12月7日，赵南公日记中有商议开设分局的记载："九时起，到店阅报。十一时骏民同李伯玉来，商在成都、重庆两处开设分局，资本均由伯玉筹措。询予创办情形。两处共备四千元。修理门市共七百元，余三千三百元办理书籍、字画、文具等等。"

① 王无为：《新人社消息》，《新人》1920年第1卷第6期。
② 《新人》1921年第1卷第7、8期合刊号。

开办费用还未包含人工费，这不是赵南公想要的发展模式。赵南公曾在重庆设了特约代售处，闻一多诗集《红烛》的版权页上，就曾特别注明："特约代售处重庆唯一书局"。直到泰东图书局终止营业时，赵南公只在南京、长沙两地开设过分局，泰东图书局的出版物上也标注过这两处分局，此外没有在其他城市明确开设过分局。泰东图书局没有钱聘请有名气的大牌编辑，也没有财力建设真正属于自己的发行网，只能在螺蛳壳里做道场的赵南公却总能别开蹊径，拓展那些为商务印书馆和中华书局等巨无霸无暇顾及或不甚在意的图书市场。主要办法有三：第一，争取新的有市场潜力的图书稿源；第二，扩展特约经销；第三，为各社会团体代办书刊发行。

简单地说，发行就是卖书。卖书的前提首先是要有书可卖，要有可卖的书才行。单以赚钱而论，媚俗的书最容易发行，某些出版商就是先以艳史言情低俗类出版物迅速打开市场的。但是，赵南公想要重建理想的新泰东，这理想与新，指的不仅仅是经济与规模，更包含着对图书出版选题等的严肃思考。新的出版方向，不仅仅意味着要重新铺设新的发行网，还意味着出版者要不断地调整出版选题。并不是所有的新潮图书都能够得到读者们的认可，开辟新的出版方向就意味着并不知道前方的道路如何，真正的方向在哪里。创新就是在没有道路的时候开辟出一条新的道路出来，有了具体道路的新也就不再是真正的有开创意义的新。在新旧碰撞，各种思潮纷杂涌现的时代，趋新的出版并不是件容易的事。有些出版机关自以为新潮的图书，虽然实质上也的确新潮，但这新潮一旦脱离了对中国现实生活的正确认识，往往也就不会被市场所接受。赵南公的长处，在于不但能够理解和接受新事物，还能将其与生活实际联系起来进行思考，从而做出正确的决定。

1921 年 3 月 15 日，赵南公在日记中写道："世界白话书生意异常之好，予数步白之末尘，然已来不及矣。"对于白话类图书出版，赵南公多方努力，却总是效果不佳。1921 年 4 月 23 日，赵南公更是在日记中显露了他对白话的一些真知灼见："新文学的白话本与旧式白话相距甚远，旧式质而真，新式美而丽，各有所长……新式的白话已成，为无疑的。吾国正在发扬其普遍，尚需待数十或百年以后，而欲返其本，真须待吾国文化凌驾欧美一众，几百千万之文字专士研究新旧文字之利便，非旧式便于新式若干倍，事实上确有若干年之证明。吾知其决无复旧之希望也。"赵南公笃信白话能够流行，且以十年为期与朋友赌，不是赵南公盲目自大，而是切实看到了白话的好处。4月 24 日，赵南公日记载有一则趣事，就是赵南公得到云宝留给他的一张边条："我因为你全天不来，想你的很，所以特来望你。"云宝是赵南公的相好，原本不识字，赵南公在日记中写道："'今'字竟误'全'字。但伊看《白话信范本》不过十课，予为顺口讲解亦系随便说说，不谓两三日工夫，竟能做三句白话，误书一字，亦属可造之才。"云宝看的《白话信范本》，著者王无为。赵南公以自己书局所出书，教授不识字的云宝，颇有试验白话书信效力的意思，而结果自然更加增添了赵南公对白话图书出版的信心。

泰东图书局出版物刊载的《白话信范本》广告，从私密、易学、便于使用几个方面强调了学习白话信的必要性。"白话信是最简明最实在的书信。我们以前的书信，学问深的人写给学问浅的人，往往看不明白，还要请人家去看，如果没有重要和秘密的事，到也不要去管他，如果有很重要很秘密，只能二人知道不能给第三人知道的事，也去请人家看，岂不是泄露了么？所以现在流行的白话信，无论学问深浅的人，统统能够明白，既能免了请人代看的苦处，又能够得到增长智识的利益！启发小学生写信的利器，就是王无为著《白话信范本》（定价三角）。各界通用的书信，就是王无为著《分类白话信》（定价八角）。"整个广告，完全一副为"学问浅的人"打算的口吻。与《白话信范本》一样切实可用而销售又不错的，是 1920 年出版的蔡晓舟著的《国语组织法》，5 个月内已印至 3 版。赵南公极乐意出版这些偏向于实用类的白话书，却都没有列入"新人丛书"。这些实用类白话图书，无形中也构成了白话文学习的一个小系列。

1918 年 5 月 2 日，苏曼殊因病逝世。好友胡寄尘（胡怀琛）将苏曼殊的两部遗著《英汉三昧集》、《拜伦诗选》，交由泰东图书局出版。胡寄尘和苏曼殊是上海太平洋报共事时的朋友，在柳亚子离开《太平洋报》后，胡寄尘继任文艺编辑。"亚子为曼殊刊集遗诗，哲夫为曼殊搜印遗画，寄尘为曼殊流行小说，这三人把曼殊介绍于以后的时代。"[1] 几部苏曼殊的遗著中，赵南公为之精心撰写广告的，是《英汉三昧集》。"曼殊大师本长于诗词，又精英文。特选中国古诗首《关雎》，下逮汉唐，译以英文，为习英文者，学英诗之阶梯。读之不但能解英诗之美，而汉英文字组织之妙，尤以两两比较，而得其三昧。习英文者，不可不事置一编也。"柳亚子在《苏曼殊作品表》中列出了苏曼殊一些著译的出版情况：《拜伦诗选》，日本东京三秀舍印刷，梁绮庄发行，已绝版。上海泰东图书局翻印。《汉英三昧集》，日本东京三秀舍印刷，东辟发行，已绝版。上海泰东图书局翻印，改名《英

---

① 柳无忌：《苏曼殊及其友人》，《苏曼殊全集》，哈尔滨出版社 2011 年版，第 371 页。

汉三昧集）。《惨社会》，见《国民日日报》。上海镜今书局出版单行本。改名《惨世界》。已绝版。上海泰东图书局翻印，改名《悲惨世界》。《沈尹默书曼殊上人诗稿》，沈尹默编辑，张氏影光室印行，上海泰东图书局寄售，已绝版。①《英汉三昧集》原本为《汉英三昧集》，泰东图书局出版时颠倒了"汉英"的位置，至于是赵南公还是胡怀琛所为，现已不可考。赵南公所强调的英文学习功能，《英汉三昧集》与《拜伦诗选》两本著作并没有本质性的区别。宋若瑜在写给蒋光慈的信中说："苏曼殊著的《英汉三昧集》你看见过吗？我现在看一部法国小说 Three Musketeers，法国小说及戏曲家 Alexandre Dumax Le Pere 大仲马著，伍光建译作《侠隐记》、《拜伦诗选》一小本很好，也是曼殊译，有原文及中文。"②强调有原文及中文，说的便是双语阅读便于学习。

虽然泰东图书局并非苏曼殊著译的最初出版者，但是一个出版机关较为集中地出版了这位文学大师的几部译作，这在国内尚属首次。《拜伦诗选》是中国翻译史上第一部外国诗人诗歌翻译集，而苏曼殊是"介绍拜伦文学给中国的第一人"，③泰东图书局的广告在介绍苏曼殊著译时，却并没有特别重视其拜伦汉译的重要性。后来，《创造》季刊本欲在"雪莱专号"后推出"拜伦专号"，结果只有"雪莱专号"问世，由此还引出了创造社同人究竟更喜欢雪莱还是拜伦的问题。拜伦进入中国的过程中，泰东图书局有过两次极好的出版机会，却都没有真正得到出版者的重视，广告宣传与相关的出版组织工作跟不上。

① 苏曼殊：《苏曼殊全集》，哈尔滨出版社 2011 年版，第 7—8 页。
② 吴腾凰、杨连成：《蒋光慈　宋若瑜》，中国青年出版社 1995 年版，第 237 页。
③ 苏曼殊：《苏曼殊全集》，哈尔滨出版社 2011 年版，第 294、299 页。

对于泰东图书局来说，拜伦终究只是一个无足轻重的过客。

在上海泰东图书局翻印的苏曼殊遗著中，最有意义的是《悲惨世界》（1925 年再版时改名为《惨世界》）。《悲惨世界》在《国民日日报》上连载过 11 回，题名《惨社会》。柳亚子回忆说："曼殊一九〇三年在上海国民日报馆时，曾在报上发表一部名叫《惨社会》的小说，他的署名，是'法国大文豪嚣俄著，中国苏子谷译'。这部书在报上登完了十回，登到第十一回的大半回时，报馆被封，小说也就绝笔了。后来镜今书局出了一部单行本，把书名改作《惨世界》，署名的人，也改做苏子谷、陈由己同译，这陈由己就是陈仲甫。镜今书局把此书出版以后，它不久也就关闭了，此书流传不多，很难找到。隔了十多年，曼殊已死，有他的朋友胡寄尘，把镜今本的《惨世界》，交给上海泰东图书局翻印，又把书名改做《悲惨世界》，删去嚣俄和陈由己的名字，变成'苏曼殊大师遗著'，但书的内容，却据胡寄尘写信给钱玄同，证明一字未改。"对照了泰东版与报刊版之后，柳亚子指出："推翻嚣俄原书结局，把孟主教改做贪和尚的是曼殊；而推翻曼殊的翻案，依照嚣俄的本意，把贪和尚恢复到孟主教原来地位的是仲甫。"[①] 柳亚子撰写此文时，镜今书局出版的单行本已经找不到了，泰东图书局的翻印本也就成了当时唯一存世的单行本。泰东图书局翻印时，是胡怀琛将《惨世界》改为《悲惨世界》，并把陈独秀从译者中删掉了。正是泰东图书局版《悲惨世界》的存在，让人知道了单行本与《国民日日报》上的连载版本有着很大的差别，陈独秀在单行本中改变了苏曼殊译文中个人化的理解。

---

① 柳亚子：《惨社会与惨世界》，《苏曼殊全集》，哈尔滨出版社 2011 年版，第 361 页。

泰东图书局翻印的《悲惨世界》，从 1921 年到 1927 年总共也就出了 4 版，在泰东图书局所有出版物中，这样的再版速度绝对算不上好。然而，能够翻印苏曼殊遗著以表示纪念，对泰东图书局来说也算是终于靠上了一位文化名人，有利于提升泰东图书局在新文化出版界的名气。至于赵南公期盼的白话类出版，《白话信范本》和《国语组织法》那样的书稿并非轻易可得，好的书稿可遇不可求。赵南公曾接到周葆茹所著《中等国文文法》，因其文白并用，体裁不纯，只能退还稿件。在这种情况下，赵南公在自己所擅长的领域扩展泰东图书局业务，开始代印代销《评论之评论》（北京大学法科学生刊物）、《民铎杂志》（留日学生组织"中华学术研究会"刊物）、《国民》（"学生救国会"的自办刊物）、《家庭研究》（易家钺主持的北京家庭研究社刊物）、《太平洋》月刊等。这些刊物并不能够给泰东图书局带来丰厚的利润，但是有助于泰东图书局打开新的出版市场。

现代文学社团大多有自己的机关刊物，但社团成员大多只有编辑能力，对印刷发行则往往"不能兼顾"，[①] 只能委托书局。当时愿意出新刊物的书局非常少。1928 年时，高长虹撰文指出："在前几年时，有一两种代表一个新趋向的刊物出现时，常是由小书局印行的，如《新青年》《创造》都是。"[②] 围绕在这些新刊物周围的成员，都是新出版物的潜在读者，代印代销也就意味着打造泰东图书局的品牌。小书局在已经成熟的图书市场上没有办法和老牌大书局争夺，只能开辟新市场，新市场不是等来的，而是需要去积极地创造。此外，泰东图书局还代理发行过《新中国》、《人学》、《科学》、《美术》、《崇实》、《革

---

① 《本社消息》，《国民日日报》1923 年 10 月 16 日。
② 高长虹：《走到出版界》，泰东图书局 1928 年版，第 17—18 页。

新评论》、《新少年》、《博物杂志》、《新妇女》、《新教育》和《学艺》等杂志。① 这些都应该视为赵南公积极开拓新书市场的努力。

汪家熔谈到近代发行的重要性时说："杜亚泉办的《亚泉杂志》，连送带卖，每期 110 份（见停刊启事）……能办长的刊物（公费不算）都是有发行网的支持。如'五四'后，各种文学团体纷起。据统计，不少于 100 个（至 1925 年），办刊物 300 种以上。但只有文学研究会的代用刊物《小说月报》前后达 11 年之久。而文学研究会自己的机关报《文学旬刊》及改名后各刊在《小说月报》停刊前都停了。可见有无发行网大不一样。"② 想要重建理想的新泰东的赵南公，需要为新的出版物重新铺设发行网络。这是一项艰难的工作。鉴于自身条件有限，赵南公没有实力自己铺设发行网，只能努力地将泰东图书局门市店充实起来，等候买家前来。有些前来的买家也就成了热情的赵南公的合作对象，成为泰东图书局在外地的特约经销处，湖南的文化书社便是一个例子。1921 年 8 月 11 日，毛泽东造访泰东图书局编辑部，赵南公在当天的日记中写道："毛泽东（长沙文化书社）来，小谈即去。据云，来已月余，客情文女学，病多日矣。湘局如靖，将扩充文化书社于县。湘人真勇于运动。"1920 年 9 月 9 日，毛泽东、何叔衡、易礼容等发起的文化书社在长沙潮宗街正式开业，易礼容任经理，毛泽东任书社特别交涉员。毛泽东到泰东图书局，自然是行使交涉员的职责。1920 年 10 月，毛泽东在《文化书社社务报告（第一期）》中写道："除各杂志社外，正式约定与本社为出版物之交易者，有上

---

① 《泰东图书局发行和代派期刊一览》，《家庭杂志》1921 年第 1 卷第 3 期。

② 汪家熔：《旧时出版社成功诸因素——〈史料杂录〉之三》，《出版发行研究》1994 年第 5 期。

海泰东图书局、亚东图书馆、中华书局、群益书社、时事新报馆、新青年社，北京大学出版部，新潮社、学术讲演会、晨报社、武昌利群书社等十一处。因经李石岑、左舜生、陈独秀、赵南公、李大钊、恽代英诸君为信用介绍，各店免去押金。"①1921 年 4 月，毛泽东在《文化书社社务报告（第二期）》中写道："本年一月以前，外埠书局如'中华'、'亚东'、'泰东'、'新青年社'、'北大出版部'、'学术讲演会'等，均经订约销书，至本年一月，始由杨君端六介绍向上海商务印书馆订约分销。"② 第一次社务报告中，泰东图书局在众多书局中被放在第一位；第二次报告中，则被放在第三位。泰东图书局，始终占据非常靠前的位置，可见泰东图书局给毛泽东留下了很深的印象。

湖南文化书社那样的买家可遇不可求，赵南公的新书销售思路，还有两招：其中一招是预约销售。1919 年泰东图书局出版《智育全书》，事先宣布购书者如果能够预先付款，则书价减半，即原本定价三元的书只卖一元五角。还有一招，就是利用新社团自身的人气开辟新的市场。社团成员往往就是围绕着刊物聚拢起来的作者和读者，搞强行销售只会将这些潜在的买家吓跑，而不能真正建立稳定可靠的新书市场。以趋新为纽带，以利益相诱，这是赵南公创造性地搞出来的新书销售思路，最初的时候，是依靠新社团推行"书报廉价卷"，后来这一思路便渐渐演变成了风靡一时的读书会。赵南公曾以"新人社"和"上海新潮社"的名义刊登《特别启事》：

---

① 毛泽东：《文化书社社务报告（第一期）》，张允侯等编著：《五四时期的社团》，生活·读书·新知三联书店 1979 年版，第 53—54 页。

② 毛泽东：《文化书社社务报告（第二期）》，张允侯等编著：《五四时期的社团》，生活·读书·新知三联书店 1979 年版，第 58 页。

本社现承泰东图书局赠"书报廉价卷"三千张，凡两社社友及预定《新人》或《新的小说》全年者，皆得函索，兹开列办法如下：

一、索卷须附寄邮费，作寄卷之用；本埠邮费一分，外埠三分。

二、每人索卷五张，如为两社社员，得索三十张，并可任意赠人。

三、每卷购书一次，无论多少均可。

四、购书时须用赠券一张，连书价交至泰东图书局，方为有效。

五、持卷者购买由泰东图书局发行之杂志，如《新人》、《新的小说》、《民铎》、《国民》、《女子运动》、《红叶集》等，照定价七折计算；惟预定以上各杂志至全年者，此卷无效。

六、持卷者购买由泰东图书局发行之书籍，及"新人"丛书（新人社编）、"新潮"行书（上海新潮社编）等，照定价五折计算。

七、卷之有效时间，为一年。

八、卷用完，得再函索。

九、索卷向……新人社、上海新潮社赠券部索取。

十、如泰东图书局出版书报，有特别声明不适用廉价卷者，此卷即为无效。

"书报廉价卷"给了读者优惠，却是有条件的优惠，即"新人社"或"上海新潮社"成员，以及预定《新人》月刊或《新的小说》全年者。这就相当于现在的会员制，想要得到"书报廉价卷"，就需要先拥有某种资格。这种资格不是以购书金额作为限制，而是实际以泰东图书局出版的两种新刊物作为限制。这种限制从营销的角度来说，其实并不利于泰东图书局最大限度地利用"书报廉价券"多销售书籍。赵南公的促销努力，不仅仅是要打开市场，倾销积存图书，更多的还是想利用这种方式带动泰东图书局的转型，为《新人》和《新的小说》所代表的新的出版方向开拓市场空间。与此同时，通过资格及基于资格之上的优惠措施，泰东图书局就有可能摆脱以前图书销售铺"账底"的老路，直接在书局和读者之间建立一种新的发行网。

五、锲而不舍招揽李凤亭

对于出版发行来说，名人就是品牌，意味着免费广告。栽不了梧桐树，招不来金凤凰。泰东图书局没有商务印书馆那样雄厚的实力，也没有亚东图书馆那样的人脉，在商务印书馆和亚东图书局争抢胡适等人编辑的出版物时，书局经理赵南公只能招揽不起眼的新人，像张静庐，又或者是那些有新想法却在其他地方不能随心所欲搞编辑出版的人才，如王无为。发掘有潜力的编辑新人，自己培养，这个过程虽然艰难，却真正有益于出版界。

发掘新人，提携后进，这是一个出版家值得赞颂的优良品质。但是，出版家毕竟不是慈善家和教育家，他的目的不是教育人培养人；在能够招纳优良的成熟编辑的时候，没有多少人会反其道而行之，偏偏要自讨苦吃去使用一些生手；在能够聘请完整地接受过现代高等教育的人时，想要趋新的出版家自然也不会想着聘请没有名堂的中学生。普通职员好找，真正有用的人才难得，赵南公不是没有动过聘请优秀人才的念头，只是实施起来难度很大，且不怎么成功。在 1921 年的日记中，赵南公具体地记载了招揽李凤亭的过程。

李凤亭是"新人社"成员，与王无为是好友。《新人》月刊出版后，李凤亭曾从日本写信来提意见。王无为在《新人社消息》中写道："周用吾、李凤亭、成舍我都来信说，第一号不研究问题，只鼓吹主义，是月刊的缺点。"①"好友李凤亭要我到日本走一遭，我将来或且可以。"②1921 年 1 月，李凤亭从东京一所私立大学法政科毕业，准备到安庆安徽公立法政专门学校任教。经过上海时，来到泰东图书局，赵南公与之晤谈后，便想请其留下来在泰东图书局工作。李凤亭是个真正的海归派，与谷钟秀、欧阳振声等一样，在日本学习的都是法政，赵南公在他身上感受了重建新泰东的另一种可能性。

看赵南公日记，可见其在李凤亭逗留上海期间，赵南公可谓是竭尽所能殷勤相邀。

1921 年 1 月 9 日，"十一时。凤亭来。适王靖尚在。乃围炉谈心。不期终夜。予力邀凤亭相助。似有默允意。并谈以后进行种种。意甚相合"。终夜晤谈，一直到了第二天早晨八点，李凤亭才离开。18 日，"凤亭来谈，镜湖来捣乱"。21 日，"凤亭来"。24 日，"凤亭、镜湖、理璋来"。29 日，"觅无为，同凤亭晚饭于也是居"。31 日，"康寄遥、马凌甫来，康言凤亭急欲一到安庆，伊不赞成。正谈，凤亭到。复力说到安庆之不适宜，彼终不能决。只打断其今晚起程之念"。2 月 1 日，"凤亭、无为同来，适幼涛送来八十元，各结十元。凤亭已决不到安

---

① 王无为：《新人月刊社消息》，《新人》1920 年第 1 卷第 2 期。
② 王无为：《王无为赴湘留别书》，《新人》1920 年第 1 卷第 6 期。

庆。但是否帮予，仍未决"。2月2日，"寄遥请客，无为、凤亭均在，饭后同到予处"。2月4日，"四时，凤亭来，同到无为处，商承办《新人》事，仍未决。无为东行，予允筹百廿金并代凤亭弟筹卅金。凤亭已决帮予。……十一时，凤亭来，决定不承办《新人》。予力劝，勉力从事，坚不肯。……四时，觅无为，彼定十五日赴日本。凤亭决帮予"。11日，"凤亭旅行南京，留言晚间来。予乃觅无为，适伊同王靖亦到，乃晚餐于大东旅社，谈今年进行方针。靖同秉文去看戏，凤亭言安庆已派人来，力催到校，若不可却，只得去二三月。但此二三月内，仍致力于译书，较之在申，所差亦无几。无为言已为觅一替代，二三月后或达目的"。12日，"无为、凤亭来候，复商进行办法，仍无解决。无为定十七日起程，凤亭亦然。谈到四时，始去"。13日，"四时，无为、凤亭、静庐、王靖等均来，适南屏、陈方来谈，未得谈编辑事。七时，始同至同兴楼聚谈。（一）编辑所暂定四五人，首重文学、哲学及经济，渐推及法政及各种科学。文学、哲学由王靖担任，另聘成仿吾兼任科学，因成君能通英、法、德、日各国文字也。经济由凤亭担任"。

在赵南公的日记中，初次提及李凤亭，赵南公便以为对方似乎有答应帮助自己的意思。然而，接下来前后整整一个月，李凤亭的态度却始终有些游移不定。2月4日，一天之内，李凤亭的心意更是一变再变而至三变。对于李凤亭反复无常的表现，赵南公并没有觉得对方言而无信，而是一再诚挚地邀请对方，不仅帮李凤亭为其弟弟筹款，还答应李凤亭在帮泰东的同时可以去安庆就职。赵南公的不懈努力，最终获得了李凤亭的认可。

李凤亭所参与的泰东图书局活动，主要就是商榷空有其名的编辑所改组方针，此外对书局再无实际意义上的贡献，去了安庆后再也没有回到泰东图书局。赵南公倒是对李凤亭念念不忘，即便是确定将泰东图书局出版审查大权交给郭沫若后，也还想着要李凤亭回来主事。1921年12月11日，赵南公在日记中写道："泰东万不可出教科书，致入险途。最好出中学以上之书，暂行维持，以俟机会。内部亦需整理。讨论结果，仍以做编辑方面即以凤亭主其事，沫若君左于助。适合予意。"对于赵南公来说，不遗余力地聘请李凤亭，给泰东图书局带来的最大收获却不是李凤亭本人，而是李凤亭推荐的成仿吾。更确切地说，是与成仿吾一起到来的郭沫若，给赵南公带来了意料之外的收获，进而真正开启了重建理想的新泰东的历史进程。

第三章

成了创造社的"摇篮"

在 20 世纪中国众多小书局中，泰东图书局能够脱颖而出，在现代出版史上留下浓墨重彩的印痕，主要就是因为创造社。"中国新文学团体中，组织较广，历史较久，影响最大而对立也最强烈的，要推文学研究会和创造社。"① 创造社这个新文学团体之所以能够成立，不像郭沫若等在日本组织的《Green》社、夏社那样很快流于悄无声息的境地，实有赖于泰东图书局之助。"泰东，是创造社的摇篮。"②

1946 年，郭丰在《郭沫若论》一文开篇写道："郭沫若在中国文坛上的出现是和'创

---

① 郑伯奇：《中国新文学大系·小说三集·导言》，上海良友图书印刷公司 1935 年版，第 3 页。

② 张静庐：《在出版界二十年》，江苏教育出版社 2005 年版，第 100 页。

造社'的诞生同一时候，那时在一九二一年七月。"①将郭沫若在中国文坛上的出现与创造社的诞生视为"同一时候"，无形中抹掉了《学灯》之于郭沫若在中国文坛上出现时的重要作用，这与历史事实根本不符，但是这个不正确的表述却正从另一个方面说明了泰东图书局之于郭沫若乃至整个创造社的重要性。在当时许多人的眼里，已经认定是创造社成就了郭沫若或者说郭沫若成就了创造社，而创造社的成立离不开泰东图书局。没有泰东图书局，就没有创造社，或者说创造社就不会是现在人们所知晓的这个模样。

泰东图书局与创造社，在 20 世纪的中国犹如宿命般相遇了。两者的结合使双方都发出无穷光辉，照亮了现代文学出版界。

综观中外出版事业，凡能铸就辉煌青史留名者，资本、管理、技术等诸多因素都曾发挥过重要的作用，但其中最为关键的因素还是人。一旦出版社拥有了某位关键先生，条件再简陋的小书局也能创造出奇迹，甚或白手起家平地起楼等，这便是所谓的因人成事。企望变革的泰东图书局，正是因为成仿吾、郭沫若等人的加入，终于实现了真正的蜕变，掀开了自身出版历史崭新的一页。

一、聘请成仿吾，结果多来了一个郭沫若

进入 1921 年，赵南公很想进一步改善泰东图书局的出版状况，为此多次与李凤亭、张静庐、王无为等商议书局进行办法。2月13日，

---

①　郭丰：《郭沫若论》，《上海法科大学月刊》1946 年第 2 卷第 1 期。

泰东图书局经理赵南公在日记中写道："编辑所组织暂定四五人。首重文学、哲学及经济，渐推及法政及各种科学。文学、哲学由王靖担任。另聘请成仿吾，兼任科学，因成君能通英、法、德、日各国文字也。经济由凤亭担任。"① 赵南公记载的，是他与李凤亭、王无为、张静庐、王靖等人在同兴楼聚谈商议的内容，更多的是对编辑所组织的某种筹划，并非正式决议。

远在日本东京读书的成仿吾之所以被列入聘请名单，乃是缘于李凤亭的推荐。"仿吾由于他的朋友李凤亭先生的介绍和上海的泰东书局发生关系以后，'创造社'的组织和出版刊物的问题才逐渐具体化了。"又说："仿吾有位同乡李凤亭先生来信叫他担任泰东图书局的文学方面的编辑主任。"② 当时正在泰东图书局内工作的沈松泉回忆说："在李凤亭和赵南公商谈泰东编辑部扩充计划之时，李凤亭就写信到东京去，邀请成仿吾回国任文学部主编，成仿吾又转邀郭沫若一同回来，协同负责文学部的编辑工作。"③ 新中国成立后的这些回忆，在某种程度上都受到了郭沫若《创造十年》的某些影响，比如请成仿吾担任"文学部主任（主编）"的说法。所有当事人都肯定了在创造社与泰东图书局的关系问题上，李凤亭起到了牵针引线的作用。

李凤亭和成仿吾是湖南同乡，在日本东京补习学校读书时，两人曾经一起租房住，故此知道工科男成仿吾的过人才华及其对文学的热爱。此时的赵南公，对李凤亭特别看重，正在极力招揽，对其所介绍

---

① 赵南公：《赵南公日记》，上海交通大学出版社 2016 年影印版。
② 郑伯奇：《忆创造社》，《沙上足迹》，黑龙江人民出版社 1999 年版，第 11 页。
③ 沈松泉：《泰东图书局经理赵南公》，《中国出版史料（现代部分）》第 1 卷上册，山东教育出版社 2001 年版，第 331 页。

的成仿吾，虽然不会推辞，却也谈不上赏识重用。毕竟，赵南公和成仿吾此前并无交集，对成仿吾的了解应当只是来自李凤亭的介绍。日记中只有在写到成仿吾时，才稍微解释了让其"兼任科学"的原因，而这解释也恰恰说明赵南公对成仿吾不熟。对于其他几位，因熟悉，觉得各自要负的责任理所应当，自然不需要多加解释。可以说，当赵南公向远在日本的成仿吾发出邀请时，绝没有料到这次聘请对泰东图书局日后的发展轨迹将会产生那样巨大的影响。

成灏（1897—1984），字仿吾，笔名石厚生等。湖南省新化县人。祖父成明郁，光绪三年进士，善诗文。1909 年，成仿吾随长兄昌愍往日本，入名古屋第五中学。1911 年到东京补习学校学习，和同乡李凤亭住在一起。1913 年考取东京第一高等学校预科，1914 年被分派到冈山第六高等学校工科，与郭沫若住同一套房间，遂成好友。1917 年考入东京帝国大学，攻读枪炮专业。1921 年 2 月 13 日，当赵南公与李凤亭、王无为、张静庐、王靖等人在同兴楼聚谈，并决定聘请成仿吾时，成仿吾正在日本读书，准备毕业试验，对泰东图书局的邀约毫不知情。

1921 年 3 月 12 日，赵南公在日记中写道："接无为之信。成仿吾辞湘省技师来就泰东编辑，并嘱汇百元作购书费，另与彼汇三二十元。乃定汇百元，以三十元交凤亭，拿另卅元交成仿吾购书，四十元为彼用。稍迟并汇百元，即并一切用费矣。复致凤亭一函，报告汇款及寄书并予活动之状况。"[①] 从赵南公日记可知，成仿吾原已接受了湖南方面的聘请，决定毕业后回湖南担任技师。接到泰东图书局聘请消

---

① 　赵南公：《赵南公日记》，上海交通大学出版社 2016 年影印版。

息后，成仿吾辞掉了"湘省技师"的聘请，还"把临到头的毕业试验也抛弃了"，[①]决定到泰东图书局从事文学工作。从赵南公的日记和郭沫若的回忆文字来看，可知当初李凤亭向赵南公推荐成仿吾时，并没有提前告知成仿吾。同时，赵南公等商议书局改组分工等事情后，也并没有函告成仿吾。泰东图书局聘请成仿吾的意思，应该是由1921年2月17日去日本的王无为转告。赵南公等人在2月13日商谈书局改组分工事，参与商谈的王无为于2月17日赴日，让王无为直接与成仿吾联系，转告书局改组及聘请等事，在当时的社会条件下无疑是最为简单直接的办法。

从成仿吾收到泰东图书局聘请消息后的行为可知，他的就职意愿相当迫切。成仿吾很快就给赵南公写了一封信，赵南公在3月19日的日记中写道："仿吾已允"，并将此消息写在了致李凤亭的信中。赵南公有一个习惯，写完给别人的信后，会在日记中简单记下给谁写了几封书信，但是赵南公的日记中没有给成仿吾回信的记载。也就是说，赵南公很可能就没有给成仿吾回过信。聘请之事是王无为转告的，来信亦不复，这在某种程度上也表明赵南公对聘请成仿吾之事并不热心。如果说成仿吾来泰东图书局就职的心情就像一团火，赵南公对成仿吾的态度虽非冰冷，却也只能算是不冷不热的水。火若不能将水煮得沸腾起来，自身就只能走向熄灭。

王无为到日本后，究竟是如何向成仿吾转述泰东图书局改组及聘请等事宜的，现已无从知晓。但是，想必应该是在相当程度上美化了泰东图书局的改组意愿及前景。否则的话，成仿吾应该不会轻易地就

---

① 郭沫若：《创造十年》，《郭沫若全集》文学编第12卷，人民文学出版社1992年版，第86页。

邀请郭沫若一起去泰东图书局。成仿吾回忆说："那时郭沫若也不愿意再学医，我想我们俩人同时担任也可能增加点钱。"① 邀请郭沫若，不仅仅是为了实现文学上的理想，还想要借此解决一下郭沫若困窘的经济状况。得到邀请的郭沫若，决定和成仿吾同船回国。

1921年3月31日，成仿吾从神户乘船动身，4月1日到达门司。郭沫若上船后，和成仿吾同在三等舱。此行，对于两个在日本学实业的大学生来说，意味着人生道路上的一次意义重大的选择，弃医（工）从文。或许，正是因为关乎人生道路的选择，使郭沫若感到有点儿紧张。郭沫若日后回忆此次归国旅程时说："我心中的感慨就好像古代的武士出去上阵一样。——不是说自己很勇敢，有视死如归的精神，是自己的漂泊的前途，吉凶莫卜。"既为当初的举动捏了一把汗，又感慨归国船上出现的"新生"的美妙感觉。郭沫若回忆说："我那时候委实感受着了'新生'的感觉，眼前的一切物象都好像在演奏着生命的颂歌。"② 郭沫若的感觉，也是同船归国的成仿吾的感觉。两个人对上海、对泰东图书局、对即将开始的新生活抱了无穷的想象和希望。郭沫若在船上创作了一首诗，题目就是《新生》，正是两位日本归来者心情最好的描述。

　　紫罗兰的，

　　圆锥。

---

　　① 成仿吾：《与苏联研究生彼德罗夫关于创造社等问题的谈话》，《新文学史料》1985年第2期。

　　② 郭沫若：《创造十年》，《郭沫若全集》文学编第12卷，人民文学出版社1992年版，第87页。

乳白色的，

雾帷。

黄黄地，

青青地，

地球大大地

呼吸着朝气。

火车

高笑

向……向……

向……向……

向着黄……

向着黄……

向着黄金的太阳

飞……飞……飞……

飞跑，

飞跑，

飞跑。

好！好！好！……①

向着理想飞奔，犹如一团炽热的火，两个青年人跨过东海，兴冲冲地来到了上海泰东图书局编辑所。

赵南公原本只是聘请成仿吾，结果不但成仿吾来了，还带来了郭

---

① 郭沫若:《新生》,《郭沫若全集》文学编第 1 卷，人民文学出版社 1982 年版，第 157 页。

沫若。从泰东图书局日后的发展来看，赵南公这次的聘请自然是大赚特赚。然而，对于当时经济困难、急于减政的泰东图书局来说，多来一个年轻人，却不见得是一件好事。据赵南公日记可知，书局的改组计划是："文学、哲学由王靖担任。另聘请成仿吾，兼任科学。"①"兼任"的意思，就是成仿吾在担任文学、哲学方面的编辑工作外，还需要担任科学方面的编辑工作。赵南公显然没有让成仿吾独自担任文学方面工作的想法。王靖已经在泰东图书局显示了文学方面的工作实绩，编译皆有所成，而成仿吾不过是一名尚未毕业的枪炮专业的工科生，在文学方面并还没有展现过什么成绩。对于任何一个书局经营者来说，都知道在王靖和成仿吾之间应该如何选择。

赵南公"为人重义气，好施舍，古道热肠"，②并没有嫌弃同来的郭沫若，但是对两个新来的年轻人也没有表现出特别的热情。郭沫若在《创造十年》中回忆说："那时的详情我已不能记忆了，只是记得自己感觉着没有着落。我们从一些人的谈话中，知道了改组编辑部的事原来才是一场空话"，"仿吾所当担任的文学主任却本来有一位姓王的人担任着……仿吾要算是等于落进了一个骗局"。③赵南公本就没有特别看重成仿吾，对他来说，成仿吾和郭沫若两人的到来，不过是书局里多了两个年轻的"助手"，甚或只能算是王靖的"助手"，态度上自然不会像对待李凤亭那般尊重且急于招揽。

郭沫若回忆中的"空话"、"骗局"之说，显示的正是期望与现

---

① 赵南公：《赵南公日记》，上海交通大学出版社 2016 年影印版。

② ［马来西亚］温梓川：《新书业与作家》，《文人的另一面——民国风景之一种》，广西师范大学出版社 2004 年版，第 344 页。

③ 郭沫若：《创造十年》，《郭沫若全集》文学编第 12 卷，人民文学出版社 1992 年版，第 90 页。

实之间的落差。随着郭沫若在现代文坛地位的不断提升，他对泰东图书局的叙述也越来越广泛地被人们接受。不仅如此，有些人还沿着郭沫若叙述的方向对某些信息做了进一步的加工处理……

　　在成仿吾和郭沫若来沪前后的一段时间，赵南公的主要活动有三：借款、开纳税华人会议、去杭州。4月2日，赵南公本来已经决定第二天去杭州，但是因为4月3日要在上海参加纳税人会议，杭州之行只能推迟到4月4日。但是，4月4日仍在继续开纳税人会议，杭州之行继续推迟。正是杭州之行一再延后，让赵南公等到了从日本前来的成仿吾和郭沫若。4月4日，"适成仿吾、郭沫若由日来申，乃燕于同兴楼"，[①]赵南公在日记中只是简略地记了此事。"适"字说明这次宴饮不在赵南公计划内，碰巧遇上了，于是一起吃顿饭，这并不是什么特别的接风宴，饭后赵南公便去手戏（赌博）。显然，双方并没有就书局事深谈。在赵南公4月5日、6日、7日的日记中，并无关于成仿吾和郭沫若的任何记载。对于书局里新来的两个年轻人，缺少人手的赵南公并没有急于安排他们工作。

　　4月8日，赵南公乘火车去杭州。有意思的是，成仿吾和郭沫若也在同一天乘火车去杭州。郭沫若在《创造十年》中回忆说："到了编辑所已经四五天，仿吾的任务依然没有决定，我自己也没有找到出路。仿吾是领了归国费的，他那时还有余钱，便在四月八号约我去游西湖。"[②]从这段文字，可知郭沫若与成仿吾两个人的落寞。编辑所中，无所事事，无可奈何中，才决定去游西湖。成仿吾和郭沫若

---

　　①　赵南公：《赵南公日记》，上海交通大学出版社2016年影印版。
　　②　郭沫若：《创造十年》，《郭沫若全集》文学编第12卷，人民文学出版社1992年，第90页。

是否知道赵南公要去杭州，所以才想着也去杭州，或许能找机会和赵南公谈谈，以便确定"任务"或"出路"？在赵南公和郭沫若留下的文字中，并无同车去的记载。车上相逢与否，不知。在杭州，他们都游览了西湖，也没有相逢的记载。然而，4月11日下午，他们在杭州车站相遇了。"遂同返沪"，[①] 赵南公的日记中，只有这样几个字的记述，说明他们之间并没有进行过深入的交流。起码，到此为止的两次有文字记载的会面，成仿吾和郭沫若都没有给赵南公留下什么特别的印象。

只是从赵南公日记可知，赵南公对成仿吾的去留问题根本就不怎么在意。可能正是意识到了这一点，成仿吾在4月16日向赵南公提出要回湖南，并表示有机会再回来。这也许正中赵南公下怀，于是对成仿吾谈了一通泰东图书局经济艰窘的形势，表示不好强留。但是，成仿吾是李凤亭介绍来的，赵南公不得不考虑李凤亭的意思。于是，赵南公在4月16日和19日连续写了两封信给李凤亭，询问他的意见。表面上来看，赵南公似乎谁都不想得罪，也没有什么主见。在这一时期，赵南公真的想要依靠王无为、王靖、李凤亭等人，重建理想的新泰东，所以事事与他们协商，愿意征求他们的意见，不想因为书局里新来的人，破坏了原有的人际关系，损害了既定的利益。所以，当成仿吾想要离开泰东图书局而郭沫若决定留下的时候，赵南公依然找李凤亭，请其帮忙筹划。对于想要留下的郭沫若，赵南公似乎也挺头疼，不知应该如何安排。想想也是，赵南公想要编纂中小学教科书，刚一提出，郭沫若就提出教科书不是仓促之间

---

① 赵南公：《赵南公日记》，上海交通大学出版社2016年影印版。

能够成就的事业。赵南公想要让郭沫若编《新的小说》，王靖却不愿放手。泰东图书局想要开启出版事业新局面，既要找到一个能被所有人接受的新的突破点，又不想强硬地打破书局内原有的利益格局，这绝不是一件容易的事。

二、标点《西厢》

带着郭沫若来到泰东图书局的成仿吾，最终决定在 4 月 28 日离开泰东，回湖南兵工厂任职。坚持留下的郭沫若，赵南公虽然并无赶人走的意思，但是郭沫若要想通过泰东图书局实现自身的文学理想，就需要努力地向赵南公证明自身的"价值"。赵南公一心想要插足中小学教科书出版，这也是大多数雄心勃勃的书局经营者努力奋斗的方向。对于赵南公来说，只有教科书那样丰厚的利润，才能快速地解决泰东图书局所面临的经济困境。在编纂教科书问题上表现稳重的郭沫若，无疑不能让赵南公感到满意。没有人支持，赵南公想要插足教科书出版的想法只能暂时搁置。不过，赵南公很快从亚东图书馆得到启发，敏锐地感觉到了一个新的有利可图的出版项目，即标点曲本。

1919 年 4 月，北京大学马裕藻、周作人、钱玄同、胡适等六位教授联名向国语统一筹备会提交了《请颁行新式标点符号议案》，随后由大会表决通过。1920 年 2 月 2 日，教育部颁布采用《新式标点符号》教育令。上海亚东图书馆编辑汪原放萌生了给《水浒传》、《红楼梦》、《儒林外史》和《西游记》添加新式标点和分段的想法。在陈独秀和胡适等人的支持下，标点本《水浒传》于 1920 年 8 月 20 日出版，标点本《儒林外史》于 1920 年 12 月 1 日出版。"《水浒》初版本来预备印二千部，一次次地决定加印，临上架时决定加到了五千部，卖了一年才再版。《儒林外史》初版印了四千部，但只卖了三个月便再版了。"① 此后，汪原放陆续标点《红楼梦》、《西游记》、《三国演义》、《镜花缘》等古典小说，皆由亚东出版。

郭沫若在《创造十年》中回忆说："亚东标点的《红楼梦》、《水浒》等书很风行一时，泰东看了眼红也想照办。我便劝他们标点《元曲》。这个提议立地也就见诸实行起来，但把那位王先生难着了，他把那词曲中的文句标点不断。我自己为填塞提议的责任起见，照着西洋歌剧的形式改窜了一部《西厢》。"② 赵南公 4 月 25 日写道："捡其曲书四种，均不全者，即请其派人送至编辑所"，而明确谈及标点戏曲的是 4 月 26 日的记载："王靖来，取去曲本七八种。拟用新式标点拟印。缘亚东方面既注意于长篇小说，予将从事于曲本以阐发中国之旧文学也。"4 月 27 日，"沫若已选了《西厢》。商样式及广告，复宣布数曲继续出版"。③ 从赵南公的日记推测，应是王靖将曲本从编辑所带回住处，郭沫若从中选定了自"诗的修养时代"便喜欢的《西厢》，④ 然后与赵南公商议样式及广告等事宜。

标点旧书是非常有创意也有市场的出版项目，但是正如好的文学创作不免会衍生各种仿作、续作、恶搞，好的出版项目也无法阻止

---

① 汪原放：《亚东图书馆与陈独秀》，学林出版社 2006 年版，第 65 页。

② 郭沫若：《创造十年》，《郭沫若全集》文学编第 12 卷，人民文学出版社 1992 年版，第 97 页。

③ 赵南公：《赵南公日记》，上海交通大学出版社 2016 年影印版。

④ 郭沫若：《离沪之前》，《郭沫若全集》文学编第 13 卷，人民文学出版社 1992 年版，第 300 页。

别人的仿效。鲁迅谈到此事时说："他的标点和校正小说，虽然不免小谬误，但大体是有功于作者和读者的。谁料流弊却无穷，一班效颦的便随手拉一部书，你也标点，我也标点，你也作序，我也作序，他也校改，这也校改，又不肯好好的做，结果只是糟蹋了书。"① 标点旧书是中国传统文化现代化的必经之路，有能力的书局都可以参与到这项事业中来。一个良好的出版市场，不仅仅需要具有开拓新的优秀的出版选题的能力，还应该有一批愿意跟随在别人的身后，默默地将好的出版选题不断做大做深的出版者。对于浩如烟海的中国传统旧书来说，效颦标点者自然是多多益善，只有这样才能更有利于推动传统国学的现代化。所以，效颦不可恶，可恶的是想要效颦却"又不肯好好的做"，结果便是如鲁迅所说，"只是糟蹋了书"。

作为小书局的掌舵者，赵南公知道泰东图书局在资金、人员等各方面条件有限，做不了出版市场上的先行者、领头羊，但是赵南公想做出版市场上最早的跟风者。赵南公对于出版市场具有相当的敏感度，无论是教科书还是标点旧书，他都想做。但是，在追求出版效益的同时，赵南公并不是简单地复制其他书局成功的出版选题。以标点旧书为例，作为最早的效颦者，赵南公没有简单地重复亚东图书馆的出版选题。亚东标点传统小说，赵南公就选择标点元曲，既避免了相互间的恶性竞争，在传统文化的延承上又能相辅相成；在明确了出版选题后，不是单纯地以文化传承作为拓展市场的幌子，而是能够推出真正优秀的标点本。赵南公，是一个有想法有底线的出版者。唯其如此，本想标点元曲的泰东图书局，最终却只标点了一部《西厢》，这

---

① 鲁迅：《望勿"纠正"》，《鲁迅全集》第 1 卷，人民文学出版社 2005 年版，第 431 页。

不能不说是一件憾事。有意思的是，世界书局 1935 年到 1937 年出版了一套 20 本的《传统戏曲丛书》，不知有意还是无意，取名"传统戏曲"的丛书却没有元曲。就标点旧书而言，如果其他效颦者皆如此时的泰东图书局，要么不出标点本，出标点本就像标点《西厢》一般，标点旧书的出版行为就会成为一件功德无量的盛事，而不是像鲁迅所说"流弊却无穷"。

郭沫若说自己标点《西厢》为的是"填塞提议的责任"，但工作态度却并不搪塞，而是极为认真。除了标点之外，他还从内容上、结构上对《西厢》进行增删。决定了标点曲本后，只有郭沫若给了赵南公最强有力的支持。4 月 27 日郭沫若才选择了《西厢》，到 5 月 1 日就标点完毕。赵南公在日记中写道："《西厢》，沫若已改就，尚须一序，约后日可成，王靖以《青衫泪》不好，复另着手其他。松泉与静庐拟圈点《今古奇观》，且译成白话，如成时，当另补助伊等也。"①"约后日可成"的序，实际上郭沫若只用了一天就完成了，此序即《西厢艺术上之批判与其作者之性格》（收入全集时改题为《〈西厢记〉艺术上的批判与其作者的性格》）。刘纳教授非常推崇此文："这是一篇浸透着热烈情感的文字，它所表达的迥非寻常的见解，它的咄咄逼人的挑战色彩，都足以使它成为'五四'时期留下的奇文之一。它其实能使名人们为'亚东版'古典小说所作的序及长篇考证黯然失色。就郭沫若本人来说，如果说他作品的文学价值主要依赖自己的时代而存在，他的不少文字经不起时间的消磨，那么，这篇《西厢艺术上之批判与其作者之性格》则可能成为他漫长文学生涯中能够永葆清新气息的文

① 赵南公：《赵南公日记》，上海交通大学出版社 2016 年影印版。

字之一。"① 赵南公也充分意识到了郭沫若这篇序文的重要性，所以在泰东图书局的各种图书广告上，有时《西厢》的广告词就只有一句："这部书是郭先生标点的，内中有他一篇很重要的长序。"

赵南公在出版方面并不缺乏野心和眼光，中小学教科书和标点旧书都是大有前途的出版事业，但是想要将其付诸实践，却需要相应的人才。再好的出版选题，没人能做也只能是空谈。教科书的出版设想夭折了，如果不是郭沫若，进军标点旧书的希望也只能宣告幻灭。

标点《西厢》，是郭沫若为泰东图书局完成的第一项工作。赵南公为此书分别在《申报》（1921 年 9 月 5 日）、《民国日报》（1921 年 9 月 8 日、9 日、10 日、11 日）等处投放了广告。其中，1921 年 9 月 5 日《申报》刊登广告。广告的投放者是赵南公，广告的撰写者应该是郭沫若。之所以断定广告是郭沫若所撰，原因有二。首先，广告中的语词与郭沫若撰写的《西厢》出版说明基本相同。1921 年 9 月，《西厢》初版，书前有郭沫若 5 月初完成的长序《西厢艺术上之批判与其作者之性格》及出版说明。序文评价《西厢》说："《西厢》是超过时空的艺术品，有永恒而且普遍的生命。《西厢》是有生命的人性战胜了无生命的礼教底凯旋歌、纪念塔。"两则出版说明主要解释了郭沫若标点《西厢》的具体做法和主旨。其一为"改编本书之主旨"："（一）在使此剧合于近代的舞台以便排演，以为改良中国旧剧之一助；（二）在使此剧合于现代文学底体裁，以为理解中国旧文学之方便。"其二为"改编本书之体例"："（一）每出均略加布景，一出能划一幕者划一之，不能者分为数幕，务使排场动作与唱白相一致。（二）凡无谓

---

① 刘纳：《创造社与泰东图书局》，广西教育出版社 1999 年版，第 95 页。

的旁白，独白，概行删去。（三）凡唱白全依实获斋藏板（版）。原本为金圣叹所删改者甚多，删改处比原本佳者间采用金本。关汉卿所续四出概行删去。（四）词中衬字及增白，为全剧统一上起见间有增改。（五）凡前人无谓的批评一概删去，以便读者自行玩味。（六）全书概用近代体制——西洋歌剧或诗剧的——及新式标点。"评语和出版说明稍微修改组合，便成了《西厢》中的广告词。其次，赵南公在郭沫若选择标点《西厢》之初，便谈及了样式和广告问题，在郭沫若尚未动手标点之时便谈论广告问题，所能谈论的只能是嘱咐郭沫若在标点的同时撰写广告。

中国传统戏曲虽然分"折"分"出"，但与西洋戏剧分"幕"分"场"大不相同。中国传统戏曲注重象征，时空变换较为自由，对布景的要求不高。就《西厢》而言，每"折"与"出"若有新人物登台亮相，人物往往会有一段开场白，介绍自己种种情况。以传统《西厢》第一本为例：

楔子　　外扮老妇人上开。

第一折　正末扮张生骑马引仆上开。

第二折　夫人上白。

第三折　正旦上云。

第四折　洁引聪上云。

在郭沫若的标点本中，将其分为一出三场：

第一出　　惊艳

第一场　崔莺莺居室

　　莺莺与红娘坐室中刺绣。

　　崔夫人引欢郎上。

第二场　蒲郡城外

　　背景中黄河可见。

　　店小二一人立城门外，候客。

　　张生引琴童上。

第三场　普救寺前庭

　　正面为佛殿。左右手为僧房。庭中多植桃柳。

　　法聪坐佛殿前石阶上。

　　稍微对照即可知，郭沫若将原剧中的第二、三、四折合并为第三场。《西厢》原本以人物和故事情节分"折"，郭沫若标点《西厢》则以故事和场景分"场"。郭沫若按照西洋歌剧的样式，删掉了原剧的旁白独白，每场前又都增加了布景介绍，及其他一些舞台说明文字，如"卒子多人打火把涌上，舞台改换赤光"、"舞台光线徐徐复还原状"等，这些都是针对现代舞台演出而出现的剧本因素，是中国传统剧本中所没有的。郭沫若标点后的《西厢》，更准确地说是"改窜"，而不仅仅只是如他人那般添加新式标点。谈到旧书重印工作时，郁达夫曾说："从中国出版界的流行上，可以看得出来的一个最大的弱点，是中国人的没有创造的精神。模仿取巧的小聪明，损人利己的恶习惯，是谁都具有的，但是新的创意，却在中国人的脑里耙扬不出半点来。"[①]在标点

---

① 郁达夫：《出版界的年轮》，《郁达夫全集》第 8 卷，浙江大学出版社 2006 年版，第 198 页。

旧书的工作上，无论与谁相比，郭沫若标点《西厢》都是最具有创造
性的工作。

新式标点本《西厢》出版后，一年内再版两次，至 1930 年 7 月
已印行第 10 版。1925 年 6 月，朝鲜的梁白华翻译了郭沫若的标点《西
厢》，原因主要是他对郭沫若的"戏剧理念的欣赏和对其形式上所做
的改造的认同"。① 这些都在一定程度上说明郭沫若的工作得到了读者
们的认可。标点《西厢》的成功，证明标点元曲不失为一个很好的出
版选题，郑伯奇回忆说："看见《西厢》的销路不坏，泰东老板便买
了一部《元曲选》，希望我们选出几个杂剧，加以标点、印行。沫若
忙于《创造季刊》的稿件，已无暇及此；我却借此机会浏览了这部元
代杂剧的宝藏。虽然没有从事标点，但如《救风尘》、《窦娥冤》、《墙
头马上》等杰作都给我留下了深刻的印象，使我认识到中国戏曲文学
的丰富遗产。"② 从郑伯奇的回忆也可以看出，赵南公的确为标点元曲
做好了一些准备。可惜由于种种原因，致使赵南公"继续出版"的期
待并没有实现，标点元曲在泰东图书局并没有成为可持续性的项目。
在戏曲标点方面，后来只有王无为（王新命）标点过一部清代洪昇的
《长生殿》，1924 年 5 月由泰东图书局出版，1927 年 6 月三版。与郭
沫若标点《西厢》不同，王无为没有对原著大加删改，只是纯粹添加
了新式标点。

标点《西厢》成功了，但标点元曲的出版策划在整体上却不能不
说是失败了。若不仅仅局限于某一件事情谈论失败与成功，而是从一

---

① 李晓虹、梁楠：《梁白华与郭沫若早期作品的韩文译介》，《郭沫若学刊》2010 年第
1 期。

② 郑伯奇：《忆创造社》，《沙上足迹》，黑龙江人民出版社 1999 年版，第 16 页。

个持续的整体的角度看待事情，泰东图书局的这一出版选题也可视之为失之东隅收之桑榆。泰东图书局在标点元曲上的失利，却让赵南公清晰地认识到：当时书局内部真正有能力、可靠又干劲十足的，当属郭沫若。实际上，在标点本《西厢》正式出版并获取市场效益之前，郭沫若积极从事《西厢》标点编辑工作的行为和态度等就已经得到了赵南公的认可。自从标点《西厢》的工作完成之后，赵南公对待郭沫若的态度就发生了非常明显的改变。

三、王靖还是郭沫若，只能选一个

对于书局掌舵者来说，自身业务能力强很重要，但更重要的是有识人之明。能识人用人，出版事业自然蒸蒸日上。泰东图书局在自身管理混乱不堪的情况下，依然能够做出令人惊叹的出版业绩，靠的便是赵南公对人才的不断发现和大胆任用。

在郭沫若展露自身工作才华之前，赵南公在文学方面倚重的是王靖。1920 年 12 月 15 日，泰东图书局出版的《评论之评论（The Review of Review）》第 1 卷第 1 号上，刊登了有关《泰谷儿小说》的广告，其中称："王靖君以善译著，此为海内学者所公认，不独两社同人之倾倒已也。"翻译契诃夫、泰戈尔、托尔斯泰等人小说，撰写《英国文学史》等，都显示了王靖不凡的才华。王靖 1917 年撰写的《英国文学史》（上海泰东图书局 1920 年出版）是最早由中国人自己编纂的一部英国文学史。张静庐所撰写的序言，颇多赞赏之词，并希望这本文学史能够"以飨国人，冀收潜移默化之效，余亦祝其有改造国民性之能。"① 王无为（新命）则在所撰写的序中说："余尝言文学左右世运之力，奇伟无伦；起衰振辟，咸文学是赖。其尤善者，且足以变国俗，移人情。"② 着眼于文学的功利性，意在"改造国民性"，王靖等人的努力既吻合泰东图书局早期的出版追求，也与当时新文学整体的思想追求相一致。既有业务能力，政治思想上又比较相近，还是张静庐介绍进来的，王靖在泰东图书局内的地位，原本是相当牢固的。在泰东图书局租房、改组等诸多事情上，赵南公都很看重王靖的意见。

　　1921 年 5 月 11 日，赵南公在日记中写道："到编辑所，与沫若谈《新晓》事，彼亦言恐不能按期出版。乃商决仍由王靖主持，另出一种季刊，名《创造》，专容纳沫若同志等文字。六时，伯熙到，即去。王靖返，说明与沫若商决之事。"③ 所谓"与沫若谈《新晓》事"，无非要借助郭沫若以便使《新晓》有所起色，可是赵南公发现郭沫若无意接手《新晓》，而把持《新晓》的王靖也不愿轻易放手。郭沫若回忆说："自己留在上海的使命是要出一种纯文艺杂志，这是始终在脑子里盘旋着的一件事。《新晓》既由那位主任先生把持着，我的意思便是在《新晓》之外另出一种刊物，这曾是得到了赵南公的同意的。"④ 赵南公答应郭沫若"另出一种刊物"，意在协调郭沫若和王靖，因为郭沫若已经充分展示了自身的价值。在保证泰东图书局利益的前提下，赵南公乐意给郭沫若一个机会，助其实现文学梦。

---

　　① 　张静庐：《英国文学史（上编）·序一》，泰东图书局 1927 年版，第 4 页。

　　② 　王无为：《英国文学史（上编）·序二》，泰东图书局 1927 年版，第 5 页。

　　③ 　赵南公：《赵南公日记》，上海交通大学出版社 2016 年影印版。

　　④ 　郭沫若：《创造十年》，《郭沫若全集》文学编第 12 卷，人民文学出版社 1992 年版，第 104 页。

《新晓》本是泰东图书局想要进军新文学杂志的努力，结果其编辑出版情况皆不甚理想，在这种情况下再出一份新的刊物，未必就是好的选择。就此而言，赵南公之所以答应郭沫若，并不是出于现实利益的考虑，而只是说明他开始看好郭沫若，认为郭沫若有可能为泰东图书局带来新的希望。郑伯奇谈到郭沫若的这段经历时说："现在虽说已经决定和创造社合作，另办新的文学刊物，可是局面似乎还未完全明朗化，那二位编辑还未离开。"① 说的就是郭沫若虽然已经开始受重视，却还没有赢得赵南公的全部信任。

1921 年 7 月，王靖与郭沫若的矛盾公开化了。7 月 4 日赵南公到编辑所后，并没有遇到王靖。赵南公、张静庐和郭沫若一起磋商了书局改进办法。赵南公决定将现有杂志一律停刊，"专出单行本，审定权归沫若。并定将已出版各书一律由沫若审查一遍。如认为有价值者，一律改正定价再售卖。否则仍旧。以后出书，以此为准。杂志停刊，继续《创造》。凡订阅前出各杂志者，以《创造》继之（《创造》为季刊或无定期刊），如不愿继阅《创造》者，或购书或退款，均可。沫若尚在客气，仍欲回福冈译书，予云若如此，则非吾辈初意矣。"② 赵南公的解决办法，实际却非调和，而是旗帜鲜明地倒向了郭沫若。赵南公态度的变化，应是到编辑所后，在与郭沫若的交谈中了解到郭沫若已生去意，于是改变了初衷。不管怎样，对于赵南公和郭沫若来说，这一天都很重要。郭沫若回忆说："从那时以后，书店老板便把对于王主任的态度完全

① 郑伯奇：《忆创造社》，《沙上足迹》，黑龙江人民出版社 1999 年版，第 14 页。
② 赵南公：《赵南公日记》，上海交通大学出版社 2016 年影印版。

改变了。"①这种态度上的改变，表现在泰东图书局出版事业上，便是赵南公开始重新审视郭沫若与王靖两个人的价值，愿意让郭沫若负责书局里的重要事务。

赵南公在 7 月 19 日的日记中写道："同沫若到琦虹楼西餐谈编辑所事。予力主张形势解散，实际留沫若与邓成均。"②

留住郭沫若，专办《创造》，赵南公看重的似乎不仅仅是郭沫若，应该还有郭沫若到日本串联时显露出来的强大的后备力量。有了郭沫若、郁达夫、田汉，以及回了湖南想要再来的成仿吾，再造一个新的泰东，似乎并非不可能。借由《新晓》事件，赵南公在郭沫若和王靖之间态度的变化，实际上显露出来的也正是赵南公对泰东图书局重新布局的期望。被郭沫若视为"空话"的泰东图书局的"改组"，因为郭沫若的存在，渐渐从"空话"走向了实现。郭沫若等创造社同人带给泰东图书局出版事业的巨大变化，其中一个很重要的改变便是使泰东图书局的出版物由原来的无明确方向，"转而侧重于出版创造社编辑的文艺书籍"。③

赵南公将泰东图书局的未来押宝在了郭沫若的身上。当时，赵南公应该还没有意识到留住郭沫若，也就相当于提前预定了绝大多数的创造社成员，他们就是当时中国最优秀的文学创作、批评、编辑和翻译人才；一旦留不住郭沫若，这批优秀的创造社成员也就都会离泰东图书局而去。但是，冥冥之中赵南公有如神助，非常睿智地选择了

---

① 郭沫若：《创造十年》，《郭沫若全集》文学编第 12 卷，人民文学出版社 1992 年版，第 121 页。

② 赵南公：《赵南公日记》，上海交通大学出版社 2016 年影印版。

③ 沈松泉：《泰东图书局·赵南公和创造社——回忆在泰东图书局的几年》，《百年书业》，上海书店出版社 2008 年版，第 4 页。

郭沫若。事实证明，赵南公的这一选择，是他出版事业中最为英明的决策。

四、开启"创造"之门

1921 年 5 月 27 日，得到赵南公支持的郭沫若从上海动身，到日本京都、东京等地串联同窗好友，筹备"创造"大业。6 月 8 日，郭沫若等人在东京郁达夫寓所"聚谈了一次"，"大家的意思也都赞成用'创造'的名目，暂出季刊，将来能力充足时再用别的形式"。[①]郑伯奇回忆说："因为我们的人手不多，所以决定先出季刊……也许有人要问，当初为什么不出月刊呢？这理由很简单，就是大家很慎重。第一，大家都怕自己力量单薄，担负不起一个月刊。其次，关于发表作品的态度，大家都很严肃，宁愿三个月发表一次，给编者以严加选择的余地。"[②]6 月 20 日，赵南公在日记中写道："沫若来一函，历叙到东情形。《创造》杂志大成功，或竟能出月刊。"[③]郭沫若的这次日本之行，无形中成为了泰东图书局出版事业的转折点，围绕郭沫若先后到来的创造社同人，悄然完成了泰东图书局编辑人员的更新换代。泰东图书局，从此开始了新的属于创造社的时代。

在日本的时候，郭沫若就已经与张资平、何畏、郁达夫等约好在

---

① 郭沫若：《创造十年》，《郭沫若全集》文学编第 12 卷，人民文学出版社 1992 年版，第 119 页。

② 郑伯奇：《二十年代的一面》，《沙上足迹》，黑龙江人民出版社 1999 年版，第 184 页。

③ 赵南公：《赵南公日记》，上海交通大学出版社 2016 年影印版。

暑假中准备《创造》创刊号的材料。等到郭沫若回到泰东图书局，准备踏踏实实地从事编辑著译工作的时候，原本踌躇满志的郭沫若对自身的工作产生了怀疑。"跑回上海来前后住了三四个月，就好像猴子落在了沙漠里的一样，又在烦躁着想离开中国了。我深切地感觉着我自己没有创作的天才，住在国内也不能创作。——已经三四个月了，所谓纯文艺的杂志仍然没有一点眉目弄出。像我这样没有本领的人，要想在上海靠着文笔吃饭养家，似乎是太僭分了。"① 如同刚到泰东图书局的时候一样，郭沫若在《创造》的编辑出版问题上再次深切地感受到了理想与现实之间存在着的巨大落差。

　　赵南公想要留住郭沫若，对紧随郭沫若到泰东图书局的郑伯奇却兴致索然。1921 年 9 月 4 日，赵南公和郭沫若谈话时特意问了郑伯奇要不要回日本，郭沫若回答说：郑伯奇不走。赵南公在当天日记中写道："据伊云非译完不去，或竟至月终矣。"② 语气颇有不耐之意。郑伯奇在上海近三个月，只译出了一部《卢森堡之一夜》，而此时泰东图书局的作者待在上海一个月能拿出一本书的，至少有三位。虽然郑伯奇告诉赵南公自己的功课不甚紧要，但是赵南公并不看好郑伯奇，从没有主动提起要将郑伯奇留在泰东，而郭沫若也没有将"创造"丛书或季刊的编辑工作托付给郑伯奇的意思。精明的赵南公显然清楚地知道，能够开启泰东图书局重建之门的，只能是郭沫若，所以当烦躁不安的郭沫若想要离开时，赵南公大吃一惊，甚至怀疑郭沫若可能打算要进商务印书馆。赵南公试探性地询问郭沫若，得知郭沫若并不是

---

① 　郭沫若：《创造十年》，《郭沫若全集》文学编第 12 卷，人民文学出版社 1992 年版，第 127—128 页。

② 　赵南公：《赵南公日记》，上海交通大学出版社 2016 年影印版。

想要去商务印书馆。确定了郭沫若不会另谋他就，只是单纯想要离开上海，依旧会帮泰东图书局做事，赵南公也就答应了郭沫若将上海事情移交郁达夫。

郁达夫到上海后，很快在《时事新报》刊登《纯文学季刊〈创造〉出版预告》："自文化运动发生后，我国新文艺为一二偶像所垄断，以致艺术之新兴气运，渐灭将尽。创造社同人奋然兴起打破社会因袭，主张艺术独立，愿与天下之无名作家共兴起而造成中国未来之国民文学。创造社同人：田汉、成仿吾、郁达夫、郭沫若、张资平、郑伯奇、穆木天。上名以笔画简繁为次。"① 正式向外界宣布了《创造》季刊的诞生及创造社同人在文坛上的集体亮相。正是这份出版预告，拉开了创造社与文学研究会连续不断的笔战和冲突。当郭沫若看到这份出版预告时，并没有为其中存在的挑衅意味及其可能引起的纷争感到不安，他的注意力完全在另一方面。在回忆中，郭沫若说："我在上海呆了将近半年总不敢登出的预告，达夫接事仅仅三天，便把它登出来了。旗鼓一张便不能不有实质相副，我始终感觉着同人们的力量实在并不充足。"② 事实证明，郭沫若的忧虑不无道理。预告1922年元月出版的《创造》，一推再推，迟至5月1日才正式出版问世。

赵南公等寄予厚望的《创造》创刊号，真正出版问世后，带给编者、作者和出版者的，最初却并不是成功的喜悦。两三个月的时间，《创造》初版两千部，只销掉了一千五百部。郭沫若和郁达夫为此感到特别的悲哀。茅盾认为文学研究会名声扩大的重要原因："是

---

① 郁达夫：《纯文学季刊〈创造〉出版预告》，《时事新报》1921年9月29日。

② 郭沫若：《创造十年》，《郭沫若全集》文学编第12卷，人民文学出版社1992年版，第135页。

得力于商务印书馆和《时事新报》遍及全国的发行网，老板要赚钱，也就连带替我们扩大了影响。"①泰东图书局没有商务印书馆那样庞大的发行网，又因出版转型，连先前的发行网也无法使用。在这种情况下，《创造》季刊创刊号的销售，几乎完全靠着自身的质量赢得读者们的青睐，这样的销售成绩已算难得。等到后来创造社的影响越来越大，《创造》季刊创刊号在泰东图书局内曾先后再版7次。创造社刊物的销路，完全是靠着创造社同人自身的才华硬生生地闯出来的。

泰东图书局在发行方面存在的问题，郭沫若无能为力，他所能做的，就是编好刊物，提升自身实力，而《创造》季刊创刊号却给一时大意的郭沫若敲响了警钟。郭沫若回忆说："那排版的拙劣，校对的荒疏，在新文化运动以来的刊物中怕要算是留下了一个纪录。有一位热心朋友替我们统计过，一册创刊号的错字在二千以上。"②田汉看到《创造》创刊号后，怀疑郁达夫改动了自己的《咖啡店之一夜》，要求索回原稿，欲与郁达夫决裂。郭沫若将《创刊号》出版过程中出现的问题归结这样几个原因：首先，因等稿而拖延了出版时间；其次，泰东的校对素来荒谬绝伦；再次，郁达夫发稿后就去了日本，之后未再校对；最后，原稿件字迹潦草不清楚。几个方面的原因，绝大部分都是郭沫若等创造社同人自身的原因。至于泰东的校对不能让人满意，此时泰东图书局内，张静庐、王靖与赵南公已经闹翻，剩下还可以拿得出手的，就只有郭沫若觉得不错的沈松泉和邓均吾，此外就只有一

---

① 茅盾：《我走过的道路》上，人民文学出版社1981年版，第203页。
② 郭沫若：《创造十年》，《郭沫若全集》文学编第12卷，人民文学出版社1992年版，第136页。

些没有名堂的工人，如果要指责泰东图书局的校对，能够指责的对象是谁呢？答案是没有人应该负责。《创造》季刊创刊号的各种问题绝不应简单归罪于赵南公。作为出版家，没有谁愿意投了资本，最后的产出却是破纪录的拙劣的出版物。

"勘校"是要核对原文的，田汉的原文让郭沫若都觉得"笔下的龙蛇已经飞舞得有点骇人"，[①] 郭沫若和郁达夫两位编辑都不在上海时，泰东图书局内还有谁敢改动这些"不肯苟且"的"天才"们的文字？泰东图书局不能给郭沫若等创造社同人提供一个安心的工作环境，使他们难以安心地等待理想中的纯文学刊物问世，这是泰东图书局的问题。但是，正如郭沫若等人自己所说，当时国内有能力给他们提供安心工作环境的出版机关，都不愿意给他们提供出版的机会。拙劣、荒疏，以及其他各种不满意，其实都是创业群体初期常有的表现。唯有解决这些问题，才有实现美好理想的可能。后来，郭沫若、成仿吾和郁达夫决定在上海过"笼城生活"，[②] 编辑、跑印刷所、校对等全都亲自去做，这在当时的情况下就是解决上述难题的最佳途径。

赵南公对《创造》创刊号出现的各种问题，持包容态度，并没有横加干涉指责。其实，即便《创造》创刊号存在种种问题，所收创作"虽还不能说是成功之作，但比较起初期《小说月报》里面的作品来，水准却要高得多了。"[③] 创作需要才华，没有天赋，纵有百分

---

① 郭沫若:《创造十年》,《郭沫若全集》文学编第 12 卷, 人民文学出版社 1992 年版, 第 136 页。

② 郭沫若:《创造十年》,《郭沫若全集》文学编第 12 卷, 人民文学出版社 1992 年版, 第 168 页。

③ 史蟫:《记创造社》,《文友》1943 年第 1 卷第 2 期。

百的努力也没有多大用处，与郭沫若、郁达夫等显示出来的创作天赋相比，校勘等技术方面的鄙陋实在不值一提。经历了《创造》创刊号初版本的编辑出版工作之后，郭沫若显然吸取了足够的经验教训，接下去的期刊编辑水平迅速得到提升。《创造》季刊创刊号也很快由郭沫若经手，重排之后再版。再版后的创刊号"编辑余谈"中分别有郁达夫和郭沫若留下的几段文字。其中，郭沫若写的两段文字如下：

以上达夫的余谈后半截有关于第二期的预告的，我因为不关紧要，删去了些。我在这改版机会，再来补写几句。

本志有改版之必要的原因是（一）初版错误太多，（二）自第二期起，改用横排，须求画一。

里封面及各栏栏面图样均出自陶晶孙兄之手。

一九二二年七月六日沫若志

本期改版后，得卫天霖兄的封面画使增色彩，这是我们为艺术及私情上面都感谢不尽的。

二三年六月十四日

沫若再志

单从上述文字中我们可以知道，《创造》季刊创刊号似乎有三种不同的排印版本，即最初由郁达夫编辑的版本、郭沫若1922年7月编辑版和郭沫若1923年6月编辑版。迄今为止，笔者尚未搜罗到郭沫若1922年7月编辑版，也未有学人详细谈及创刊号几个不同版本的具体情况。现在人们看到的，可以说都是1923年6月编辑版。

《创造》季刊第 1 卷第 2 期《编辑余谈》中，郭沫若说："印刷方面，我觉得横行要便利而优美些，所以自本期始。以后拟一律横排；第一期不久也要改版，以求画一。"1923 年 5 月上旬，《创造》季刊第 2 卷第 1 期出版，刊载"《创造》第一卷各期之目录"。其中，"第一号"的目录下有这样一段文字："购定诸君！本号现已另排，与后出四号，一样格式，内容稍加修改，不日出书，特此先告。"既然申明"不日出书，特此先告"，说明此前由郭沫若另排的版本并没有出。否则的话，按照 1922 年 7 月郭沫若写的《创造》创刊号重排原因，那时重排后的《创造》已经和《创造》季刊第 1 卷第 2 期"画一"，自然也就与其他后出的几期相一致，如此一来，广告中似乎也就不需要如此啰嗦。另外，《创造》季刊第 2 卷第 1 期还另外单独登载了《创造》创刊号的广告："本号现已改排，照后出诸号之例，一律横行，内容错误之点，已全部改正，不日出书，特此预告。"由此推断，1922 年 7 月，郭沫若重排的《创造》季刊创刊号当年并没有出版，而是一直等到 1923 年 6 月 20 日，增加了卫天霖的封面画之后，郭沫若在 1922 年就已经改编完成的《创造》季刊创刊号才正式出版，这也就是通常所说的《创造》季刊创刊号的第二版。也就是说，《创造》季刊创刊号公开出版发行的编辑版本，并非像有些人说的那样，存在三种编辑版本，实际上就只有两个版本：1922 年 3 月 15 日出版的郁达夫编辑本和 1923 年 6 月 20 日出版的郭沫若编辑本。

《创造》季刊创刊号初版本是没有封面画的，而再版本上则出现了卫天霖创作的封面画。卫天霖（1898—1977），山西汾阳人。1920 年赴日本留学，开始在东京川端美术学校学习。1922 年考入东京美术学校（现东京艺术大学）西洋画科，受教于藤岛武二。他为《创造》

季刊创刊号再版本所作封面画，前景是一位裸体的孕妇，席地而坐，神情恬淡，姿态自然。孕妇位于画面左下方，眼睛遥望画面之外；背景图是一个大圆球，似乎是宇宙初开的模样，圆球下面三分之一画的是大海，上面环绕圆球边缘的是天空，弯弯的似弓弩，其中蓝色的板块隐约可以看出是世界几个大陆的轮廓；中间海面上迎面驶来一艘巨轮，烟囱冒着粗粗的黑烟，蜿蜒直至遥远的天际，这很容易让人想起郭沫若《笔立山头展望》中的诗句："弯弯的海岸好像 Cupid 的弓弩呀！/人的生命便是箭，正在海上放射呀！/黑沉沉的海湾，停泊着的轮船，进行着的轮船，数不尽的轮船，/一枝枝的烟筒都开着了朵黑色的牡丹呀！/哦哦，二十世纪的名花！/近代文明的严母呀！"① 这幅插画的寓意便是创造。

《创造》季刊第 1 卷第 2 期的《编辑余谈》中，郭沫若说："国内出版杂志，在卷首多有插上几页美术插画的，最近有朋友写信来也要求我们插上这个。我们觉得没有意思。我们即使要加上插画，也只想加上我们同人自己的作品。同人中能画的人虽有，但是能有自信的作品可惜还未产出，插上名人画幅只徒作为一种装饰品时，就譬如一位乡姑娘向着贵妇人借了一只金钗来插在头上的一样，究竟配合不起；倒不如不加修饰，荆钗布裳的好得多了。"这里所说的"最近有朋友写信来"，这位"朋友"指的应该就是前文提到的张凤举。卷首插画不是封面画。当时，新文学刊物中使用卷首插画的，首数文学研究会刊物《小说月报》。《小说月报》不仅多使用封面画，卷首更是喜欢插上一幅或几幅名画，而这些画作很多都是国外名画。郭沫若说"要加

① 郭沫若:《笔立山头展望》,《郭沫若全集》文学编第 1 卷，人民文学出版社 1982 年版，第 68 页。

上插画，也只想加上我们同人自己的作品"，内里隐含的意思便是文学研究会并无艺术人才，自己不能创作。

五、支持创造社"打架"

小书局经理赵南公想要开辟出版新局面，文坛新人郭沫若想要树起自己的文学旗帜，两个人不约而同地都将目光投向了批评，也就是挑战偶像或者说既得利益者。在新文学场域内，赵南公和郭沫若两人的理想，实质上就意味着要求资源的再分配，除了"打架"杀出一条路，别无捷径可走。1921 年 3 月 1 日，泰东图书局出版了胡怀琛编辑的《尝试集批评与讨论》。戈予说："仅南洋中学毕业的资历，而对新旧文学的造诣颇深，胡适提倡白话文学之时，他正是一位赞助的健将。试观泰东图书局出版之《尝试集之讨论》，便已开辟了中国文学批评的新路。"[1] 在某种程度上，赵南公也将批评视为了有效的广告手段，因此对批评持较为欣赏的态度。当初，赵南公得知王靖假名批评《小说月报》后，并没有觉得批评本身有何不妥，所不满意的是王靖想要借此陷害郭沫若。郭沫若看到了《创造》季刊出版预告后，对由此可能引发的纷争毫不在意，只是对自身的实力是否能够名实相符表示忧虑。赵南公和郭沫若都对批评颇感兴趣，在开拓新的路途方面有着内在的默契。批评不仅仅是挑战偶像，还有同人间的相互批评。挑战偶像是为自己开拓新路，同人间的批评

---

① 戈予：《记胡怀琛》，《文友》1944 年第 3 卷第 9 期。

则是戏台内喝彩。两者相辅相成，遂使真正有实力的创造社得以在文坛上大放光彩，而泰东图书局的出版事业也借此开创出一番新的局面。

自创造社同人在中国现代文坛上集体亮相以来，给人的印象便是四处"打架"，专门挑衅文坛偶像。从文学研究会到新月社，从胡适到鲁迅，创造社同人硬是通过"打架"的方式在现代文坛上杀出了一条血路。创造社的"打架"，一方面与郭沫若等创造社同人的性情及理想追求有关，另一方面也离不开泰东图书局经理赵南公的支持。换言之，正是赵南公经营的泰东图书局，在出版方面为其提供了最强有力的支持，使郭沫若等创造社同人在文坛上发出了自己的声音，能够连续不断地发起挑衅，同时与多方势力"打架"。

对于赵南公来说，郭沫若等创造社同人的"打架"之旅，使泰东图书局收获良多。首先，"打架"有广告作用，"打架"的过程也是宣传泰东图书局的过程。其次，"打架"催生了《创造》季刊"评论"栏，泰东图书局刊物的栏目建设一度引领国内文学杂志新时尚。再次，对于其他书局出版物的批评，有利于为自己的出版物争夺市场。郭沫若等紧紧抓住错译误译问题展开的批评，使得商务印书馆等大出版机构的一些译著成了笑谈，客观上也就打击了对方的市场销售，这也就使得泰东图书局等相似的出版物有了取而代之的可能性。

期刊登载评论文章，早已有之，但专门设置"评论"栏，却始于《创造》季刊创刊号。"评论"栏的设置，不仅表现出郭沫若等人对批评的重视，同时也展示出一种新的纯文学杂志的编辑理念。这种新的编辑理念从最初的酝酿到成熟，也存在一个过程。郭沫若重新编辑后出版的《创造》季刊创刊号，目录中并没有"创作"、"评论"、

"杂录"三个栏目名称；杂志的目录和内容，在事实上的确被分为前中后三个部分，第一部分共 141 页，从郭沫若的《创造者》开始到郭沫若的《诗五首》结束；第二部分共 17 页，页码重新编排，从郭沫若的《〈少年维特之烦恼〉序引》开始，到张资平《"创作"》结束；第三部分共 25 页，页码重新编排，从郁达夫翻译的《杜莲格来的序文》开始，到张资平《写给谁的信》结束。刊物虽然被清晰地划分成了三个部分，却没有明确地标出"评论"这个栏目名称。就此而言，虽然郭沫若两度说明要使得改版后的创刊号与后面几期"画一"，实际上在一些地方并没有"画一"。譬如，在《创造》第 1 卷第 2 期的目录中，明确标出了"创作"、"评论"、"杂录"三个栏目名称；按照不同栏目，明确标示出了各篇的顺序号；每篇文章后面都明确地标示出所在的页码数；在内容页中，"评论"这一栏目名单独占一个页码，黑体大号字体排出，栏目名称下面是一幅岗顶狮吼图。这些明确的栏目信息创刊号上都没有。到了郭沫若编辑的《创造》季刊第 1 卷第 2 期，决定重排创刊号，也正是在这一期所登载的创刊号广告上，《创造》季刊第 1 卷第 1 期的目录才有了显著的变化：目录被明晰地分成了"创作"、"评论"和"杂录"三个栏目，而且前面还标示出了"第一"、"第二"和"第三"。因此，准确地说，"评论"这个栏目虽然实质上在创刊号就已经出现，但是栏目名称却只是出现在《创造》季刊创刊号的广告中。

　　进入泰东图书局之前，郭沫若、郁达夫和成仿吾等虽有交往，却并没有真正合作共事的经验。对赵南公来说，与郭沫若等创造社同人合作，也是一个不断地挖掘郭沫若、郁达夫、成仿吾等创造社同人潜力的过程。在齐心协力共同奋斗的过程中，每个人都在群体协作中不断调整自己的位置，最终打造出了现代文坛上最犀利的创造社的三驾马车。就批评问题而言，郁达夫、郭沫若的批评文字虽然犀利，却还不足以成为《创造》"批评"栏的支柱。一个真正好的栏目，必然会有一个合适的撰稿人。《创造》季刊出版预告只能刺激人，《夕阳楼日记》式的影射不足以服人，胡搅蛮缠式的"打架"只会令人心生厌憎，言辞犀利切中肯綮的批评才能绽放异彩，有助于争夺文坛话语权。在《创造》季刊编辑出版的过程中，成仿吾最终成了"批评"栏的最佳撰稿人，泰东图书局最锋利的批评家，人送外号"黑旋风"。此前，赵南公不曾意识到成仿吾有这方面的才华，就是成仿吾恐怕也没有想到自己竟是靠着批评成为创造社三鼎足之一。

从《创造》各期目录，亦可略窥成仿吾在"评论"之路上的成长历程。《创造》季刊"评论"栏前后一共发表文章 19 篇，作者共7 位。其中，成仿吾 9 篇，郭沫若 4 篇，郁达夫 2 篇，张资平 1 篇，田汉 1 篇，谢康 1 篇，闻一多 1 篇。上述这些资料都不难查，稍稍翻阅《创造》，便能得知。《创造》季刊创刊号"评论"栏，共发表三篇批评文字，分由郭沫若、郁达夫和张资平担任。创刊号中成仿吾虽也有文字发表，但他贡献的不是批评文字，而是一篇小说——《一个流浪人的新年》。小说后面附录的是几位同人的批评，且批评方式多样，短评、诗等都有，一起构成了一个复杂的文本关系网络。其实，从某种角度来说，成仿吾的这篇小说及其后面附录的文字，才更吻合郭沫若关于"评论"栏的设想："《创造》出版后，每期宜专辟一栏，以登载同人互相批评的文字。"成仿吾和创造社其他同人，显然此时在刊物这一崭新的阵地上还没有找到各自合适的位置，或者说因为成仿吾那时尚在湖南兵工厂工作，批评的责任暂时落在了郭沫若和郁达夫等同人的头上。待到成仿吾从湖南来到上海，开始着手《创造》季刊第三期的编辑工作，他所撰写的批评文字蓦然增加，甚至包揽了第 1 卷第 4 期和第 2 卷第 2 期"评论"栏内所有文字，成为名副其实的创造社批评大将，创造社三驾马车正式成型。

《创造》季刊前 3 期"评论"栏里发表的文字，除了郁达夫《艺文私见》、谢康《读了〈女神〉以后》之外，其他由创造社同人操刀撰写的文章，批评对象几乎全是翻译问题或与翻译相关的问题：《〈少年维特之烦恼〉序引》是郭沫若对自身翻译的介绍和评论，《出版物道德》谈的是"翻译和转载"，《可怜的离侣雁》评说的是法国诗人魏尔伦，《批判〈意门湖〉译本及其他》批评的是周作人重译的《法国的俳谐诗》和唐性天译的《意门湖》。选择翻译问题展开批评，作为"异军突起"的突破口，既是偶然，也是创造社同人有意识地选择的结果。高长虹以为"指摘翻译错误的，大概始于创造周报，以后则现代评论也常有这一项工作"。[①] 其实，是始于《创造》季刊，而非后出的《创造周报》，但高长虹将这项工作的发起者归于创造社，无疑是对的。

成仿吾逐渐成为创造社批评的干将后，批评针对的问题逐渐由翻译转向创作，侧重对具体作家作品的批评，如对《沉沦》、《超人》、《命命鸟》、《呐喊》等的批评。虽不能说《创造》季刊的批评存在一个由翻译批评向创作批评的转向，但是从这些刊载的批评文章却

---

① 高长虹：《谈谈翻译》，《高长虹文集》下，中国社会科学出版社 1989 年版，第 171 页。

可以明晰地见出《创造》的批评主要就是集中在这两大板块，而且在《创造》上的这两类批评文章，也的确呈现出比较明显的先后顺序。从当时曾经发生的影响来看，这些批评文章出现的顺序并非随意为之。翻译最能展现创造社同人这批久居海外学子们的外语水平，而有原文本的翻译，尤其是在错译误译问题上，最能见出是非对错，所以从翻译入手实现自身的"异军突起"，无疑是非常恰当的方式和途径。在这个问题上确立了自身的优势后，对于具体作家和文学作品的批评，则成为创造社同人阐述自身文学理想和审美追求的必要手段。

　　郭沫若等人在文学批评方面先后与文学研究会、新月社等发生冲突，四面树敌。《创造》季刊过长的出版周期不能满足批评的需要。为了满足快捷战斗的需要，在赵南公的支持下，郭沫若等又创办了《创造周报》。《创造周报》为 16 开本横排，1924 年 5 月 19 日终刊，共出 52 期。《创造周报》创刊号第一篇即是成仿吾"横扫千军"的批评文章《诗之防御战》。犀利泼辣的批评文字，充分展示了创造社同人清理新文学阵营的决心与能力。1923 年 11 月 23 日，《时事新报》刊登广告，宣称《创造周报》"风行一时，尤为南北文人推重，尝有人评之曰：文学之鹄，评论之主。每期出版三万，顷刻已罄。"6 月 2 日出版的《文学旬刊》刊发了何宏图的"杂感"："人说，现在没有批评家，这话我也相信。惟其没有，于是有人自命是当代的批评家，专于'吹毛求疵'，'盛气凌人'，将批评家应具的道德，不惜一扫而空。读者不信，试看最近的某种刊物，其中有一位自命现代批评家的，像那由黑松林里跳出来的李逵一般，手持板斧乱斫。"这里所说的"最近的某种刊物"即《创造周报》，"由黑松林里跳出来的李逵"指的就是成仿吾。梁实秋在给成仿吾的信中说:"《文学旬刊》曾有人暗射的比你做为'黑松林里跳出来的李逵'",而成仿吾在回信中也确认了这一点:"人家骂我是黑旋风,我自己也在又喜又愧。"① 无论外界的观感如何,《创造周报》都成功地引起了人们的注意。

高长虹认为《创造周报》在中国国民思想觉醒运动中有着承上启下的重要作用。"我们如从独秀文存中翻出新青年宣言那一篇文字一看,便会知道它同创造周报所主张过的,同语丝第一期发刊辞所主张过的大致都差不多。我们不妨这样说,到新青年停止了思想工作的时候,创造周报便起来代替了。到创造周报停止了思想工作的时候,语丝便又起而代替了。这种工作的相同点是什么呢? 曰:提倡美感,提倡自由思想,拥护科学,而要旨是主张国民运动。"②《创造周报》问世两个月后,文学研究会的《文学旬刊》改名为《文学》,从旬刊改为周刊。改刊的因由,也是为了缩短出版周期,使所刊发的文章更富有时效性。《文学旬刊》的改刊,与创造社《创造周报》的问世及巨大影响不无关联。就此而言,"战斗"也在某种程度上推动了现代文学批评及相关媒介的发展。

从《创造》季刊最初的组稿到《创造周报》的出现,批评在创造社同人杂志中占有越来越重的分量。为打开局面而故意采取挑战的姿态,创造社同人在刊物编辑方面从一开始就富有市场意识,这也使他们所获甚丰。《创造周报》刊行数"由初刊每期三千份增加到

---

① 梁实秋、成仿吾:《通信二则》,《创造周报》1923 年第 13 号。

② 高长虹:《思想上的新青年时期》,《高长虹文集》下,中国社会科学出版社 1989 年版,第 177 页。

后来的六千份，仍不敷销售，还要经常再版。"① 郑伯奇这样描述了《创造周报》受欢迎的情况："《创造周报》一经发刊出来，马上就轰动了。每逢星期六的下午，四马路泰东图书局的门口，常常被一群一群的青年所挤满，从印刷所刚搬运来的油墨未干的周报，一堆又一堆地为读者抢购净尽，订户和函购的读者也陡然增加，书局添人专管这些事。若说这一时期是前期创造社中最活跃的年代，怕也不是夸张罢。"② 陈翔鹤回忆说："自从《创造周报》出版以后，青年人对创造社诸人的崇敬和喜爱，不觉便更加强烈起来。这从每到星期日，在上海四马路泰东图书局发行部门前的成群结队的青年学生来购买《创造周报》的热烈，便可窥得一个梗概。"③ 远在美国的闻一多则迫切地让国内的家人为其购买《创造》。1923 年 1 月 14 日家信："《创造》望驷弟补寄来，其余杂志以后永远停止寄阅。"6 月 14 日家信："前函称《创造》二卷一号已出版，何以至今不见寄来？我嘱你办的只此一事，尚不能应时照办乎？十哥若在沪，望速函请寄一本来，不然，有朋友在沪，亦当托办……俟你到沪后，则再订一全年，由该书局直接寄美，以免你们自寄容易忘却也……二卷一号确火速寄来，千万，千万，千万！"④ 高涨的发行量，巨大的影响，泰东图书局和创造社的合作实现了双赢。创造社"以一种活泼的青春的力量，从事着文学的活动"，在当时的青年读书界中发生着"最大的影响"，⑤"创造

---

① 于昀：《郁达夫与创造社》，《新文学史料》1979 年第 5 期。

② 郑伯奇：《二十年代的一面——郭沫若先生与前期创造社》，《沙上足迹》，黑龙江人民出版社 1999 年版，第 185 页。

③ 陈翔鹤：《郁达夫回忆琐记》，《文艺春秋副刊》1947 年第 1 卷第 1 期。

④ 《闻一多书信选辑（二）》，《新文学史料》1983 年第 4 期。

⑤ 韩侍桁：《写实主义文学的发生》，《文学评论集》，现代书局 1934 年版，第 70 页。

社和他的生意，都很是旺盛的。没有几家文艺上的买卖能超得过它去。语丝销的是老人，创造销的是青年，两家平分了天下。"①借助于创造社的力量，泰东图书局也终于摆脱了默默无闻的境地，一跃而成为新文学出版界的明星。

《创造周报》在使创造社事业得到极大推动的同时，也引发出一些其他方面的问题。郭沫若回忆说："《周报》在开始创办的时候本很有趣，因为人扣手，又都还是些生力军；但办到十几期上来便觉得有点筋疲力尽了。每周要发一次稿，我们最争的是头一篇，三个人轮流着做，都感觉着有点青黄不接。"②开始的时候，是人办杂志，到了后来，"外来的投稿虽然天天增加，然而可以用的很少，从二十号以下便渐渐感到稿乏的痛苦了。这种稿荒一直闹到了四十号。"③如果说最初的催稿还带有为文学理想奋斗的乐趣，等到变成了杂志"办"人，为了赶出版而写稿，相关的工作也就渐渐变了味道。郁达夫回忆说："当初在创造社时代，时时来催索强逼我的稿件，一定要我出乖露丑的，是郭沫若与成仿吾的两位。对这两位少年时代的益友，有好几次弄得感情不佳的原因，一大半也为的是他们催逼得太凶。"④人办杂志的时候，创造社与泰东图书局携手开创新局面，目光紧盯未来，无暇顾及小的利益关系等等。待到杂志"办"人，也就意味着先前的理想已经在某种程度上得到了实现。等到事业兴

① 高长虹：《创造社落后》，《长虹周刊》1929 年第 13 期。

② 郭沫若：《创造十年》，《郭沫若全集》文学编第 12 卷，人民文学出版社 1992 年版，第 172 页。

③ 成仿吾：《一年的回顾》，《创造周报》1924 年第 52 号。

④ 郁达夫：《写作的经验》，《郁达夫全集》第 11 卷，浙江大学出版社 2006 年版，第 272 页。

盛，走上了一个新的发展阶段之后，双方先前合作的基础已经成为过去，与之相应的，便是泰东图书局与创造社之间的关系也到了需要重新被审视的时候。

郭沫若重排后再版的
《创造》季刊创刊号封面，
封面画的作者是卫天霖

《创造》季刊第 1 卷第
2 期封面

《创造》季刊第 2 卷第 2
期封面

《创造》季刊第 1 卷第
3 期的"评论"栏栏面插图

《泰东月刊》创刊号封面

《泰东月刊》第 1 卷第 3 期封面

《泰东月刊》第 1 卷第 9 期扉页插图

卷頭語

藻雪

在這個年頭兒裏，拿着筆桿兒寫東西；
朋友們，滋味如何?!是辣?是甜?亞酸?是苦?

管他媽的，我們就這樣罷!橫順亂世的人頭還不如豬頭貴；趁我們有一口氣，在壓迫苦痛中，總還可以哼一兩聲!……

目前中國革命成功了!?得到的結果是些甚麼?!寫治……黨的力量，統一中國;黨的力量，高於一切!……媽呀!真正目前的黨，寄托在什麼人身上!?被壓迫，最苦痛的民眾，黨，時時刻刻在為我們打算嗎?我們只看見:停止民眾運，解散工會?地方政府槍殺請願的民眾;全國學生在那裏高喊恢復學生運動!苛捐雜稅;言論，出版，結社等自由，成了空制的名詞!最傷心的是許多純潔覺悟革命的青年熱血，染遍了全國的荒土;凝成了一團冤氣!!

回過頭來再看看呢!坐汽車，穿洋服的大老爺們，你罵我是剔姥嬲囮份子;我罵你是共產黨的好朋友，惡化份子;其所謂鑼鼓喧天，粉墨登場，各唱各的拿手好戲!那知一般被壓迫的老百姓，正在悲切的痛哭呢?!窮苦的工農，窮苦的民眾，冷還是冷，餓還是餓，誰人有閒心去替我們打算呢!?

算了，中國民國革命成功，打倒帝國主義，取消不平等條約，打倒國內軍閥割據勢力，求國際平等，平均地權，節制資本，中國被壓迫民族解放;言論，出版，結社……絕端自由………我們在痛苦中一聲一聲的亂喊罷，中國不死………總有一天會實現的!!!!

《泰东月刊》第 2 卷第 1 期的"卷头语"

《社会科学杂志》，杨幼炯等编，1928年3月1日创刊，1930年第2卷第4期出版后停刊

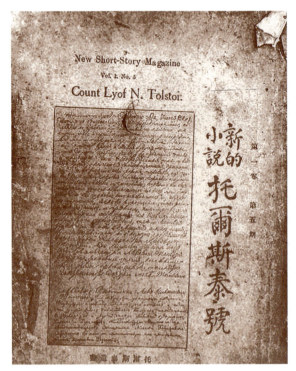

《新的小说》，张静庐、王靖等编，1920年3月15日创刊

泰东图书局出版的书籍

泰东图书局代为出版发行的杂志

泰东图书局使用的出版标志

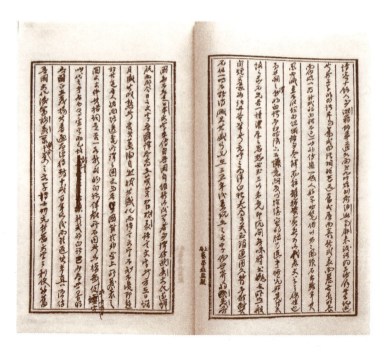

1921年4月23日赵南公日记，记载了赵南公自己对白话文价值和意义的思考

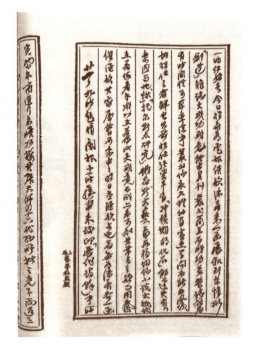

1921年6月20日赵南公日记，记载了郭沫若来信谈《创造》季刊及"创造"丛书等的进行情况

1921 年 8 月 11 日赵南公日记，记载了当天毛泽东到泰东图书局来访的事情

第四章

泰东出版"一时如狂飙突起"

1921 年 6 月 20 日，赵南公在日记中写道："沫若来一函，历叙到东情形。《创造》杂志大成功，或竟能出月刊；丛书简直不成功。盖杂志短篇，有时间性，可草率从事；丛书系永久性，非有实在学问不能出风头，故担任之者鲜也。其敢担任，张资平有《冲积期的化石》，郁达夫有《乐园与地狱》、《托尔斯太研究》[①]、《俄罗斯文艺》。前两稿均系小说，大概均在暑假着手，成功在暑假后矣，或竟不成亦未可知。其带去之款已用罄，催汇款。其家属暂不来申。明日当汇款去也。"[②] 郁达夫的《乐园与地狱》在正式出版时改名《沉沦》。一年前泰东

---

① "托尔斯太"今译"托尔斯泰"。——编辑注

② 赵南公：《赵南公日记》，上海交通大学出版社 2016 年影印版。

图书局曾陆续推出"新人丛书",广告中列出来的书目虽不少,实际出版的却不多,赵南公对丛书出版的困难深有体会,加之以郭沫若来信中的报告不甚理想,是以赵南公对此也没有抱太大的期待。

　　预想与事实往往相左。赵南公以为"大成功"的《创造》杂志,延迟了整整一年方才问世,销售情况也不能让郭沫若和郁达夫等感到满意,而不被看好的创造社丛书,率先推出的第一种《女神》、第二种《革命哲学》、第三种《沉沦》都取得了成功,成为了现代文学出版史上重要的里程碑。"一时如狂飙突起",这是泰东图书局出版"创造社丛书"时使用的广告语,也是对"创造社丛书"社会反响的真实描绘。泰东图书局推出的"创造"系列丛书,使得现代文坛刮起了一股创造旋风,开创了一个属于创造社的文学时代,泰东图书局也成了新文学出版界至为耀眼的明星。

一、规模非凡的"创造"系列丛书

　　泰东图书局与创造社合作的三年左右的时间里,推出的是多样化的"创造社"系列丛书,而不仅仅只是一套"创造社丛书"。"创造"系列丛书指的是由创造社同人为主编辑出版的各种丛书,包括"创造社丛书"、"辛夷小丛书"、"创造社世界名家小说集"、"创造社世界少年文学选集",以及计划出版而未成功的"创造社科学丛书"和"创造社新智丛书"等。这是一个规模非凡的丛书出版计划,赵南公不打折扣地接受了郭沫若等创造社同人提出的种种出版选题,也充分显示了作为出版者的赵南公拥有一种大气魄。先后问世的几种"创造"系列丛书，都相当成功，对现代中国文化与文学产生了深远的影响。有些学者之所以认为泰东图书局推出的"创造"系列丛书，只有"创造社丛书"很成功，而其他几种丛书在规模和影响上都比较逊色，主要的原因有两个：首先，"创造社丛书"皆为创作，整体成就较高；其次，"创造社丛书"在日后的出版中，一度将其他几种丛书中最优秀的几种图书囊括了进来，使"创造社丛书"一枝独秀。

1921 年 8 月 5 日，"《女神》（原名《女神的再生》）在泰东老板的积极催促之下出版了"。①《女神》出版时，郑伯奇恰好和郭沫若都待在泰东图书局内，两人同吃同住。郑伯奇说《女神》在赵南公"积极催促"之下出版问世，应该比较可靠。赵南公虽然在最初的时候并不怎么看好"创造社丛书"，但是"创造社丛书"能够成功问世与赵南公的积极努力分不开。

从 1921 年到 1924 年，前后不到三年的时间里，泰东图书局共推出"创造社丛书"九种：1. 郭沫若《女神》（1921 年 8 月）；2. 朱谦之《革命哲学》（1921 年 9 月）；3. 郁达夫《沉沦》（1921 年 10 月）；4. 张资平《冲积期化石》（1922 年 2 月）；5. 朱谦之《无元哲学》（1922 年 10 月）；6. 郭沫若《星空》（1923 年 10 月）；7. 张资平《爱之焦点》（1923 年 12 月）；8. 周全平《烦恼的网》（1924 年 3 月）；9. 倪贻德《玄武湖之秋》（1924 年 4 月）。

《创造》创刊号再版本曾刊载"创造社丛书"广告："本丛书自发行以来。一时如狂飙突起，颇为南北文人所推重，新文学史上因此而不得不划一时代。各书之已出者，皆将三版，未出者亦已多有定购。余书无几，购者从速。"只有短短的三行文字，对丛书的评价和期待

---

① 郑伯奇：《忆创造社》，《沙上足迹》，黑龙江人民出版社 1999 年版，第 15 页。

却很高，也充分显示出了一种强大的自信。丛书所列八种著作如下：

一、女神（再版）　　　郭沫若著　定价实洋五角五分

二、革命哲学（再版）　朱谦之著　定价实洋四角（发卖禁止）

三、沉沦（再版）　　　郁达夫著　定价实洋四角

四、冲积期化石（再版）张资平著　定价实洋四角五分

五、无元哲学　　　　　朱谦之著　印刷中

六、一班冗员的生活　　张资平著　印刷中

七、迷羊　　　　　　　郁达夫著　印刷中

八、星空　　　　　　　郭沫若著　印刷中

这份"创造社丛书"广告目录一直到《创造》季刊第 2 卷第 1 期出版时还刊载过。泰东图书局最初刊载这则广告时，能够称得上"印刷中"的只有朱谦之的《无元哲学》，郭沫若的《星空》和张资平的《一班冗员的生活》最多只能说是"编纂中"，而郁达夫的小说《迷羊》从 1927 年 11 月 1 日起在《北新》半月刊上开始连载。这部作品与郁达夫以前的创作大不相同，也就是说这部作品并不是《沉沦》时期的创作。郁达夫想要列入"创造社丛书"的这部小说，实际上没有按照计划完成。这从郁达夫为《迷羊》撰写的《后叙》中也可以看出，"五六年前头，我在 A 地的一个专门学校里教书"，在同一个学校里教英文的美国宣教师拿来一篇忏悔录的稿子，"这一篇忏悔录的全文，题名的'迷羊'两字是我为他加上的"。① 这篇《后叙》作于 1927 年 12 月

---

① 郁达夫:《后叙》,《郁达夫全集》第 2 卷, 浙江大学出版社 2006 年版, 第 140、142 页。

29 日，"五六年前"指的就是 1922 年前，正是郁达夫在安庆教书的时候，也是"创造社丛书"广告问世之时。

与《迷羊》相同，"创造社丛书"广告中的第六种为张资平的《一班冗员的生活》，这个小说题名后来也没有出现在"创造社丛书"正式书目中。但是具体的情况却又与《迷羊》有所不同，《一班冗员的生活》这篇小说是按计划完成了的。1922 年 5 月底，张资平到福冈看望郭沫若，"把《一班冗员的生活》和《木马》给郭看。他略看了一会，便说带到上海去交给泰东好了。"① 小说《木马》发表在《创造》季刊第 1 卷第 2 期，《一班冗员的生活》发表在《创造》季刊第 1 卷第 3 期。张资平按丛书出版计划将这些短篇小说结集出版，正式列为"创造社丛书"第七种，然而书名却改用了发表在《创造》季刊第 1 卷第 4 期上的短篇小说的名字《爱之焦点》。从《一班冗员的生活》到《爱之焦点》，短篇小说集题名的改换也预示了张资平对爱情书写的偏爱。

从《创造》季刊创刊伊始，所刊登的"创造社丛书"广告上，第二种《革命哲学》后就附有"发卖禁止"的字样。"发卖禁止"是事实，泰东图书局在广告中反复呈现这一事实，也就对租界当局构成无声的抗议。1921 年 12 月 20 日，赵南公在日记中写道："致苗之一函，为《革命哲学》事。昨日工部局刑事科翻译曹君来，言：局中购书一本。予送一本，不肯受。嗣送返，另派一人来购。改是书主张宇宙革命者，以革命为人类剔除旧日不良生活，要求新时代适宜之生活，故人类无一日不处于革命状态之中。如以哲学家眼光视之，原无如何关系。以

---

① 张资平：《张资平自传》，江苏文艺出版社 1998 年版，第 247 页。

旧思想之政治视之，指为鼓吹革命，危害社会之品，亦无不可。汤莭之与刑事科主任两人甚相知，故请其为予先客，以免发生问题。"赵南公从哲学和政治两方面审视《革命哲学》，非常客观，对该书可能会遭受查禁应已有所准备。24 日："炳企来，言捕房曹自新来，为《革命哲学》事，知工部局对是书将行检举，告以午后当与伊晤面……但自思已出两版，任便如何不能不负责任。只有催莭之赶于节前期内觅刑事科西人一为说项。此外无他善法。"找人找关系，这是中国办事的标准流程，因为该书究竟应该从哲学还是政治的角度给予审视，关键在负责审查的人。赵南公尽可能地疏通关系，但是努力并没有效果。27 日："觅莭之，晤。询：（一）《革命哲学》据云捕房之撒拉文对予屡有不满之表示，以为予之为人本极明白而故意发行此等危险书籍，且屡犯而不知竣，实为可恨。故对此事恐无和平办法。"①"撒拉文"就是赵南公请莭之找的捕房里的"西人"，殊不知这位"西人"对赵南公的意见更大，早已将赵南公视为了累犯。显然，自从赵南公一年前因代售无政府主义书籍被捕罚款后，租界捕房就已经对赵南公"不满"了。

谈到泰东图书局出版的"创造社丛书"，需要甄别的不仅有丛书广告目录与真实出版书目之间的差异，还需要甄别郭沫若等创造社同人编订的丛书目录与赵南公私自增添的丛书目录。在创造社同人离开泰东图书局之前，赵南公对"创造社丛书"的编纂很少插手，尽由郭沫若等人抉择。将朱谦之的《革命哲学》和《无元哲学》编入"创造社丛书"，是郭沫若的决定。"创造社丛书"不收录田汉的《蔷薇之路》，

---

① 赵南公：《赵南公日记》，上海交通大学出版社 2016 年影印版。

也是郭沫若的决定。1921 年 11 月 20 日，赵南公在日记中写道："致沫若一函，告其田寿昌已来稿，名《蔷薇之路》，日记体裁。自十月十日起，到卅一日止，已三万五千余言，以后当续出，可否编入创造丛书？又彼等欲编《童话辑》，可否承受，均请其复函再定。"① 现在找不到郭沫若的复函，但郭沫若显然没有同意将田汉的《蔷薇之路》列入"创造社丛书"。

陈福康认为田汉将《蔷薇之路》寄给赵南公，"不就近找郭相商，反倒由赵氏转请郭审定"，"可见当时田汉已与创造社产生了隔阂"。② 这样的断语有些勉强。当时与田汉同住的王新命，也为《蔷薇之路》作了序，他早就是赵南公赏识的合作者。田汉将稿件直接寄给赵南公，并不冒昧或是想要搭建属于个人的关系网络。此外，作为一个松散的同人团体，创造社内相互之间并无约束力，而田汉很讨厌别人对自己的作品指手画脚。田汉不将自己的作品交给郭沫若审定是正常的。赵南公找郭沫若审定，并不意味着赵南公察觉到了田汉与郭沫若之间有什么隔阂，只是因为当时"创造"系列丛书齐头并进，各有某些较为成型的设想，因此赵南公想要征求郭沫若这位主持者的意见。至于郭沫若不将《蔷薇之路》收入"创造社丛书"的原因，也不必给予过度解读。专收创作的"创造社丛书"，不纳入作家日记（非日记文学），也是正常的事情。《蔷薇之路》在郭沫若编的《创造》季刊第 1 卷第 2 期上发表后，成仿吾从长沙写信给郭沫若，"信中批评了第二期里面的作品，批评了达夫、资平和我。中间有一笔带说到寿昌

---

① 赵南公：《赵南公日记》，上海交通大学出版社 2016 年影印版。
② 陈福康：《〈赵南公日记〉读后记》，《赵南公日记》，上海交通大学出版社 2016 年影印版，第 14 页。

的《蔷薇之路》。仿吾说他不知道寿昌为甚么要把那样的文字来出版，他对于他的前途真是绝望了。这封信我留在上海，留给仿吾编入第三期，是用红笔把那两句勾了的"。[①] 成仿吾批评鲁迅的《呐喊》："读《呐喊》的人都赞作者描写的手腕，我亦以为作者描写的手腕高妙，然而文艺的标语到底是'表现'而不是'描写'，描写终不过是文学家的末技。"[②] 与《呐喊》相比，《蔷薇之路》是更加自然化的作品，与"创造社丛书"追求的审美风格不相符合。

郭沫若留在泰东图书局时，赵南公将出版审查的大权交给了郭沫若，也愿意征询郭沫若的意见。当郭沫若等创造社同人离开泰东图书局后，赵南公就开始自己动手对"创造"系列丛书做了某些调整。赵南公将《少年维特之烦恼》另行作为"创造社丛书"第十种出版，将《蜜蜂》作为第十四种出版，将《茵梦湖》作为第十九种出版。学者倪墨炎谈到泰东图书局的这种行为时指出，"严格说来，泰东图书局老板是乘创造社之危，明目张胆地盗用'创造社丛书'之名"。[③] "盗用"一词用得有些过重。"盗用"就意味着"创造社丛书"之名归属权在创造社，不属于泰东图书局。泰东图书局和创造社合作本来就没有明确的说法，"创造社丛书"的使用权和归属权难以界定清楚。但是，有一点是确定无疑的，就是随着创造社名气越来越大，精明的赵南公想要以擦边球的形式，利用泰东图书局内已有的"创造社丛书"的纸型，及其他"创造"系列图书的纸型，以"创造社"的名号招徕读者。

---

① 郭沫若：《创造十年》，《郭沫若全集》文学编第 12 卷，人民文学出版社 1992 年版，第 165 页。

② 成仿吾：《〈呐喊〉的评论》，《成仿吾文集》，山东大学出版社 1985 年版，第 149 页。

③ 倪墨炎：《创造社丛书》，《现代文坛内外》，汉语大词典出版社 1998 版，第 155—157 页。

这样一来，也就出现了赵南公将其他"创造"系列丛书中的一些著作，如《少年维特之烦恼》、《蜜蜂》等改列为"创造社丛书"的事情。赵南公"大胆"改动"创造社丛书"的举动，对于创造社来说虽然多少有"侵权"的嫌疑，但是另一方面很可能也启发了创造社同人，或者说改变了创造社同人先前对"创造社丛书"的设想。创造社出版部成立后，重新出版"创造社丛书"，最初编订的 30 种，皆为创作，没有翻译。1928 年 10 月，《创造月刊》第 2 卷第 3 期出版，刊载了新的"创造社丛书"广告，重新编订的书目共 41 种，像《少年维特之烦恼》、《鲁拜集》、《茵梦湖》等翻译作品皆收录在内。在各种因素的影响下，"创造"系列丛书终于不可避免地向着"创造社丛书"演化了过去。在赵南公的"积极催促"下，《女神》问世了，"创造社丛书"正式扬起了前进的风帆；也正是因为赵南公的"努力"，"创造"系列丛书开始了自身的演化，这演化不仅出现在泰东图书局内部，还直接影响到了创造社出版部。

赵南公是一个有着很多奇思妙想的出版家。他敏锐地察觉到了"创造社"这块金字招牌的市场价值，在郭沫若等创造社同人离开泰东图书局后，他并没有在泰东图书局内实行去创造社化，反而不断地在广告中突出创造社和郭沫若，例如将郭沫若在泰东图书局内出版过的著译单独聚集起来进行广告销售，还有就是前面说过的突出并扩大"创造社丛书"。在泰东图书局的诸多出版物中，赵南公反复以"创造社丛书 B 集（共十四种）"的名义刊载广告，宣称"创造社丛书共分三集，每集装有美丽纸匣，便于保存。零购整购均便。但零购无纸匣。"告诉读者"创造社丛书"共分三集，广告中的 14 种书目全都是 B 集，而实际上真正推出的只有 B 集。另外，赵南公还同时刊登"郭沫若先生作品及其译品之介绍"的广告，宣称《少年维特之烦恼》有甲（实价六角）乙（实价四角）两种版本可买，而在"创造社丛书"的广告中只有甲种可买。利用丛书套装的便利，销售价格较贵的版本，尽可能地获取更大的利润，显示出了赵南公精明的一面。

从 20 世纪新文学出版业发展来看，"创造"系列丛书的问世也正好处在一个时代转型的阶段。"1913 年底，全国继续出版的报纸只剩下 139 种，和 1912 年初的 500 种比较起来，锐减了 300 种。"① 随着反袁斗争的胜利，报纸出版规模有了一定的反弹，但整体上来说，增速较快的是杂志，而后又转向了丛书。黄忏华说："自从新文化运动发生，杂志就异常的发达；最盛的时候，差不多有好几百种，报纸上几乎天天有新杂志出版的广告，真叫人目迷五色。后来杂志渐渐地少了，丛书出版的广告，却一天一天的多起来；直到现在，可以说得是杂志的时代已经过去，到了丛书的时代了。"黄忏华还认为书籍出版业和别的营业不同，对于文化建设负有特别的责任，故此将丛书的发达视为"学术发达的表征"。② 综观发生期中国现代文学，文学创作皆带有浓郁的思想启蒙色彩和探索精神，"郭沫若的《女神》中有'泛神论'的哲学思考，郁达夫的小说中有对道德及心理范畴的严肃探索"，③ 最早刊发《女神》诗篇的宗白华写信给郭沫若说："你的诗是以哲理做骨子，所以意味浓深。不像现在有许多新诗一读过后便索然无味了。"④ 有分量的现代文学丛书的问世，也就意味着现代文学从发

---

① 方汉奇：《中国近代报刊史》，山西教育出版社 1991 年版，第 711 页。

② 黄忏华：《学术丛话》，泰东图书局 1921 年版，第 92、105 页。

③ 钱理群、温儒敏、吴福辉：《中国现代文学三十年》，北京大学出版社 1998 年版，第 25 页。

④ 宗白华致郭沫若函，《三叶集》，亚东图书馆 1920 年版，第 25 页。

生期的喧嚣中逐渐走向沉淀，开始向读者展示自身的"实在学问"。"创造"系列丛书并非研究著作，但是无论是从"实在学问"的角度，还是从思想探索和启蒙的角度，"创造"系列丛书在现代新文学出版界都有拓展新潮流的水平和实力。

在《创造》季刊第1卷第2期扉页上，一下子推出了四种"创造"系的丛书，除了"创造社丛书"之外，还有"创造社世界名家小说集"、"创造社世界少年文学选集"和"辛夷小丛书"。在《创造》季刊各期刊载的广告中，"创造社世界名家小说集"、"创造社世界少年文学选集"两套丛书都带有"创造社"的字样，后来许多论著却都将"创造社"的字样略去，无形中改变了两套丛书之名。

"创造社世界名家小说集"共六种，广告书目如下：

德国施笃姆原著	茵梦湖	郭沫若、钱君胥译	定价二角
德国哥德原著	少年维特之烦恼	郭沫若译	实价四角
法国古尔兰孟原著	鲁森堡之一夜	郑伯奇译	实价三角五分
英国毛利斯原著	虚无乡消息	邓均吾译	印刷中
英国淮尔特原著	杜莲格来	郁达夫译	印刷中
俄国杜斯妥以夫斯基原著	贫民	邓均吾译	印刷中

"创造社世界少年文学选集"共六种，广告书目如下：

英国王尔德原著	王尔德童话	穆木天译	实价二角五分
印度太戈儿原著	新月集	王独清译	实价二角五分
法国弗兰斯原著	蜜蜂	穆木天译	印刷中

德国霍特曼原著　　沉钟　　　　郁达夫译　　印刷中

丹麦安得生原著　　人鱼　　　　何道生译　　印刷中

英国狄更斯原著　　圣诞节歌　　张资平译　　印刷中

在《创造》季刊上，多次打出"辛夷小丛书"的广告。这套丛书随编随出，《创造》季刊第 2 卷第 1 期刊载的丛书广告中，所含丛书目录最多，共有三种：

第一种《辛夷集》（新体诗文选）

第二种《卷耳集》（国风今言译）

第三种《鲁拜集》（华英对照）

在《创造》季刊上刊载的诸多"创造"系列丛书广告中，只有"辛夷小丛书"每种图书自始至终都附带一段说明文字。《辛夷集》的广告说明为："辛夷集系现代名家之诗文精选集，艺术味之深赡，字句之简练，正如月下的睡莲，花间的珠露。装制精美，内容清丽，可作从事于新文学者之圭臬。取材严密，长短适宜，可充男女中小学之国文教科书。现已出书，实售一角五分。"1923 年 4 月《辛夷集》出版时，郭沫若、成仿吾等都在泰东图书局，这段广告语究竟是出自赵南公之手，还是郭沫若、成仿吾等同人之手，现已难以详考。与穆木天所译《蜜蜂》的广告词相对照，泰东图书局出版广告似乎已经形成了某种固定的行文方式："这是儿童文学中的一部杰作，是一部真实的小说，说的是什么呢？是母亲的爱，儿女的爱，与爱人的爱，这里面有和蔼、同情、英勇、互助、快活、忠恕、自信、坚忍诸德。有比这种种人性的精华还真实的么？译笔忠实，文字美妙，亦不亚于原著，既可作有价值之文学观，又可作儿童教本，祈小朋友和从事儿童教育者注意之。"一方面肯定图书自身的价值和意义，另一方面念念不忘发掘其充当"教本"的可能性。单从广告中所表现的对"教本"、"教科书"的执念来说，窃以为这些广告出自赵南公之手的可能性更大一些。

要全面地考察泰东图书局出版"创造"系列丛书的价值和意义，不仅要考虑已出版的诸种丛书，同时也要考虑计划出版而未能付诸实施的丛书，具体地来说便是"创造社科学丛书"和"创造社新智丛书"。1923年2月，成仿吾在《创造》季刊第1卷第4期《编辑纵谈》中宣布："我们现在又发起了一个'创造社科学丛书'"，"国内出版的科学书，差不多把中学程度，做了他们的最高点。我们想把这种界碑打碎，把程度渐次提高，又现在专门以上的学生，能看英文原本的颇多，而能看德法文原书的很少，我们如果有时间，还想把德法文的科学上的文献 literature 多多翻译出来，以飨我们一天天进步的青年学子。"同时提出："内容是科学的作科学丛书，内容是通俗的作新智丛书。"这是一个很宏大而极有意义的丛书出版计划，本就是理工医科出身的创造社同人，对于这方面的图书出版工作更为得心应手，这本就是他们留日学习的内容。丛书的积极发起者还有张资平，他早就拟好了长长的著作目录寄给了成仿吾。在同期《创造》季刊扉页位置，刊有这两套丛书的广告："创造社科学丛书"共10种、"创造社新智丛书"共8种。丛书目录主要由张资平提供，丛书名字及具体划分由成仿吾一手拟定，"科学丛书"第一种定为《科学概论》则是郭沫若的要求。

在《创造》季刊第1卷第4期刊登"创造社科学丛书"和"创造社新智丛书"广告时，第一种《科学概论》还没有人承担，成仿吾说：

"如果暂时没有人敢担任这种苦工，我想就选一本，也不妨事。"到了《创造》第 2 卷第 1 期，丛书广告已经相当齐备了。"创造社科学丛书"共 10 种：张心沛著《科学概论》和《近代物理学概论》、费鸿年著《生物哲学》、张资平著《海洋学》和《地球史》、成仿吾著《漩转汽机》和《工业数学》、郁达夫著《社会学》、汪厥明著《杂种及遗传》、刘文艺著《放射能》。"创造社新智丛书"共 8 种：沈璿著《天文讲话》、欧阳恒著《人类之进化》、丁颖著《新农村》、龚学遂著《人力论》、张资平著《世界活力之起源》、刘文艺著《人类的起源》、汪厥明著《人生与微生物》、滕固著《图书馆学》。

已出版和未出版的各种"创造"系列丛书，包含文学创作、文学翻译、社会科学论著、自然科学论著，种类繁多，规模庞大。虽然郭沫若等创造社同人从泰东图书局拿到的酬劳很少，但是对于赵南公来说，同意同时着手组织并出版如此多的丛书，光是制版费用、账底等就是一笔庞大的开支。在泰东图书局自身经济支绌的情形下，赵南公需要承担的风险相当大。至于筹划中的"创造社科学丛书"和"创造社新智丛书"流产了，责任不在泰东图书局，赵南公应该想要出这两套丛书，否则也就不会反复刊登两套丛书的出版广告。对比泰东图书局广告中的丛书目录，与相关作者著作的真实出版情况，就能发现两套丛书流产的一些因由。

《生物哲学》的作者费鸿年（1900—1993）是浙江省海宁县硖石镇人，1916 年毕业于江苏农业学校，1925 年到广东大学任教，创办中山大学生物学系。1926 年 1 月，商务印书馆出版了《生物之起源》，列为"百科小丛书"第 95 种，该书《弁言》表明此书完稿于 1924 年。此后，费鸿年在商务印书馆连续出版了《人类性源论》、《寿命》和《新生命论》等书。刘文艺在商务印书馆出版了《最近自然科学概观》（大町文卫原著，1926 年 11 月初版），该书第二篇为"放射能论"，也就是"创造社科学丛书"第 8 种的主要内容。汪厥明在商务印书馆出版了《性质原理》（1926 年 9 月初版），列为"新知识丛书"。泰东图书局广告中欧阳恒所著的《人类之进化》没有出版，但商务印书馆却在1925 年 7 月初版发行了张资平的《人类进化论》，列为"百科小丛书"第 74 种。此外，张资平在商务印书馆出版的著译还有：《自然地理学》（1923 年 11 月初版发行，列为"百科小丛书"第 25 种）、《人文地理学》（1924 年 10 月初版发行，列为"百科小丛书"第 71 种）、《海洋》（野满隆治著，1935 年 7 月初版发行，列入"自然科学小丛书"）等。温梓川谈及张资平时说："他在商务印书馆出版的学术论著则有《普通地质学》、《自然地理学》、《人文地理学》、《近世社会思想史纲》、《社会学纲要》、《海洋学业》等。"①《海洋学》显然是《海洋》之误。

从上述学者著作的出版情况来看，有两点值得注意：第一，"创造社科学丛书"和"创造社新智丛书"两套丛书邀请的著作者，皆学有所长，承担的著作皆为自己专业领域。因此，从著作承担者的角度来说，两套丛书的策划是成功的，富有针对性和可操作性。第二，"创造社科学丛书"和"创造社新智丛书"的作者，后来大多都在商务印书馆出版了类似的专业著作。王云五在商务印书馆虽然策划了"百科小丛书"、"新知识丛书"等，启动时间也不晚于成仿吾等策划的两套丛书，但是在确定人选及承担的著述方面，"创造社科学丛书"和"创造社新智丛书"应该稍早。"创造社科学丛书"和"创造社新

---

① ［马来西亚］温梓川：《三角恋爱小说商张资平》，《文人的另一面——民国风景之一种》，广西师范大学出版社 2004 年版，第 91 页。

智丛书"最终的流产，应该与商务印书馆相似图书的出版策划有关。

早在出版"新人丛书"时，泰东图书局就已经出现过与大出版商竞争选题的压力，比如泰东图书局广告要出版的图书，如《黑暗之光》等，结果却是被放在了商务印书馆出版发行。商务印书馆强大的出版实力，教科书发行方面的绝对优势，对于那些带有专业学习色彩的出版项目来说，有着无法抵御的诱惑力。泰东图书局的广告及其他种种努力，结果却是为他人作嫁衣裳。大出版商的出版竞争行为，有时未必是针对泰东图书局而来，但是作为出版行业里的巨无霸，出版选题等方面的些微调整，就可能对泰东图书局等小型出版机构带来巨大的影响。泰东图书局所能争取的，只能是未被商务印书馆等大出版机构注意的或一些规模更小书局甚或自费出版的著译。陈景新著的《小说学》由明星社初版，徐卓呆、张舍我、平江不肖生、胡寄尘等十几位名人为之作序，曾在《申报》上刊载启事征求批评等等，销售业绩相当不错。1926年4月27日，《申报》刊登广告《陈景新小说学再版有期》："陈景新君所著《小说学》，积十余年之精粹，始得成此。初版以来，未及一载，销数已达一万部。"最后声明该书将"由本埠泰东图书馆"再版。已出图书能够被泰东图书局争取到重印再印机会的，基本上都属于这种情况。

对于泰东图书局来说，招人才难，招来之后想长期留住更难，优秀人才的匮乏与流失是困扰书局事业发展的重要因素。在《创造十年》一书中，郭沫若回忆自己和郑伯奇游历镇江、无锡回到上海后，"有一位显客来访问过我。那便是商务印书馆的元老之一高梦旦先生。梦旦先生来访问我，这个异数的光降，就好像汉光武访问严子陵，或者是像亚烈山得大王访问皮匠，把编辑所里的人都震惊了。特别受了惊惶的是书局老板赵南公。在我回到编辑所时，南公老板来看我。他说梦旦一定是想找我进商务编译所的"。①赵南公的担心并非杞人忧天。郑伯奇回忆说："沫若在新文艺上的成绩也曾引起了商务印书馆的主持者的注意，高梦旦先生屡次托人探询过沫若加进商务编辑部的可能性，并且表示过愿请沫若主持《小说月报》。"②像郭沫若那样集创作家、翻译家、编辑校对、文学活动组织者等诸多角色于一身的优秀人才，着实不可多得；对于泰东图书局来说，二十多年的发展历程中，像郭沫若那样的人才极为罕见。赵南公之所以紧张，就在于面对商务印书馆那样的庞然大物，自己手中可打的牌极少。当创造社同人愿意过"笼城生活"的时候，泰东图书局的出版事业也就能因人成事，当创造社同人面临离散的危局时，一些出版计划自然也就因人的问题而不得不中断。

对于泰东图书局来说，切实可靠的丛书出版计划，都是由创造社同人作为撰述的主力。创造社曾被视为"最有组织"③的文学社团，就丛书出版而言，的确如此。若是没有创造社同人的齐心协力，就不可能出现较为整齐的初具规模的"创造"系列丛书。"创造社科学丛书"和"创造社新智丛书"两套丛书18种，其中由创造社同人承担的有6种，若是这6种能够出版，也是不小的成就。结果一本都没有出版，除了外部因素的影响之外，还有一个重要的原因便是此时的创造社已经走在了离散的路途上。1923年9月，郁达夫创作了小说《离散之

---

① 郭沫若：《创造十年》，《郭沫若全集》文学编第12卷，人民文学出版社1992年版，第126页。

② 郑伯奇：《二十年代的一面》，《沙上足迹》，黑龙江人民出版社1999年版，第189页。

③ 贺玉波：《革命文学家郭沫若》，《致文学青年》，乐华图书公司1934年版，第34页。

前》，郭沫若说这篇小说是"预言着创造社之将离散而当成事实写着的"。接着便是《创造日》的停刊，"说也奇怪，那一停刊却也增加了创造社的萧条的景象"。① 面临离散，《创造周报》等都经常出现稿荒，丛书出版计划的搁置亦属正常。其实，综观泰东图书局所出"创造"系列丛书，主要成员的著作皆在 1923 年底之前出版，正好与郁达夫、郭沫若所说的离散时间相吻合。

二、《女神》一出，诗坛震荡

在现代文化与文学史上，《女神》的出现有着丰富的象征意义。高长虹说："我们的新青年时代，是号称为新生时代的。由神女之再生开了端，到颓败线的颤动闭了幕，便是这个时代给予我们的遗迹吧。这两篇作品，又都是用了女性的形式表现的，这可以证明这新生时代是一个女性的时代吧。"② 作为"新青年时代"和"新生时代"开端的"神女之再生"，指的就是郭沫若的新诗集《女神》，更具体地说，便是诗集首篇《女神之再生》。

赵南公青睐郭沫若，是因为郭沫若在他面前充分展示出了不凡的才华。郭沫若回忆说："书局方面听说我们要出纯文艺刊物，便有意思要我来主编，我已经替它改了一个名字叫着《新晓》。但是，王

---

① 郭沫若：《创造十年》，《郭沫若全集》文学编第 12 卷，人民文学出版社 1992 年版，第 179 页、第 182 页。

② 高长虹：《每日评论·时间里的过客》，《高长虹文集（中）》，中国社会科学出版社 1989 年版，第 228 页。

先生却仍然把持着不肯放手。我也就让他去主持，自己乐得做自己的事。我开始编纂了我的诗集《女神》，其次是改译了那本《茵梦湖》。"①1921 年 5 月 11 日，赵南公在日记中写道："予到编辑所，与沫若谈《新晓》事，彼亦言恐不能按期出版。乃商决仍由王靖主持。"综合起来看，《女神》的编辑应是从五月上旬才开始着手。标点《西厢》、编纂《女神》、改译《茵梦湖》，这是郭沫若到泰东图书局后，短短三个月自动完成的三项主要成绩。靠着自己的勤奋与努力，郭沫若打动了泰东图书局经理赵南公；精明的赵南公，也没有让郭沫若失望，给这位新来者提供了腾飞的舞台。

诗集《女神》编纂完成后，郭沫若最初拟定的书名为《女神之再生》，与诗集中所收诗剧《女神之再生》同名。《女神之再生》以歌德《浮士德》第二部结尾处的诗篇"神秘之群合唱"作为题引：

> 一切无常者
>
> 只是一虚影；
>
> 不可企及者
>
> 在此事已成；
>
> 不可名状者
>
> 在此已实有；
>
> 永恒之女性
>
> 领导我们走。

---

① 郭沫若：《创造十年》，《郭沫若全集》文学编第 12 卷，人民文学出版社 1992 年版，第 97 页。

郭沫若此时已经翻译了歌德的《浮士德》第一部，还没有着手第二部的翻译，但已经注意到了"神秘之群合唱"这一诗篇。浮士德最后被天使接去，并没有按照契约归靡非斯特所有。"天上有那位甘泪卿出现，迎接着他，并且要'用心地把他指导'。天上的至尊者却是一位'光明圣母'（Mater Gloriosa）而不是上帝，这是一个有趣的表现。"① 作为《女神》首篇的《女神之再生》，叙述颛顼与共工争斗，结果导致天体破裂洪水泛滥。众多女神出来要"创造些新的光明、新的温热"，至于"脚下到处都是男性的残骸"，女神们决定把他们抬到壁龛中做神像，"教他们也奏起无声的音乐"。"无声的音乐"来自《女神之再生》开篇"女神之一"："在这优美的世界当中，奏起无声的音乐雝融。""雝融"就是和谐美妙的意思。女神们要让死去了的男性们"也奏起无声的音乐"，也就带有指导男性的意思，与《浮士德》中的"光明圣母"一脉相承。钱潮回忆说，《女神》这个书名来自《茵梦湖》中的"森林女神"。②《女神》之名，既与《浮士德》、《茵梦湖》等西方文学作品有千丝万缕的关系，也与中国女娲等的神话传说有关，应是多种影响来源融合交汇下的产物。

1921 年 5 月 26 日，郭沫若专门为《女神》撰写了《序诗》。这篇《序诗》至少可以为我们提供两个信息：第一，郭沫若此时已经将诗集正式定名为《女神》；第二，《序诗》的创作也就意味着《女神》编纂工作已经完成，即编纂工作完成于 1921 年 5 月 26 日之前。郭沫若写完《序诗》后的第二天（5 月 27 日），搭船去日本，开始了正式创建创

① 郭沫若：《〈浮士德〉简论》，《浮士德》，安徽人民出版社 2013 年版，第 5 页。

② 钱潮口述，盛巽昌整理：《回忆沫若早年在日本的学习生活》，王训昭等编：《郭沫若研究资料（上）》，中国社会科学出版社 1986 年版，第 537 页。

造社的旅程。因此，《女神》的编纂，从开始到结束，所用时间不到20天。此后，郭沫若便忙于筹建创造社及《创造》季刊创刊号的编辑等诸多事宜，《女神》也就没有再加以改动。

《女神》的问世，离不开泰东图书局赵南公的支持，以及张静庐等人的努力。当时，赵南公让张静庐管理印刷事务，曾为《女神》的出版问题到处奔波。《女神》付排时，郭沫若主张用新五号字排版，"用新五号字印在洁白的手道林纸上，真是黑白分明，十分美观。可是，上海普通印刷所里都没有这种字体"，负责《女神》出版工作的张静庐"跑到虹口日本人开的芦泽印刷所去探问，开价要两元一千字排工，吓得不敢成交；还是用的普通五号字体，普通的报纸印刷"。[①] 当时，上海的印刷技术虽然已经相当先进，但是与日本的图书印刷技术仍存在一定的差距。在日本读医学的郭沫若，所用教科书虽然昂贵，但印刷精美。郭沫若希望能够以日本图书的标准来印刷自己的第一部诗集，但是受印刷费用的限制，初版本《女神》不能达到郭沫若理想中的要求。在《中国新文学大系·史料索引》中，阿英在《女神》项下加了"按语"："此为作者第一部诗集，亦是中国新诗有最大影响的诗集。后全部收入沫若诗集内。初版，道另印，后改报纸。"[②] 有学者将"道另印"直接理解为"道林纸印"，这样的理解显然有偏差。泰东图书局的《女神》初版本，最先是普通的报纸印刷，阿英所说的"另印"，应是泰东图书局后来曾改用了道林纸。创造社成立出版部后，将《女神》收回以道林纸印刷出版；赵南公则继续以原纸型出版《女神》，

---

① 张静庐：《在出版界二十年》，江苏教育出版社 2005 年版，第 67 页。

② 阿英：《中国新文学大系·史料索引》，上海良友图书印刷公司 1935 年版，第 302 页。

但是为了能够与创造社出版部相抗衡，在纸张上也用了更为漂亮美观的道林纸。通过《女神》的出版，也能窥见泰东图书局等小书局面临的窘境，想要和商务印书馆、中华书局等竞争，没有经济实力，很多出版计划都无法实现，即便是想要将图书印刷得精美一些，也是有心无力。但是在出版竞争的情况下，赵南公还是尽可能地在出版装帧等方面做出了一些好的变革。

在"创造社丛书"中，《女神》的出版及相关"宣传"工作做得最为充分。1920 年 5 月，亚东图书馆出版了郭沫若、田汉和宗白华三人的通信集《三叶集》，这本风行一时的著作，为《女神》的接受奠定了坚实的基础。1921 年 8 月 21 日、22 日、23 日，《学灯》连续刊登了郑伯奇的文章《批评郭沫若的处女诗集〈女神〉》，称《女神》的出版"实在是新文坛的一件可喜的事！出版界一件可喜的事！"郭沫若为《女神》创作的《序诗》，在《女神》出版后又交给了郑振铎，于 1921 年 8 月 26 日在其编辑的《学灯》上发表。1922 年 4 月，张资平在《文学旬刊》第 34 期发表《致读〈女神〉者》。1922 年 8 月 5 日，在西藏路一品香旅社举办了《女神》纪念会。郭沫若回忆说："记得在八月初达夫发起过一次'女神会'，是纪念出版后满了一周年的我的诗集《女神》。这种聚会在日本是常有的，好事的达夫要把它输入中国。在开会的头一天晚上，达夫拉着我到闸北去找振铎，请他们参加。……开会是在晚上，地点是在一品香，文学研究会的同人到的有振铎、雁冰、谢六逸和卢隐女士诸人，日本帝大出身的同学也到了不少。"① 所有这些，无形中都成了《女神》的广告。

---

① 　郭沫若：《创造十年》，《郭沫若全集》文学编第 12 卷，人民文学出版社 1992 年版，第 142 页。

《女神》是"郭沫若文学创作中被阅读最多、研究最多的文本"。①
郑伯奇回忆说:"《女神》的出版是中国新文学运动的一个重要收获,
在当时文学界也引起了一定的反响。"②丁玲回忆说:"1921年,湖南有
了文化书社。我从那里买到一本郭沫若的诗集《女神》,读后真是爱
不释手。我整天介背诵'一的一切,一切的一',或者就是:'九嶷山
上的白云有聚有消,洞庭湖中的流冰有汐有潮……'"③等丁玲到了上
海之后,曾以"朝圣"的心态去泰东图书局拜访过创造社同人。许多
青年读者,都像丁玲一样,慢慢地成为了创造社的忠实拥趸,成为了
泰东图书局各种出版物的潜在读者。

陈源在《新文学运动以来十部著作》中谈到国内出版的"可以
列入世界作家之林"的书籍时说:"两种新诗代表作品是郭沫若先生
的《女神》,和徐志摩先生的《志摩的诗》。《女神》很早就出版,《志
摩的诗》去年秋才印成单行本,放在一块几乎就可以包括了新诗的
变迁。"④《女神》一出,诗坛震荡,这个说法并非夸张。诗人郭沫若的
名字与《女神》这部诗集紧密地连在了一起。提起诗人郭沫若,必谈
《女神》,《女神》俨然已经成为了文学郭沫若的代表词。随着时间的
流逝,《女神》对于现代诗坛的影响愈加深远。文学史叙述 20 世纪汉
语诗歌发展的历史轨迹时,无论褒贬,都不能绕过《女神》这部重要
的诗集。

---

① 蔡震:《〈女神〉及佚诗》,人民文学出版社 2008 年版,第 295 页。

② 郑伯奇:《忆创造社》,《沙上足迹》,黑龙江人民出版社 1999 年版,第 15 页。

③ 丁玲:《鲁迅先生与我》,《新文学史料》1981 年第 3 期。

④ 陈西滢:《新文学运动以来的十部著作(下)》,《西滢闲话》,新月书店 1933 年版,
第 341 页。

三、出版《沉沦》：给文学界吹来不同的新空气

相对于"创造"系列刊物，赵南公似乎更乐意出版"创造"系列丛书。《女神》获得成功后，赵南公便积极地推动郁达夫短篇小说集《沉沦》的出版工作。郑伯奇回忆说："达夫的短篇集就在双方积极主动的情况下，得到出版的机会。"①这里的"短篇集"，指的就是《沉沦》。

郭沫若以诗名世，郁达夫令读者们着迷的则是小说创作。"创造社的人，确乎有些很有天才的人，如郭沫若先生、郁达夫先生。"②"在那时候，即民国十一年到十四五年之间，如果有人去向任何一个文学青年问道：'你所喜爱的中国作家究竟是哪个呢？'那无疑的，他是会说出郁、郭二位的名字来。"③现代青年们提到创造社或泰东图书局时，往往总是同时谈及郭沫若和郁达夫两个人。郭沫若、郁达夫两个人名字的先后顺序，往往也就显示出叙述者的个人偏好。有趣的是，人们谈论郭沫若和郁达夫时，并不从他们最初发表的作品说起，一般都是从创造社（也就是泰东图书局）开始。

1921 年 10 月 15 日，《沉沦》由泰东图书局初版发行，为"创造社丛书"第三种。《沉沦》是中国现代文学史上第一部个人现代短篇小说集。郑伯奇谈到《沉沦》之于郁达夫的意义时说："《银灰色之死》使他在文坛上崭然露出了头角，《沉沦》，更给他奠定了文坛的

---

① 郑伯奇：《忆创造社》，《沙上足迹》，黑龙江人民出版社 1999 年版，第 20 页。

② 今心：《两个文学团体与中国文学界》，饶鸿兢等编：《创造社资料（下）》，福建人民出版社 1985 年版，第 929 页。

③ 陈翔鹤：《郁达夫回忆琐记》，《文艺春秋副刊》1947 年第 1 卷第 1 期。

地位。"①《沉沦》的编辑出版，受到了《女神》的影响。据郑伯奇说，《女神》的出版，"引起了出版者的兴趣"，对赵南公有"莫大的鼓舞作用"，所以赵南公对《沉沦》的出版非常热心。郑伯奇回忆说："书店方面，对于这本书的排印和纸张也曾费过一番心思。为了眉目清楚和美观，字与字间留有空隙，标点符号一律放在正文偏旁，这些在当时都算是创举。由于篇幅不多，印纸选用了质量较好的道林纸。老板这样做，固然出于作者的要求，但他这样大方地下本钱，却是出于他的生意经。他一定盘算过，认为这本书是可以大赚其钱的。"②郭沫若和郁达夫都对自己的第一部作品提出了印刷上的要求，结果只有《沉沦》采用了道林纸，而《女神》用的却是报纸，差异的造成并非是因为泰东图书局的经济状况有所好转，而是《女神》的畅销让赵南公舍得加大投资。至于赵南公当时是否盘算过"这本书是可以大赚其钱"这个问题，可以肯定地说，赵南公有这样的盘算。出版商的出版行为，赚钱是重要的目的之一，最好是能够"大赚其钱"。一般来说，出版家对某些出版选题的投资，往往与已出图书的市场反响成正比，而不断加大的投入，又会使得后继图书越来越精美，更有利于开拓市场，这是所有当事者都渴望看到的美景。

对于泰东图书局来说，小说《沉沦》的出版有两个意义：首先，出版趋新就要有先锋意识，不怕甚或渴盼出版能够引发争议的书刊；其次，最好有能挑起新话题的有锐气的小说作者，便于形成时代文学新潮流。阿英在介绍郁达夫的时候特别强调：《沉沦》出版后，"惹起

---

① 郑伯奇：《怀念郁达夫》，《沙上足迹》，黑龙江人民出版社 1999 年版，第 201 页。
② 郑伯奇：《忆创造社》，《沙上足迹》，黑龙江人民出版社 1999 年版，第 20—21 页。

文坛极大争论"。①郑伯奇谈到《沉沦》时说："这些小说的主人公大概是作者自己。他赤裸裸地将自己暴露出来，有时还要加上一点'伪恶者'的面目。他的大胆的描写，在当时作者中，是一个惊异"，"被人送上了'颓废派'的称号"。②阿英和郑伯奇所谈皆事实，只是省略了对"争议"过程的梳理。

郁达夫谈到《沉沦》时说："《沉沦》印成了一本单行本出世，社会上因为还看不惯这一种畸形的新书，所受的讥评嘲骂，也不知有几十百次。后来周作人先生，在北京的《晨报》副刊上写了一篇为我申辩的文章，一般骂我诲淫，骂我造作的文坛壮士，才稍稍收敛了他们痛骂的雄词。过后两三年，《沉沦》竟受了一班青年病者的热爱，销行到了贰万余册。"③所有的叙述，或多或少都会带有主观色彩，按照自我的逻辑生成某种"事实"。郁达夫自言是受了"几十百次"的嘲骂，而后求助于周作人，此后骂郁达夫"诲淫"的人才有所收敛。然而，翻阅王观泉撰写的《席卷在最后的黑暗中——郁达夫传》（天津人民出版社1986年版）、郁云撰写的《郁达夫传》（福建人民出版社1984年版）、方忠撰写的《郁达夫传》（复旦大学出版社2012年版）、陈其强撰写的《郁达夫年谱》（浙江大学出版社1989年版），叙及《沉沦》所受到的嘲骂指摘时，没有一个案例出现在周作人评论《沉沦》的文章发表之前。

---

①　阿英：《中国新文学大系·史料索引》，上海良友图书印刷公司1935年版，第215页。

②　郑伯奇：《中国新文学大系·小说三集·导言》，《沙上足迹》，黑龙江人民出版社1999年版，第89页。

③　郁达夫：《〈鸡肋集〉题辞》，《郁达夫全集》第10卷，浙江大学出版社2006年版，第301页。

郭沫若在《创造十年》中说:"《文学旬刊》上早就有好些文章在嘲骂我们,例如骂颓废派的'肉欲描写者'便是指郁达夫;骂'盲目的翻译者'便是指我和寿昌。"①"肉欲的描写者"出自署名"CP"的《丑恶描写》:"中国的淫书,那一本不是说'劝贞惩淫'?而结果则造了多少的罪恶?那几个新文学家的性欲描写,固然不如旧式淫书之甚,态度也绝不相同,结果也决不会有十分的害处,然而至少也已使这些地方给他们的全书以洗扫不掉的污点了。"② 这篇被提及最多的关于《沉沦》的恶评文字,刊发于郁达夫向周作人写求助信近半年后。

郁达夫和郭沫若的叙述,符合人们对先锋文学出版的一般性认识,即先锋文学出版后,首先遭遇的是普通读者的误读和非议,然后有高尚的批评家给予正确的解读,随后人们开始认识到这些创作的真价值。泰东图书局出版的小说《沉沦》代表的是先锋文学出版的另一种接受模式,即出版后首先是不被人所知,于是有高尚的批评家给予正确的解读,随后人们开始围绕小说的阅读展开各种争议,最后小说的真价值逐渐被人接受。代替郭沫若留在泰东图书局里的郁达夫,的确有其独特的价值,可以说正是郁达夫确定了创造社在现代文坛集体亮相的方式,同时也赋予了泰东图书局出版物以新的特质。

1921 年 11 月 27 日,郁达夫用英文给周作人写了一封求助式的明信片:"请原谅我缺乏绅士风度!随同这封明信片给你寄去上个月

---

① 郭沫若:《创造十年》,《郭沫若全集》文学编第 12 卷,人民文学出版社 1992 年版,第 139 页。

② CP:《丑恶描写》,《文学旬刊》1922 年第 38 期。

刚出版的短篇小说集《沉沦》。我希望你出自内心对我的作品进行坦率的批评。上海所有文人都反对我，我正在被迅速埋葬，我希望你是给我唱悲哀的挽歌的最后一个人！"①信由张德强译成汉文。从郁达夫明信片可知，《沉沦》出版一个月，似乎受到了上海"所有文人"的反对。郁达夫性好夸张，将有些人的批评视为"所有文人"都反对也是可能的事情。但问题是迄今为止并没有人找到这一个月时间里《沉沦》被批评的文字。没有文字，也可能只是口头批评。那么，又是谁告诉郁达夫的呢？此时，郁达夫在安庆教书，郭沫若在日本，成仿吾在长沙，若有其他人告诉郁达夫，争强好胜的创造社同人不会在文字中丝毫不提及。事实可能是待在安庆的郁达夫觉得《沉沦》出版后文坛太沉寂了，因此想要借助周作人的大名提升《沉沦》的影响力。事实上，郁达夫这一次成功了。

　　周作人日记："三十日，晴，风。上午往大学，下午返，得郁达夫君片、清华校文学社函。""四日，晴，上午得郁君寄赠《沉沦》一本。"②由周作人日记可知，郁达夫的明信片和《沉沦》是分开寄的，明信片先到，书后到。1922年3月26日，《晨报副刊》"文艺批评"栏刊发了周作人写的同名批评文章《沉沦》。针对郁达夫的小说集《沉沦》，周作人先是转述了美国莫台耳（Mordell）《文学上的色情》中提出的三种不道德的文学，然后据以判定《沉沦》"显然属于第二种的非意识的不端方的文学，虽然有猥亵的分子而并无不道德的性质。"最后郑重声明："《沉沦》是一件艺术的作品，但他是'受戒者的文学'

---

① 郁达夫：《致周作人》，《郁达夫全集》第6卷，浙江大学出版社2006年版，第47页。
② 周作人：《周作人日记（中）》，大象出版社1996年版，第209—210页。

（Literature for the initiated），而非一般人的读物。"①如果对照 CP 在《文学旬刊》上发表的《丑恶描写》，就会发现 CP 文中的许多言辞都正是紧接着周作人的文章而来，在肯定郁达夫与旧式淫书作者态度不一样的同时，仍然认定其为"污点"。就人们关注的正式刊发出来的文字而言，是周作人的文章引出了 CP 的"嘲骂"文字，而不是 CP 的"嘲骂"文字引出了周作人的辩护文章。周作人和 CP 的文字，标示了现代文坛对《沉沦》所持的两种态度，同时这也是迄今为止各种论著谈到《沉沦》引发的"极大争论"的起始点。两种不同的态度，最初并不出现在创造社与文学研究会之间，而是周作人与 CP 之间。名人大腕、文学研究会，《沉沦》一下子进入了新文学最引人注意的批评平台。《新青年》上的"双簧信"事件，纯粹是自编自演，如果说《沉沦》"争论"事件也存在导演的成分，便是郁达夫给周作人的明信片有效地触发了这一"争论"。

对于出版者来说，好的出版选题意味着能够引发较为强烈的社会反响，同时选题自身具有连续出版的价值和意义。在各种因素的共同作用下，《沉沦》的出版获得了成功。"《沉沦》一出版就打响了，出版者当然高兴，达夫更高兴。他当时常常半带兴奋半开玩笑地说道：'沉沦以斯姆！沉沦以斯姆！'他的意思是说，《沉沦》也许会像《少年维特的烦恼》出版当时那样，形成一时的风气……《沉沦》的出版，给当时文学界吹入了一些与前不同的新空气。"②《沉沦》虽然没有像《少年维特之烦恼》那样形成一股"维特热"，却在文学创作领域开辟

---

① 周作人：《沉沦》，《周作人自编文集·自己的园地》，河北教育出版社 2002 年版，第 59—61 页。

② 郑伯奇：《忆创造社》，《沙上足迹》，黑龙江人民出版社 1999 年版，第 21 页。

了"身边小说"①或者说是"自我小说"②的小说流派，王以仁、倪贻德、滕固、易君左等都曾"模仿"③郁达夫的创作。

同郭沫若的《女神》一样，《沉沦》为泰东图书局聚拢了大量人气。楼适夷回忆说："达夫的《沉沦》是1921年差不多与《女神》同时出版的，两本书在不同的意义上，都大大震动了我们这些小青年的心灵，我也是爱读达夫的。到民厚南里去探望仿吾与沫若时，遇到正有创造社的新刊出版，他们见了我们，老爱问：'这一期你首先读的哪一篇？'我记得回答过：达夫的《采石矶》或《春风沉醉的晚上》。当然从作品到人，也很想拜见他的风采的。"④被《女神》和《沉沦》吸引前来的青年们，络绎不绝地出现在泰东图书局这个小书店门口，这也就成了郭沫若和郁达夫自身价值的最好证明。泰东图书局内不断闪耀出现的文学新星，则使这个原本不起眼的小书局变得越来越让人瞩目。

四、与创造社同人的出版纠纷

泰东图书局和创造社的合作没有明确的说法，权责不明，自然容易生纠纷。纠纷由暗到明，出版方面矛盾的真正激化是在创造社出版部成立后。拥有了出版部的创造社，想要将一些书籍收回自印，出版

---

① 郑伯奇：《中国新文学大系·小说三集·导言》，上海良友图书印刷公司1935年版，第14页。

② 严家炎：《中国现代小说流派史》，人民文学出版社1989年版，第78页。

③ 郁达夫：《打听诗人的消息》，《郁达夫全集》第3卷，浙江大学出版社2006年版，第136页。

④ 楼适夷：《回忆郁达夫》，《新文学史料》1984年第3期。

发行遂成为双方矛盾的焦点。最能显示泰东图书局与创造社同人出版纠纷的两部书，皆是译作：一部是《雪莱诗选》，还有一部是《少年维特之烦恼》。

《女神》的问世与赵南公的催促有关，而《雪莱诗选》的问世则直接出自赵南公之手。在"创造"系列丛书中，唯一由赵南公编纂的书籍是《雪莱诗选》。1926年3月，《雪莱诗选》由泰东图书局初版发行，列为"辛夷小丛书"第5种，后又被赵南公列入"创造社丛书"（无丛书编号）。笔者所见1930年版本，封面底部位置署有"上海东泰图书局版"，"东泰"显然应为"泰东"之误。版权页印着"本局电报无线电一一四○○号"，这就是泰东图书局新的联系方式。1927年4月初版，1930年6月第5版，印数为9001—11000。《A.11.》周刊发表《郭沫若为〈雪莱诗选〉启事》："最近泰东图书局出版的《雪莱诗选》，完全未得本人同意，乃该书局私自剪集创造季刊雪莱纪念号而成。书中排错多处，固不具论，而该书局任意假借名义，实属不成事体，幸爱读创造社丛书者勿为所愚！"① 由此可见，《雪莱诗选》是泰东图书局的私自出版行为，列为"辛夷小丛书"也是为了广告效应自行加入的。该书的版次被故意弄得混乱不堪，应是泰东图书局为规避版税而为之。后来又开始标明了版次与印数，可能与出版界版权意识的加强有关，也与泰东图书局和创造社出版部关系的缓和有关。"《雪莱诗选》1928年由创造社出版部出版，仍沿用了泰东版之原纸型，曾列为'明日小丛书'第1种，'世界名著选'第13种。"②

---

① 郭沫若：《郭沫若为〈雪莱诗选〉启事》，《A.11.》周刊1926年第3期。

② 林甘泉、蔡震主编：《郭沫若年谱长编》第1卷，中国社会科学出版社2017年版，第350页。

同一纸型，各自出版发行，这便是妥协的结果。创造社出版部争回了纸型，免去了排版的费用，而泰东则可以正大光明地继续出版发售自己的《雪莱诗选》。

不经作者同意而剪辑其文章出版，泰东图书局早就有这样的先例。但是与《章太炎的白话文》的编辑出版情况大不相同，《雪莱诗选》中的文字原先都是发表在泰东图书局出版的《创造》季刊上的，在当时的情况下很难说泰东图书局的行为侵犯了版权。所以，《A.11.》上发表的启事并不谈版权问题，而只说没有经过作者同意且错误甚多。就在泰东图书局自主编纂《雪莱诗选》的同时，创造社出版部也在剪辑出版创作集《木犀》，其中收录的作品也都来自《创造》季刊等由泰东图书局出版的刊物。创造社出版部的编选行为，既没有征得泰东图书局的同意，也没有征得非创造社成员的同意。1926年11月20日，鲁迅在给许广平的信中说："提起《卷葹》，又想到了一件事。这是王品青送来的，淦女士所作，共四篇，皆在《创造》上发表过。这回送来要印入《乌合丛书》，据我看来，是因为创造社不征作者同意，将这些印成小丛书，自行发卖，所以这边也出版，借谋抵制的。凡未在那边发表过者，一篇都不在内，我要求再添几篇新的，品青也不肯。创造社量狭而多疑，一定要以为我在和他们捣乱，结果是成仿吾借别的事来骂一通。但我给她编定了，不添就不添罢，要骂就骂去罢。"[1]所谓"创造社不征作者同意，将这些印成小丛书"，指的就是《木犀》。有论著认为是鲁迅要求冯沅君编辑所成。"1926年，冯沅君根据鲁迅的要求，将这四篇小说合成一个集子，起名为《卷葹》交给了鲁迅，

---

① 　鲁迅：《两地书(79)》，《鲁迅全集》第11卷，人民文学出版社2005年版，第217页。

至于书名为什么叫'卷葹'，鲁迅有很好的解释：'卷葹是一种小草，拔了心也不死。'这不仅对书名做了解释，而且还点明了作品的主题。鲁迅将《卷葹》编为《乌合丛书》之六，从编辑稿件到印刷出版，都亲自办理，他称这套丛书的作品为'不阔气作者的创作'。1928 年 4 月《卷葹》再版时，冯沅君又增加《误点》、《写于母亲走后》两个短篇小说。"① 不管是淦女士自己主动编定，还是鲁迅催促淦女士编辑，都不曾与泰东图书局商议过版权问题。

纸型属于泰东图书局，作品属于作者。在没有特别约定的情况下，书局有用原纸型继续印刷的权利，而作者也有另行处理作品的权利。出版者和作者各自合理地使用自身权益，相互之间常有不满，主要原因有二：首先，各书店与作者间的约定差异甚大，有差异有比较自然就有不满；其次，文学场内资源有限，矛盾实根源于市场的争夺。曾在泰东图书局工作过的张静庐回忆说："说到营业，当民国九至十年（1920—1921 年）间，虽然有创造社的刊物：《创造季刊》、《创造周报》，和类似创造社丛书的《沉沦》、《冲积期化石》、《玄武湖之秋》、《茑萝行》等新书出版，但是，在那时候，书的销行却并不畅旺。直到民国十二三年（1923—1924 年），《洪水》半月刊出版前后，这初期的小说书和《创造周报》合订本等等，都忽然特别地好销起来，在这时期中泰东似乎才获得了意外的收获，报答他过去艰辛的劳绩。然而不久，光华书局和创造社出版部都相继成立了。"② 也就是说，赵南公扶持创造社时，获利并不多，等到他可以

---

① 唐文一、沐定胜：《消逝的风景：新文学版本录》，山东画报社 2005 年版，第 118 页。

② 张静庐：《在出版界二十年》，江苏教育出版社 2005 年版，第 68 页。

借助创造社的出版物获利时，那些出版物又在光华书局和创造社出版部里重新出版发行，大卖特卖。这就构成了市场的争夺。这时候，失掉了郭沫若等作者支持的泰东图书局，只能靠先前的纸型分些蛋糕，在市场争夺战中没有创新的锐气，也就给人留下了出版事业日渐没落的印象。

中华人民共和国成立前，泰东图书局出版的"创造"系列丛书，最受读者欢迎的就是郭沫若翻译的《少年维特之烦恼》。

> 青年男子谁个不善钟情？
>
> 妙龄女人谁个不善怀春？
>
> 这是我们人性中之至圣至神：
>
> 啊，怎么从此中有惨痛飞迸！

歌德为《少年维特之烦恼》所写的这首弁诗，经郭沫若的生花妙笔译成中文后，早已为中国读者所熟知。

杨武能谈到郭沫若的翻译时说，郭译《少年维特之烦恼》书名中所用"少年"一词，德语原文为jung，相当于英文里的young，译成"青年"更为恰当。郑振铎、张传普和李金发都曾在介绍德国文学的文字中将其译为"青年维特"，但是人们却依然乐意选择郭沫若的"少年"之译，有译者想要将自己的译本以《青年维特之烦恼》出版，结果在编辑的干预下还是使用了"少年"一词，"这个小小的例子也证明郭译《维特》相当成功"。在郭沫若所有的译著中，"以《少年维特之烦恼》这部'小书'传播最广、名声最大，不，岂止是他个人的译著，就是在建国前译成中文的德国文学乃至所有外国文学作品里，郭译《维特》

的影响也是无与伦比。"①

《少年维特之烦恼》的作者是德国文学家和思想家歌德，全书主要由一个热情而敏感的青年维特（Werther）写给朋友威廉（Wilhelm）的近百封信构成，是一部杰出的书信体小说。来到维尔海姆（Wahlheim）暂住的维特，遇见年轻美丽的姑娘绿蒂。维特一见倾心，坠入爱河。绿蒂已有未婚夫，名叫阿尔伯特。等到阿尔伯特归来后，痛苦的维特最终决定离开两位好人，接受了公使秘书的职务。新的工作不能使维特安心，同僚们的倾轧、上司的迂腐、上流社会的傲慢无礼等等，促使维特再次离去。一年后，维持又回到了已经结婚的绿蒂身边，愈加感觉到痛苦不堪，最终在给绿蒂留下一封信后开枪自杀。

1921 年 7 月，在泰东图书局马霍路编辑所的楼上，郭沫若冒着38 摄氏度的高温开始翻译《少年维特之烦恼》。从《三叶集》通信中说想要翻译到开始着手翻译，其间经过了一年的时间。从动手开始翻译到翻译完成（1922 年 1 月），又经过了半年多的时间。"这部《少年维特之烦恼》，我存心移译已经四五年了。去年七月寄寓上海时，更经友人劝嘱，始决计移译。起初原拟在暑假期中三阅月内译成，后以避暑惠山，大遭蚊厄而成疟疾，高热相继，时返时复，金鸡纳霜倒服用了不少，而译事终未能进展。九月中旬，折返日本，昼为校课所迫，仅以夜间偷暇赶译。"② 也就是说，早在《三叶集》通信之前两三年，郭沫若就已经有翻译《少年维特之烦恼》的想法，正与郭沫若动

---

① 杨武能：《筚路蓝缕功不可没——郭沫若与德国文学在中国的译介》，《三叶集：德语文学·文学翻译·比较文学》，巴蜀书社 2005 年版，第 337、342 页。

② 郭沫若：《〈少年维特之烦恼〉序引》，《郭沫若全集》文学编第 15 卷，人民文学出版社 1990 年版，第 310 页。

手翻译《浮士德》的时间相吻合。《少年维特之烦恼》的翻译并非为了赶时髦，而是长期酝酿和辛勤劳作的结晶。

1922 年 4 月 1 日，《少年维特之烦恼》由泰东图书局初版发行，列为"世界名家小说选"第 2 种。1922 年恰逢歌德逝世 90 周年，3 月 22 日的《时事新报·学灯》刊发了西谛的《歌德的死辰纪念》、愈之的《从〈浮士德〉中所见的歌德人生观》、谢六逸的《歌德纪念杂感》等纪念文章，无形中为泰东图书局《少年维特之烦恼》的出版发行做了广告，而郭沫若翻译的《少年维特之烦恼》也成了歌德逝世 90 周年的一种纪念。

在泰东图书局印行的郭沫若著作中，只有《少年维特之烦恼》用了两种装帧："甲种实价六角，乙种实价四角"。可见赵南公为了更好地迎合市场需要，着实花费了不少心思。一年之内，郭译《少年维特之烦恼》连出 4 版。《少年维特之烦恼》（甲种）1924 年 8 月出了第 8 版；《少年维特之烦恼》（乙种）1926 年 1 月 15 日出了第 8 版。《少年维特之烦恼》（乙种）版权页注明 1927 年 11 月 9 版重排订正，1928 年 9 月 25 日出了第 11 版，改版印数为 8001—12000 册，1930 年 4 月出了第 14 版，印数为 19001—22000 册。1926 年 6 月 4 日，郭沫若在广东大学的宿舍里为即将出版的《少年维特之烦恼》增订本写了后序，其中说"四年间购读维特的一万以上的读者"。[①]"四年间"指的就是 1922 年至 1926 年，郭沫若所说"一万"的销量有些保守。《茵梦湖》1931 年 11 月出至 14 版，印数为 26001—28000 册，每版印数 2000 册。《少年维特之烦恼》的销量不会低于《茵梦湖》，甲乙

---

① 郭沫若：《〈少年维特之烦恼〉增订本后序》，《洪水》半月刊 1926 年第 2 卷第 20 期。

两种合起来每版的印数应该超出《茵梦湖》才合理。即便是按照郭沫若的说法计算，平均开来，《少年维特之烦恼》每年至少也有 2500 多册的销量。

郭沫若 1922 年 1 月底在日本译完《少年维特之烦恼》，然后将译稿寄回上海泰东图书局，而后在 4 月出版。期间郁达夫、成仿吾、郭沫若等皆不在上海。《少年维特之烦恼》的清样实际上并没有经过可靠的人进行校阅。1922 年 6 月底，郭沫若从日本回到上海泰东图书局，"最先在马霍路的楼上把《创造》季刊第一期和《少年维特之烦恼》来校勘了一遍"。让郭沫若"痛心"的是，"《少年维特之烦恼》，错误在五百以上"。[①] "一部名著，印刷错得一塌糊涂，装潢格式等等均俗得不堪忍耐。"在初版发行后，郭沫若曾经"订正过两回"译文中的"误植"，"专以营利为目的的无赖的书贾却两次都不履行，竟两次都把我的订正本遗失了"。初版本迟迟不能得到修订，责任在泰东图书局。初版本出现的错误及其他问题，郭沫若并没有一股脑儿全推卸到泰东图书局身上。郭沫若承认："初译本由于自己的草率而发生的错误，尤不能不即早负责改正。所以维特自出版以后，我始终都存着一个改印和改译的心事。"[②]

经郭沫若"大加改订"后，创造社出版部推出了横排版的《少年维特之烦恼》。修订版《少年维特之烦恼》用了一幅倒立三角形的版画作为封面，画的中间是两个青年男女亲吻的图像，应该就是夏绿蒂和阿尔伯特，在倒立三角形的下面的角的地方，是一个受到

---

① 郭沫若：《创造十年》，《郭沫若全集》文学编第 12 卷，人民文学出版社 1992 年版，第 136 页。

② 郭沫若：《〈少年维特之烦恼〉增订本后序》，《洪水》半月刊 1926 年第 2 卷第 20 期。

挤压的脸部图像，愁眉苦脸，带有泪痕，这个图像画的应该是少年维特。扉页是歌德的铜像，《序引》部分第 4 页是一个美丽的姑娘的画像，页底标注"夏绿蒂姑娘"。1927 年 12 月，曹雪松编的《少年维特之烦恼剧本》由泰东图书局初版发行。该剧本所配的歌德像与夏绿蒂姑娘画像，皆与创造社出版部《少年维特之烦恼》修订版中的一致。那个时期的中国出版界，对于国外照片和画像的使用肆无忌惮，既不需要理会版权问题，也不顾及其他出版机关的使用重复与雷同问题，这在文化与文学的输入方面也有好处，即重复与雷同强化了读者们对某些外来文化与文学因素的印象，更容易形成经典化的接受效果。1934 年现代书局出版郭沫若译《少年维特之烦恼》时，重新配了三幅插图。叶灵凤回忆说："创造社的《少年维特之烦恼》，是由我重新改排装帧的。当时对于这部小说的排印工作，曾花费了不少时间和心血，从内容的格式，以至纸张和封面，还有插图，我都精心去选择，刻意要发挥这部小说的特色。封面的墨色特地选用青黄二色，并且画了一幅小小的饰画，象征维特的青衣黄裤。书里面所用的几幅插图，还是特地向当时上海的一家德国书店去借来的。"由现代书局出版时，"版样和封面"也都是由叶灵凤设计。"这一个新版本的封面，我采用了德国出版物的风格，在封面上印上了作者和书名的德文原文。并且采用了德文惯用的花体字母，以期产生装饰效果，墨色是红蓝两色，封面纸是米色的。因此若是拿掉那两行中文，简直就像是一本德国书。"现代书局版本的《少年维特之烦恼》所用的三幅新插图，其中扉页上的是一幅歌德遗像，在第 24 页后刊载的则是"维特第一次与绿蒂相见的情形。他来到绿蒂家中，邀请她一起去参加一个舞会，却发现绿蒂正在家中，分面包和乳酪给弟妹们吃"。① 叶灵凤在回忆中误将这幅插图记为创造社出版部版本，实则为现代书局版本。

创造社出版部将《少年维特之烦恼》收回自印，其实就是以新的纸型重新出版发行，而非取消泰东图书局的出版资格。在创造社出版部推出《少年维特之烦恼》修订版的同时，泰东图书局一直不断地重印旧版，如鲁迅所说："创造社员在凯歌声中，终于觉到了自己就在做自己们的出版者的商品，种种努力，在老板看来，就等于眼睛铺大玻璃窗里纸人的睒眼，不过是'以广招徕'。待到希图独立出版的时候，老板就给吃了一场官司，虽然也终于独立，说是一切书籍，大加改订，另行印刷，从新开张了，然而旧老板却还是永远用了旧版子，只是印、卖，而且年年是什么纪念的大廉价。"② 对照创造社出版部修订版和泰东版，修订程度并没有像郭沫若所说的那般夸张，有些地方如："他们还要亲一回她的手，长的一个有十五岁，与年龄相应地很文雅地亲了她，其他一个很率直而鲁莽。"将泰东版中的"文弱"改为"文雅"，并非属于错误的修订，而是用词更加恰当优美。但是有些真正错误的地方却并没有得到修改，"你看，女人们上了车了；车旁立着青年费赛尔斯多德和奥德兰和我。她们从窗外伸出头来和拆白们倾谈，真是轻佻……"③ 两个版本均是"从窗外"。按照行文逻辑，此处应该是坐在马车里的女人从车窗内伸出头来。

---

① 叶灵凤：《歌德和〈少年维特之烦恼〉》，《霜红室随笔》，海豚出版社 2012 年版，第 299—300 页。

② 鲁迅：《上海文艺之一瞥》，《鲁迅全集》第 4 卷，人民文学出版社 2005 年版，第 303 页。

③ ［德］歌德：《少年维特之烦恼》，郭沫若译，上海创造社出版部 1928 年版，第 25、46 页。

创造社出版部版本虽然在装帧质量等各方面都优于泰东版，但是在图书销售市场上却并不能对泰东图书局版形成压倒性优势，而在出版史上，泰东图书局初版本更是有着不可替代的历史地位与价值。郭沫若研究专家蔡震认为："无论从阅读的角度还是从研究的角度，《女神》初版本与经作者修订后的《女神》的文本，都具有同样的历史价值，而且是不可互相替代的。如果特别从研究的角度说，所有对于《女神》的研究，均应开始于初版本。"① 蔡震所说的初版本，即泰东图书局1921年8月5日的初版本。泰东图书局初版本《少年维特之烦恼》的价值，用书中的一段原话来说就是："一个作家在他的小说第二次改正出版的时候，不怕改得有诗意，比初版更好，总是要伤及他的书的，我们是喜欢第一印象，人是早来被最冒险的言论所说服的；并且最冒险的言词印人之深极其坚牢，凡想抹杀或删改的作者，不幸呵！"②

创造社出版部所出《少年维特之烦恼》增订本，装帧与价格皆与泰东图书局针锋相对。《创造月刊》第1卷第3期扉页上刊载了《少年维特之烦恼》增订本的广告："《少年维特之烦恼》，郭沫若译。定价：瑞典纸四角，道林纸六角。本书曾经泰东书局出版，现经译者重行校阅，改正不少处所，由出版部用瑞典纸及毛道林纸精校重印，道林纸本并加入原著作及书内女主人公夏绿蒂姑娘等写真铜图三幅，较原译本更见精彩矣。"与泰东图书局一样，创造社出版部本版也采用了两种装帧形式，两种形式的定价也与泰东图书局版本一样。然而，

---

① 蔡震：《一个历史的文本》，《〈女神〉及佚诗》，人民文学出版社2008年版，第295页。

② ［德］歌德：《少年维特之烦恼》，郭沫若译，上海创造社出版部1928年版，第69页。

创造社出版部版本的实际标价比广告上的价格高。1928 年 5 月 20 日第 6 版的版权页标明的价格是："精装每册实价大洋六角、布装每册实价大洋一元"。这个价格要比泰东图书局高出许多。或许是为了能更好地说明价格高的原因，后来的广告注明："布装一元（插图十幅）、精装六角（插图二幅）。"

创造社出版部的筹建，本是为了减少出版环节以便提高著作者的报酬，降低读者的购书费用，然而《少年维特之烦恼》的售价不降反升，这自然令读者们难以满意。周全平谈到《少年维特之烦恼》增订本时，强调叶灵凤"自告奋勇，化（花）了许多时间，定了一个精美的格式"，同时谈及了价格问题，"有人要疑惑，装订既精美，定价一定不廉，那依然是无益于读者。可是，在此我要郑重地向读者说：我自从出入了几次印刷所以后，才知道市上卖得很贵的书的成本原是很轻的。贵的原因不是版税重而是出版家的欲望大。现在我们不想开书店发财，我们只想定一个不亏本的价目"。[1] 然而，到底《少年维特之烦恼》应该定一个怎样的价目，周全平终究没有明白地说出来，而是含混过去了。郑鹤翔质疑说："我想贵社开口总大谈受书贾的压逼，如此不成其第二的书贾吗？"[2] 书的售价贵了将近一半，价格高昂的主要原因，便是增加的几幅精美的插图，尤其是"写真铜图"。对于一般的读者来说，精美的插图并不是必需的内容，校勘本就是出版者应负的责任，创造社出版部被质疑为"第二的书贾"，并非无因。然而，从另一方面来说，正是因为创造社出版部的增订本在装订精美上努力，高昂起来的定价更多地落在了图书装帧带来的附加值上，因此并

---

① 周全平：《卷末》，《洪水》半月刊 1926 年 2 月 5 日第 1 卷第 10、11 期合刊号。

② 郑鹤翔：《致周全平》，《洪水》半月刊 1926 年 5 月 1 日第 2 卷第 16 期。

不能对泰东图书局的旧版《少年维特之烦恼》带来真正的冲击。双方各自推出的两种装订形式，反而使得《少年维特之烦恼》能够满足更多层次的读者们的需求，相互争夺读者市场的同时，在某种程度上却也构成了某种互补。

很长一段时间内，郭沫若译《少年维特之烦恼》泰东版和创造社出版部版并行出版，各自发售，销售业绩都很不错。1926年5月，《少年维特之烦恼》创造社出版部增订本付印，首印2000册；1928年5月20日出至第6版，印数为7001—9000册。也就是说，在泰东版畅销的情况下，创造社出版部版本也取得了两年近万册的销售业绩。以1927年和1928年为例，按照创造社出版部和泰东图书局的再版情况计算，两家每年所销《少年维特之烦恼》应在万册以上。对于泰东图书局来说，《少年维特之烦恼》这样的畅销书带来的是不菲的纯利润，自然乐意"用了旧版子"，印了又印。其实，在创造社出版部版本的冲击下，赵南公也并非对泰东版全无改进，1927年乙种第9版就注明了是"重排订正版"，郭沫若一直要求的工作，此时才终于在泰东图书局内得到实现。这也说明了一个问题，不同的出版机关之间的适当的竞争，有利于出版质量的提升。

赵南公之所以成为了不起的出版家，不在于他从出版活动中赚到了多少钱，而是他"趋新"的出版给20世纪中国出版界带来了许多新的可能。以文学翻译为例，现在的论著谈及创造社和文学研究会的翻译事业时，一般都是将其分别视为浪漫主义与现实主义译介的代表。对于创造社浪漫主义与现实主义的问题，已经有很多学者强调需要辩证看待，不宜采取一刀切的态度。若是从出版者的角度看创造社和文学研究会这两大文学社团翻译事业之间的差异，一些先前被忽略的因素就突显出来。商务印书馆实力强大，著译方面往往讲求系统性，有能力完成一些较困难的出版选题；泰东图书局相对弱小，没有能力组织完整的作者队伍，干脆将编辑权力完全下放，任凭郭沫若等人自由斟酌出版选题。依托商务印书馆的茅盾和郑振铎反复强调翻译的系统性，与泰东图书局合作的郭沫若则注重个人的翻译兴趣。系统的译介有利于完整地借鉴学习外来文化与文学，但注重个人兴趣的翻译更有特色。强调译介的系统性，自然对商务印书馆那样的大出版社有利；强调个人兴趣基础上的译介，则与灵活的小书局的利益更相符合。因此，郭沫若和茅盾、郑振铎在 1921 年进行的翻译"经济性"问题的对话，既是不同译者主体思想的碰撞，也可以视为不同出版思路和出版利益之间的冲突。

五、点亮《红烛》出《浅草》

泰东图书局成功推出了"创造"系列刊物与丛书后，在社会上产生了巨大的反响。对泰东图书局来说，直接的影响有三个。第一，泰东图书局成了新文学出版领域里的明星，泰东图书局为出版界和新文坛提供了扶持未成名作家的成功案例，张谦谈到高长虹时说："承印《狂飙》周刊的书局老板，看见这伙人劲头很足，《狂飙》周刊的销路也好，很有发展前途，便鼓励高长虹说：'你们好好搞下去，将来也能搞到郭沫若他们那个样子'。"[1] 书局老板开始以赵南公为榜样，

---

[1] 张谦：《谈〈狂飙社〉成员高长虹》，《高长虹研究文选》，北岳文艺出版社 1991 年版，第 293 页。

作家则以郭沫若等为榜样，赵南公成了诸多新文学作家尤其是没有名气的新生作家们向往的理想的合作对象，这有利于泰东图书局吸纳更多更好的作者与稿源。这是好的影响。第二，泰东图书局的名气越来越大，出版的书刊备受广大读者们的欢迎。1924 年 1 月 11 日，邓恩铭在写给邓中夏的信中说："据兄来信，你们仅能代办书籍，不能筹款。但必先有书而后能开市，所以请你向民智、泰东——书局交涉寄书来。"① 信中明确提到泰东图书局，除了赵南公比较好说话之外，更关键的原因应该是受到泰东图书局出版物的吸引。第三，泰东图书局推出的创造社作家成了文坛上炙手可热的新人，郭沫若、张资平等逐渐引起了商务印书馆等大书店的注意。"势力一雄厚，就看见大商店如商务印书馆，也有创造社员的译著的出版。"② 大书店挖人拉稿，泰东图书局对此无可奈何毫无办法，这是不好的影响。

与创造社合作之前，泰东图书局主要以经济政治类出版闻名，许多此类图书谋求出版时往往也会找赵南公。1921 年 9 月 16 日，赵南公在日记中写道："戴时熙寄来国民经济学史稿，询予要否，予言可要，答复戴君全书译好可寄来。"随着赵南公与郭沫若等人的合作逐渐走上轨道，泰东图书局的出版发行事业吸引来了一批文学新人，主要代表有出身清华的闻一多和梁实秋，以及浅草社里的一帮青年作家。

闻一多的第一部诗集《红烛》，紧随《女神》的步伐，由泰东图

---

① 邓恩铭：《邓恩铭致邓中夏信》，《青岛党史资料》第 1 辑，青岛市出版局 1987 年版，第 40 页。

② 鲁迅《上海文艺之一瞥》，《鲁迅全集》第 4 卷，人民文学出版社 2005 年版，第 303 页。

书局出版问世。在"五四"新文化运动期间，闻一多是清华学校各项学生活动里的积极分子。1921 年 6 月，闻一多参加"同情罢考"，声援李大钊、马叙伦等领导的北京八校教师的罢教索薪斗争，闻一多等29 名同学因此被清华学校勒令开除。宁愿留级都不愿出卖原则的闻一多，不久后读到了泰东图书局出版的《女神》，郭沫若诗篇中对旧社会旧制度的诅咒，对自我新生的期盼，都让闻一多产生了深刻的共鸣。在《〈女神〉之时代精神》一文中，闻一多开篇从"动的世纪"、"反抗的世纪"肯定了郭沫若新诗蕴含的时代精神。"现在的中国青年——'五四'后之中国青年，他们的烦恼悲哀真像火一样烧着，潮一样涌着，他们觉得这'冷酷如铁'，'黑暗如漆'，'腥秽如血'的宇宙真一秒钟也羁留不得了。"[①] 闻一多对郭沫若《女神》的上述评价，道出的也正是闻一多自己的心声。

闻一多自言："我生平服膺《女神》几乎五体投地，这种观念，实受郭君人格之影响最大。"[②]《红烛》也被视为与郭沫若的《女神》接近的诗集。"从总的情调看，《红烛》与五四时代精神是合拍的，表现为一种积极的浪漫主义倾向，在当时的诗坛上，是多少有些接近《女神》的一本新诗集。"[③] 尽管如此，闻一多最初却并没有想要将自己的《红烛》交给泰东图书局出版。小心地剥离《女神》带给闻一多的影响，寻觅闻一多将《红烛》交给泰东图书局出版的详细过程，就会发现，《红烛》最终由泰东图书局点亮，很大程度上应该是一个意外，是闻

---

① 闻一多：《〈女神〉之时代精神》，《创造周报》1923 年第 4 期。

② 闻一多：《致顾毓琇》，《闻一多全集》第 12 卷，湖北人民出版社 1993 年版，第41 页。

③ 蓝棣之：《闻一多诗全编·前言》，浙江文艺出版社 1995 年版，第 10 页。

一多不得已情况下做出的选择。闻一多的《红烛》，给泰东图书局出版发行事业的研究提供了一个很好的案例，即原本不想在泰东图书局出版的著作，最终是如何找到泰东，而泰东为什么接受了书稿并将其出版？

1922 年 3 月 28 日，在写给闻家骃的信中，闻一多提到了《红烛》："我的《红烛》（我的诗集）已满四五十首，计到暑假当可得六十首。同学多劝我付印问世者，我亦甚有此意。现拟于出洋之前将全稿托梁君治华（梁实秋）编订，托时君昭瀛经理印刷。我于此道亦稍有把握，不致太落人后。"[①] 闻一多在信中特意解释《红烛》是自己的诗集，且表示已经在委托朋友筹备《红烛》出版事宜，却丝毫没有提及要在出版方面追随《女神》的脚步。

1922 年 5 月 7 日，闻一多在给闻家骃的信中说："我前已告诉你我想将我的《红烛》付印了。但是后来我想想很不好，因为从前我太没有预备。什么杂志报章上从没未见过我的名字，忽然出这一本诗，不见得有许多人注意。"[②] 6 月 19 日在给梁实秋的信中说："归来已缮毕《红烛》。"[③] 在《红烛》的编辑出版方面，闻一多颇多游移，出版一再延迟。7 月，闻一多赴美留学，就读于芝加哥美术学院。他在 10 月 10 日写给吴景超、梁实秋的信中，曾谈起文学社的印刷物出单行本及经济资助问题，提出《红烛》可以请朋友私人帮忙鉴定，却不愿意给大

---

① 闻一多:《致闻家骃》,《闻一多全集》第 12 卷，湖北人民出版社 1993 年版，第 27 页。

② 闻一多:《致闻家骃》,《闻一多全集》第 12 卷，湖北人民出版社 1993 年版，第 33 页。

③ 闻一多:《致梁实秋》,《闻一多全集》第 12 卷，湖北人民出版社 1993 年版，第 36 页。

会当议案似的讨论通过。他随后在给家人的信中提出自费出版《红烛》，"大概照寻常的诗集底格式印起来总须百元"，"不知兄处或二哥处能否暂凑半数，期于年内出版？"① 忙碌的结果，是闻一多的家人并不能筹出足够多的款项，文学社也"不负经济责任"，闻一多转而委托梁实秋等代为"打听书局到底印费要多少"，以便"预备筹款"，至于"纸张字体"则都要按照"《女神》底样子"。② 按照《女神》的样子出版并不意味着就是想要在泰东图书局出版。《女神》初版本的印刷装帧都不甚理想，闻一多仿照《女神》的想法应该是出于节省印费的考虑，而非仰慕《女神》的"纸张字体"。闻一多在给梁实秋的信中就说过："因为经济的关系，所以我从前想加插画的奢望，也成泡影了。封面上我也打算不用图画。这却不全因经济的关系。"虽然经济不宽裕，但闻一多终究还是不甘心用《女神》的纸张字体，所以又说："书内纸张照《雪朝》、《未来之花园》底样子。封面底纸张也应厚如《雪朝》的；颜色不论，只要深不要浅，要暗不要鲜就行了。"③

直到 12 月 2 日，闻一多才真正放弃了自行出版《红烛》的想法。"请驷弟转托十哥到亚东或泰东图书局，打听在他们那里印新诗有些什么办法。问他们能否同著者分任印费，或替著者完全担任印著（费），将来的收入少分几层给著者。如到亚东就问《草儿》、《冬夜》、《蕙的风》是什么办法；到泰东就问《女神》是什么办法。当然去调查

① 闻一多：《致闻家骤、闻家驷》，《闻一多全集》第 12 卷，湖北人民出版社 1993 年版，第 100 页。

② 闻一多：《致吴景超、梁实秋》，《闻一多全集》第 12 卷，湖北人民出版社 1993 年版，第 110 页。

③ 闻一多：《致梁实秋》，《闻一多全集》第 12 卷，湖北人民出版社 1993 年版，第 125 页。

时，须告诉他们我的历史。"① 但这也只是限于问问而已，即便是收到了郭沫若的信件，欣喜若狂的闻一多还是在给梁实秋的信中说："诗集最好由商务或中华承印，恐别家无仿宋体字模也。"② 然而，最终的结果却是："实秋来函称诗稿将寄与泰东承印，版权归他们，可以得到一点稿费，也到底不知多少。成仿吾（《创造》底编辑）并允代为帮忙。稿费底事，在我们本不好太执著，还价是讲不到的，只好随便一点，落得出版以后，销行可望广一点。初出头的作家本来是要受点委屈的。"③ 1923 年 9 月，《红烛》由泰东图书局初版发行。有意思的是，《红烛》的定价正如闻一多所预想的，实售大洋六角。然而，在 1923 年 11 月 9 日出版的《清华周刊》第 293 期上，《清华著作介绍》第 4 种就是闻一多的《红烛》："闻一多君创作集，泰东图书局出版，价四角。闻君的新诗在中国新文坛上所占的地位，已早有定评。此集出版后，外间销行甚畅，清华同学不可不人手一编。"这也算是闻一多的新书广告，话自然要说得漂亮些，但是书的定价少说了两角，却不知是什么道理。

对于闻一多等文艺追梦青年们来说，为了保持自己理想的纯洁，不受书贾的影响，最好的办法就是自费出版。诗集向来出版困难，高长虹说："诗歌与剧本，因为销路不及小说，被大半的书局拒绝印行了。这好像是一种新闻。其实只是出版界稍微发达了一些，便什么都被表示得显明了一些。书局固然太走极端，然而诗歌与剧本之不如小

---

① 闻一多：《致父母信》，《闻一多全集》第 12 卷，湖北人民出版社 1993 年版，第 120 页。

② 闻一多：《致梁实秋》，《闻一多全集》第 12 卷，湖北人民出版社 1993 年版，第 129 页。

③ 闻一多：《致家人》，《闻一多全集》第 12 卷，湖北人民出版社 1993 年版，第 157 页。

说好卖，实是向来如此。只要拿楚辞、西厢，与水浒、红楼销行的数目一比较，也就可以知道了。"① 闻一多成名后，得意门生臧克家的诗集《烙印》也是闻一多掏钱自费印刷出版的。在这种出版形势下，《红烛》能够被泰东图书局接受且能得到80元稿费，应是郭沫若奔走撮合的结果。郭沫若追悼闻一多时说："他虽然和创造社发生过关系，他的诗集《红烛》是由我介绍给泰东书局出版，但他从不曾有过左倾的嫌疑。"②

朱谦之的《革命哲学》找到泰东图书局寻求出版时，被郭沫若列为了"创造社丛书"第2种，闻一多的《红烛》与《女神》颇多相近之处，更合适列入"创造社丛书"，但实际却没有。郭沫若和赵南公显然没有利用出版问题强硬要求将《红烛》列入"创造社丛书"，显示了出版者较为宽广的胸怀。在出版预告上，《红烛》被列为"清华文学会丛书"第3种。"清华文学会丛书"第1种是《冬夜与草儿评论》，第2种是《文艺汇刊》。闻一多在给梁实秋的信中曾经声明出版时不必"加上一个文学社的招牌"，"我们的'艺术为艺术'底主张，何尝能代表文学社全体呢？我们那些由此种主张而产（生）出的作品，又何尝能代表文学社全体呢？（《红烛》底一大半是先文学社而诞生的）我们文学社是以兴趣结合的团体，不是以主张结合的团体。"③ 作者的想法显然没有得到贯彻，《红烛》最终还是加上了一个文学社的招牌。《冬夜与草儿评论》与《文艺汇刊》都不是泰东图书局的出版物，但

---

① 高长虹：《每日评论·诗歌与剧本》，《长虹周刊》1928年第8期。

② 郭沫若：《悼闻一多》，《郭沫若全集》文学编第20卷，人民文学出版社1992年版，第115页。

③ 闻一多：《致吴景超、梁实秋》，《闻一多全集》第12卷，湖北人民出版社1993年版，第95页。

是赵南公仍然愿意用《创造》季刊整整一个页面的篇幅为"清华文学会丛书"的三种图书打广告，可见对于这套丛书还是有所期待的。在新月社还没有影子的时候，赵南公对于闻一多和梁实秋这两位新月社的大将，就愿意给他们提供出版的机会，给他们的著作打出大幅的广告，这也是赵南公在发掘郭沫若等创造社同人之后又一次非常精明的投资。可惜的是赵南公和创造社都没有能够将他们真正地团结到自己身边。

在出版发行方面，赵南公比较青睐文学界的新生力量。在当时的出版界，规模相当的书局中，泰东图书局出版发行文坛新人书刊的数量最多。一方面是广种薄收，另一方面也是借以显示自身实力，或者说是给人以很有实力的感觉。对于书局自身的发展来说，赵南公就是在押宝未来，希冀以此在出版界博得一席之地。在客观上，赵南公的出版行为切实地帮助了无数有理想无金钱的文学青年，有益于促进新文学事业的发展与繁荣。

泰东图书局是创造社的"摇篮"，闻一多、梁实秋与浅草社里的成员都仰慕郭沫若，却对泰东图书局不感兴趣。虽然他们的刊物著作都在泰东图书局出版过，却无一不是在其他路径走不通的时候才选择与赵南公合作。《浅草》季刊第 1 期（1923 年 3 月）和第 2 期（1923 年 7 月）是自费出版。陈炜谟回忆说："起初我们困于钱，费了无数的苦心，才凑足两期季刊的印款。后来我们困于力，我们人本不多，而又散处多地，或以事迁，或以课忙，哪能有多量的创作？现在上海方面的社友，多已回家，较前愈少了。"[1] 没有一定的经济支撑，没有

---

[1]　陈炜谟：《给编者》，《文艺周刊》1924 年第 41 期。

良好的出版发行渠道，想要实现文学上的梦想并不容易。这个青年团体的文学倾向"跟创造社很相近，可以说是创造社的一支友军"。[①] 这支友军最初的时候就像闻一多一样，想要靠自身的努力开辟一条新路，但是在挣扎了一阵子之后，还是将出版发行交给了泰东图书局。《浅草》第 1 卷第 3 期改由泰东图书局发行，"我们的季刊，因社员过少，于印刷发行不能兼顾；已交泰东书局印刷代发行"。[②] 此期出版后，负责编辑工作的陈炜谟就将《浅草》第 1 卷第 4 期的稿件交给了泰东图书局。[③] 从 1923 年 12 月交稿，到 1924 年 7 月付印，到 1925 年 2 月出版，这是一个很漫长的时间。在这个漫长的时间里，创造社的刊物在泰东图书局也已经纷纷停止出版。

点亮《红烛》接手《浅草》的泰东图书局，一度显示出狂飙突进的态势，令整个现代出版界为之侧目。在创造社同人努力的同时，赵南公也在努力探寻新的出版选题，如编选《人生观之论战》，出版支伟成标点注释的诸子系列著作（《老子道德经》、《晏子春秋》、《扬子法言》等），以及钟健闳译 Gowin 著《首领论》、陶乐勤标点的《曾国藩日记》、景梅九等翻译的泰戈尔著作等。短时间内，泰东图书局的出版事业显得辉煌无比，但是赵南公没有能够借助这一大好局势突破自身的局限，改革书局内部的人事制度、薪酬分配等。精明的赵南公不能为泰东图书局的事务制定出明确办法的原因，除了商会活动分散了赵南公的精力外，与李根源等背后的股东是否也有关系？像支伟成等人的著作，能够在泰东图书局出版，背后皆有李根源活动的影

---

① 郑伯奇：《二十年代的一面》，《沙上足迹》，黑龙江人民出版社 1999 年版，第 187 页。

② 《本社消息》，《文艺旬刊》1923 年第 11 期。

③ 陈炜谟：《编辑缀话》，《浅草》季刊 1925 年第 1 卷第 4 期。

子。赵南公只是泰东图书局经理，与政学系诸多股东之间的关系也是没有一个明确的说法。在赵南公不能也无法理清泰东图书局内部股份收益等问题的时候，自然也就给不了郭沫若等人明确的说法，所谓送郭沫若股份之说自然也只能是空谈。赵南公想要重建理想的新泰东，却没有能够将自己的理想坚持到底，随着郭沫若等创造社同人的离去，泰东图书局的出版发行事业渐渐显示出衰落的迹象，如张静庐所说："书店的营业，同别的行业有些异样，书店是没有'老牌'和'新牌'之分，老实说，不进就是退。任你有几十年的历史，任你历史有过光辉灿烂的史绩，不继续跟着时代的轮子前进，就会被时代所淘汰，被读者所遗忘。"①

六、筹建新书业公会

筹建新书业公会的最初倡议者不是赵南公，但是赵南公的威望和办事能力，使他在筹建的过程中逐渐成了核心人物。新书业公会的筹建，自然针对的是旧/老书业公会。当时，上海书业公会把持在商务印书馆等大书店手中，泰东图书局、光华书局等小书店筹建新书业公会，就是想要撇开实力庞大的大书局，谋求自身的发展空间和话语权。

1886年，上海书业崇德堂公所成立。1905年10月，叶九如等成立上海书业公所；12月，俞仲还、夏松莱等成立上海书业商会。1914

---

① 张静庐：《在出版界二十年》，江苏教育出版社2005年版，第98页。

年 11 月，书业公所在新北门举行新董就职大会，总董为高凤池。上海书业公会在争取出版者权益，以及与外国交涉版权等问题上，都曾发挥过重要作用。1915 年，北洋政府颁布《著作权法》，规定翻印仿制他人著作罚款五十至五百元。由于上海书业大都处于租界，书刊印刷发售华洋地界杂糅，加以行会传统的制约等诸多原因，书店之间存在出版纠纷时，一般都会先找书业公会，而不是直接诉诸法律。

书业公会拟定的宗旨是："联合同业、厘定规则、杜绝翻印、稽查违禁之私版、评解同业之纠葛"，要求同业出版的书籍需要"报明公所，登册待查"，"登册"就意味着公会承认其版权，在这种情况下，"有版权者倘被翻印，公同议罚；即未有版权，若已经同行公认者亦不得翻印，如有违背凭公议罚"。① 书业商会还制定了专门的《版权章程》，对于在商会内注册书籍，一旦发现被翻印，商会将全力进行干涉。

1921 年 7 月，赵南公发现广文书局出版的《新文选》、《新演讲集》等书选录了泰东图书局出版物文章，于是找到书业公所和书业商会，递交了侵害版权的书籍样本，以及申请处理的函件。8 月 19 日，赵南公在日记中写道："三时半，到书业公所，正副会长均未到。予询对广文翻印泰东书籍，予已送来公函及书，想大家已看过，究竟对此有何意见？若谓广文世界等店均不服于公所。当将信及书送会长定夺。盖会长为高凤池，商务书馆总理。予言送公所，亦系会长之故。设彼不主决者。予将以公所允许翻印而进行翻印也。"24 日，赵南公在日记中记叙了和朋友的谈话："谈及书业，彼对世界广文新华大东

---

① 《上海市书业公所初次制定章程》，上海市档案馆藏，S313-1-1-1。

等书店亦深致不满，促予联合同业，一面以法律裁制，一面以公理裁制。"赵南公则告诉对方书业竞争激烈，不正当的事情多有，"予敢言上海除泰东外实无出版家，真真可怜，彼等全是一丘之貉。任你法律公理均无用处。同行现不能联合，而社会一般复皆盲目。予于前两年曾为改造公所之运动，乃应者寥寥，遂而终止，实无可如何也"。赵南公的这段日记，颇有自高自夸之意，对出版界同行的批评也是事出有因。陆费逵谈到当时两大重量级书局间的竞争时感慨地说："彼言我不可恃，我言彼危险；彼言我定价昂，我言彼有外股。盖彼此为自卫而竞争，究其极非彼此两伤两亡不已。"[①] 从赵南公日记可知，早在1919 年左右，他就有意发起书业公所的改造运动，想要改变出版界的一些不良现象。联系 1918 年北洋政府颁布的《工商同业公会规则》，可知赵南公要改造书业公所的想法，与那时期政府想要规范同业组织的努力相一致，两者的出发点和归宿虽然不同，却都因为时机不对，应者寥寥，无疾而终。

1921 年 8 月 30 日，赵南公、高凤池、王锡华、赵廉臣等聚谈泰东图书局图书被翻印事。赵南公先叙述了事情的经过，并表示公开起诉只是送钱给外国人（公共租界管理者），不如以登"告白"的形式解决。王锡华不同意，认为社会不良，登"告白"反而为对方做广告。在询问了赵南公被翻印的各书是否注册后，决定"一面注册一面预备起诉，其手续及律师均由该馆办理。一面仍在外扬言登报宣布，一面仍由公所出面调停"。赵南公在当天日记中写道："予初意本不愿如是办理，但沈子芳太不知进退，如能以正当理由及法律，或将封闭

---

① 钱炳寰编：《中华书局大事纪要》，中华书局 2002 年版，第 12 页。

其世界书局，而治沈以罪。"赵南公虽然很不满意书业公所，但这次书业公所坚定地站在了赵南公一边，颇有借机报复沈子芳的意味。最后，沈子芳并未被治罪，世界书局也安然无恙。明确被处罚的是广文书局，盖因广文书局得罪的不仅仅是泰东图书局，还有真正掌握书业公所实权的商务印书馆，算是犯了众怒。书业公所裁定：广文书局出版的新小说108部、新文选114部、新演讲85部所选录的泰东图书局、商务印书馆和亚东图书馆文章全部抽掉，纸型送到书业公所予以销毁。

1927年，蒋介石插手上海总商会改选，随后，上海书业商会也奉国民党政府的命令进行了改选，张叔良、陈协恭、丁云亭被选为常务委员，会所在西藏路平乐里（原书业商会地址在山东路九江路南首），商会名称改为上海特别市商民协会书业分会。上海各业商会改组商民协会时，张静庐向上海市党部的陈德征提出，划分"新书业和旧书业成为二个团体"，分别组织，"训导成为坚固的集团"。[①] 张静庐的意见未被采纳。因不满意于国民党政府操控下的书业商会，张静庐、赵南公、李志云、汪孟邹、章锡琛等人于1928年11月多次召开新书业公会筹备会。赵南公要改造旧的书业公所的想法，在1928年终于获得了足够的支持，有了实现的可能性。12月5日成立了新书业公会。12月6日，上海《申报》上刊登《新书业公会昨开成立会》的消息："本会设立宗旨，为指导出版事业之发展，更谋图书出版事业之改进，谋新出版业者之共同利益。"这次新书业公会最初的发起者是光华书局，第一次筹备会也是在光华书局召开的。张静庐等人发

---

① 张静庐：《在出版界二十年》，江苏教育出版社2005年版，第138页。

起新书业公会的目的，除了不满意于国民党政府的操控外，也意图反抗大书商对市场的操控。新书业公会发起筹备之初，商务印书馆和中华书局是被排斥在外的，但是随着新书业公会筹建日渐成熟，商务印书馆的人也主动赶来参加。

新书业公会向上海市社会局申请备案，结果被拒，理由是一个行业不能有两个同业公会。新书业公会虽然没有能够获得合法地位，却还是开展了一些有意义的活动，前后召集过三十多次会议，李志云、赵南公等轮流担任会议主席，在版权问题、书籍审查等方面都采取过共同行动。此外，还以新书业公会的名义刊登广告。1929 年 1 月 1日，《申报》刊登了上海新书业公会会员联名恭贺新年的广告，并在接下来的一段时间里连续刊登"上海新书业公会新书介绍"的广告。1929 年 8 月 3 日，赵南公领衔在《申报》刊登《上海新书业公会启事》，声称新书业公会成员皆奉公守法，驳斥了反动团体对新书业公会成员的种种诬蔑。落款署名，泰东图书局列在第一位。在新文化出版界，赵南公向来都是热心进步文化事业与公共事务的出版家，从不落人后。

第五章

赵南公的书局管理

　　凡是曾经在泰东图书局待过的，对于泰东图书局内部的管理，无不摇头叹息。

　　郑伯奇将赵南公对泰东图书局的管理方式称之为"江湖式的办法"。何谓"江湖式的办法"？这是一个可以意会却难以精确阐释的说法。范仲淹《岳阳楼记》中的千古名句："居庙堂之高则忧其民，处江湖之远则忧其君。"江湖与庙堂相对。金庸的小说，描写武林江湖，这个江湖，就有一套与庙堂不同的行为方式。一旦某个江湖高手被朝廷招安，其行事就不再按照江湖规矩。一般来说，所谓"江湖式的办法"指的就是与庙堂不同的一套行为规范。有庙堂就有江湖，而有江湖的地方，就会有"江湖式的办法"。对于江湖人来说，采用"江湖式的办法"，乃是理所当然的事情，自然有其存在的合理性。

郑伯奇谈到赵南公"江湖式的办法"，指的主要是没有明确说法的合作方式。"创造社和书店的关系好像没有正式谈过，刊物编辑和书店的关系也不明确。"① 张静庐回忆说："既不讲定版权问题，又不规定每天的工作时间，很自由地跑进跑出，也有尽一两个月不必做一篇文章的。"② 没有明确的聘任关系，双方的权责一概模糊不清，一旦出现纠纷，谁都没有办法保障自身的权益，这是"江湖式的办法"比较糟糕的地方。但是闯江湖的时候，聚在一起的朋友相互看重的是情义，而不是利益。郭沫若回忆与赵南公的合作时说："他以类似友情的主奴关系来羁縻着我们。"③ 郭沫若从阶级论出发剖析创造社同人与泰东图书局合作关系时，也不能不承认自己和赵南公之间存在"友情"。"友情"或者说江湖义气，是"江湖"存在的根基。只有从权益和情义两个角度入手，才能完整地把握和评价赵南公"江湖式的办法"。

赵南公以"江湖式的办法"管理泰东图书局，与赵南公重义气的性情大有关系，也与泰东图书局的资本构成有关。1921 年 8 月 19 日，赵南公在日记中写道："尘因来，言其亲戚某君欲将田产发卖，约得五千元，携眷来申，每月只得百元生息即可。予言此甚容易，愿入泰东，每年分息，可得四百元，彼做一部分事，每月可得卅元，年终红利至少五百元。"赵南公还给杨尘因提供了一条建议，即可以让其亲

① 郑伯奇：《忆创造社》，《沙上足迹》，黑龙江人民出版社 1999 年版，第 19 页。

② 张静庐：《在出版界二十年》，江苏教育出版社 2005 年版，第 65 页。

③ 郭沫若：《创造十年》，《郭沫若全集》文学编第 12 卷，人民文学出版社 1992 年版，第 151 页。

戚自己成立一个出版机关，杨尘因做总编辑。杨尘因和其亲戚选择的是加入泰东图书局。杨尘因的亲戚带着资产加入泰东之后，做不了编辑，也不会做低等的杂役，所能做的只能是些清闲的事情。有这样的股东兼员工，能力有限又不能不用，这也是造成泰东图书局管理的江湖化的一个原因。

从整体上来说，重义气的赵南公对书局职员并不怎么慷慨，这主要是因为赵南公的书局管理带有家庭化色彩，而家庭化的色彩主要表现在以下三个方面：

首先，职员学徒化。温梓川谈到泰东图书局时说："不支付固定的薪水，只供膳宿，住的又是马霍路一所破烂的房子做的编辑部和货栈。据易君左说，没有帽子就由南公带到帽店临时买一顶，没有衬衫就由南公带到衣店临时买一件穿，习以为常。"①易君左在日本留学时，与田汉、郁达夫、曾琦等一起创办华瀛通讯社，相互间关系很好。易君左在泰东图书局任职时间，也正是郁达夫、郭沫若等创造社同人与赵南公合作的时候。易君左感受到的旧式学徒式的待遇，郭沫若等人也都有过。

其次，赵南公的家人参与了泰东图书局的一些事务，如赵南公的长子赵效良。赵效良究竟在何等程度上参与了泰东图书局的事务，相关的材料不多，难以具体判断，但就现有材料而言，可知他做的较多的似乎是一些杂事，比如跑腿接送和代为付账等。郭沫若回忆说："半淞园的方向，在我初到上海的人，自然不知道，是赵南公的儿子送我到西门，由西门改换中国电车坐到了那儿的园门口。在那儿遇着

①　[马来西亚]温梓川：《新书业与作家》，《文人的另一面——民国风景之一种》，广西师范大学出版社 2004 年版，第 344 页。

了振铎、沈雁冰，和编辑着《时事新报》的《青光》栏的柯一岑。"①1923年夏，路过上海的梁实秋到泰东图书局拜访郭沫若，"在他住房勾留片刻，不觉至午，他坚留午饭。只见一巨钵辣椒炒黄豆芽由其日籍夫人安娜捧置桌上，我们四人聚食，食无兼味。约于晚间到会宾楼饮宴，由泰东书局经理赵南公的公子陪往付账。"②通过梁实秋的记载，可知赵南公不仅为郭沫若一家租了住处，就连郭沫若请客吃饭的费用也是他代付。当然，宴请梁实秋应算是公务需要，因为梁实秋在上海逗留期间为《创造周报》写了一篇《苦雨凄风》。但是，在公务支出方面，赵南公采取的不是报销制度，而是派儿子跟随付账。关于赵南公派儿子付账问题，梁实秋另一篇文章中的记叙稍有不同。"当天晚上以宴我为名到四马路会宾楼狂吃豪饮，宾主尽醉，照例的由泰东书局的老板赵南公付账。"③此处的"由泰东书局的老板赵南公付账"可以理解为由赵南公亲自付账，也可以理解为由赵南公负责（赵南公的儿子代为付账）。梁实秋在《谈徐志摩》中叙及郭沫若等人时语带嘲讽，行文远不如《旧笺拾零》平和，窃以为《旧笺拾零》中的叙述更为切实可信，付账者当为赵南公的儿子。

最后，书局工作与家庭生活不分。泰东图书局编辑所，也是赵南公招待前来投奔的亲戚们的住宿场所，而赵南公的一些亲戚也被安排在书局里做事，吃住与其他书局职员混杂。家庭江湖化，容易见出人的义气；江湖家庭化，往往会让曾经的友朋寒心。如果将泰东图书局

---

① 郭沫若：《创造十年》，《郭沫若全集》文学编第 12 卷，人民文学出版社 1992 年版，第 98 页。

② 梁实秋：《旧笺拾零》，《梁实秋文集》第 3 卷，鹭江出版社 2002 年版，第 502 页。

③ 梁实秋：《谈徐志摩》，《梁实秋散文》一，中国广播电视出版社 1989 年版，第 177 页。

视为一个小小的江湖，赵南公就有将这个江湖家庭化的趋势，借用郭沫若的话来说便是，渐渐成了"宋朝的江山"，因为"宋代帝王姓赵，泰东图书局老板也姓赵，故戏云。"[①]"戏云"多少含有不以为然之意。

一、没有明确说法的合作

1916 年 8 月，北京大学预科毕业的茅盾进入上海商务印书馆编译所工作。他最初在英文部担任小职员，月薪 24 元。仅仅一个月后，茅盾就因指出了商务印书馆出版的《辞源》中的错误而得到高层赏识，调入编译所国文部担任译书工作。1917 年 1 月，茅盾因工作出色得到破例加薪，月薪 30 元。按照商务印书馆章程，月薪每年递增 10 元，至 1920 年，茅盾月薪已达 60 元。1921 年 1 月，《小说月报》全面革新，茅盾担任主编，月薪涨到 100 元。[②]在商务印书馆内，茅盾的加薪速度只能算是一般职员中的特例。但是茅盾月薪的每一次变化，皆有章可循。商务印书馆按照职工的才华、贡献与工龄等，制定了一套完整的较为科学的员工晋升制度。

商务印书馆在各个方面都给现代出版业提供了可资借鉴的模板。但是，商务印书馆经营管理模式，需要有雄厚的经济实力为基础。对于经常要靠借债才能维持运转的泰东图书局来说，生存才是第一要义，科学的职工晋升制度属于奢侈品。作为一个小书局，泰

① 郭沫若：《创造十年》，《郭沫若全集》文学编第 12 卷，人民文学出版社 1992 年版，第 94 页。

② 茅盾：《我走过的道路》上，人民文学出版社 1981 年版，第 106—172 页。

东图书局实力比较弱小，经济困窘，起步艰难，请不起名家付不起高稿酬，签不起长期合同给不了高工资，在这种情况下只能以江湖义气聚拢人，以远大的目标共同的理想招揽人。说白了就是，所用之人要尽可能地有才，所需要的费用要尽可能地少。赵南公也羡慕人才济济的商务印书馆，向往那种科学的用人制度，只是囿于自身的条件没法学。想要招徕杰出人才，就需要另辟蹊径，在商务印书馆等大书局照顾不到的地方捡漏。换句话说，就是泰东图书局给不了商务印书馆所能提供的那些优渥的待遇，只能给人才以商务印书馆给不了的一些东西，即快速上位的机会和无束缚地施展才华的舞台。

对于未成名的天才来说，首先考虑的不是合同、报酬，也不是稳定合理的人事晋升机制，而是能有充分展示自身才华的舞台和机会。宗白华给郭沫若的信中说："《学灯》得了你的诗，很增了许多色彩，报馆里拿一点极鄙俗的物质，报酬你的极高贵的精神，本嫌唐突，但究竟是个小问题，无关紧要。"[1] 话说得很婉转，唯恐唐突了对方。郭沫若回信表示不接受："你前函说报馆要与我汇墨洋若干来，不知道是甚么名义。是给我的报酬么？我寄上的东西，没一件可有当受报酬的价值的。我的本心也原莫有想受报酬的意志。白华兄！你若爱我时，你若不鄙我这恶精罪髓时，我望你替我把成议取消，免使我多觉惭愧罢！"[2] 不接受并不意味着不需要。钱潮回忆郭沫若此时的生

---

① 宗白华：《宗白华致郭沫若》，《郭沫若全集》文学编第15卷，人民文学出版社1990年版，第71页。

② 郭沫若：《郭沫若致宗白华》，《郭沫若全集》文学编第15卷，人民文学出版社1990年版，第54页。

活说:"一个月官费生发给43块银元,在他是很拮据的。"① 郭和生回忆说:"我们在福冈时的生活是清贫的。父亲正在大学的医学部读书,我们全家都是靠父亲的助学金过活。学医的学生需要德文的医书。书价异常昂贵,母亲就尽量撙节开支。我记得经常是拿五分钱去买烧红薯……"② 田汉到郭沫若家做客,郭沫若在给宗白华的信中说:"我们吃的菜,只是些白水煮豆腐,萝芙打清汤。"这个说法有些夸张,虽然长长的信中没有几处叙及饮食,但田汉到后第一天吃的是郭沫若烧坏了的两片"焦牛肉"。后来,两人乘坐火车去太宰府游玩,火车经停小车驿,等到火车再次启动时,郭沫若手中的车票不小心飞出窗外,郭沫若自叙当时"不及思索,便也从窗眼中飞了出去"。事后,田汉埋怨郭沫若"太不注意,为了五角钱,何苦要去冒那么大的险"。郭沫若也不知道自己当时为何"那样地蒙昧"。③ 为了五角钱就敢于跳火车的人,生活之困窘可见一斑。需要钱而又不愿意接受稿费,并非故作清高,而是将发表的机会看得远比得到稿酬更为重要。郭沫若医学毕业后再回泰东,面对商务印书馆的诱惑,还是"觉得没有售稿的必要",④ 宁可待在泰东图书局与朋友一起过"笼城生活",和家人一起吃盐泡黄豆,也不"售稿"谋生。这也提醒人们,不能轻易地从商业合作或工作谋生的角度审视郭沫若与泰东图书局之间的初期关系。

---

① 钱潮口述、盛巽昌整理:《回忆沫若早年在日本的学习生活》,王训昭等编:《郭沫若研究资料》上,中国社会科学出版社1986年版,第535页。

② 和生:《回忆旅居日本时的父亲》,王训昭等编:《郭沫若研究资料》上,中国社会科学出版社1986年版,第508—509页。

③ 郭沫若:《郭沫若全集》文学编第15卷,人民文学出版社1990年版,第110—127页。

④ 郭沫若:《创造十年》,《郭沫若全集》文学编第12卷,人民文学出版社1992年版,第138页。

邓均吾无处可去时，是赵南公收留了他；没有人愿意给曹靖华提供工作的时候，是赵南公接纳了他；在没有人愿意给创造社同人提供出版纯文学杂志机会的时候，是赵南公接纳了他们。在《创造十年》中，郭沫若较为公正地评价了泰东图书局与创造社之间的合作关系："更公平地说，我们之为泰东服务，其实又何尝不是想利用泰东。……创造社的人要表现自我，要本着内在的冲动以从事创作；创作了，表现了，不能不要发表的地方，所以在他们的那种迷梦正酣的时候，泰东书局无论怎样苛刻他们，对于他们是有效用的。然而梦一醒来，暂时那样去表现，不想那样去创作了，失去了效用的泰东便只留下了苛刻。"[1] 从赵南公的角度来说，这些不请而来的未成名的年轻人，能够让他们留在泰东图书局，给他们提供食宿，有一份工作机会，多少还有一些报酬，已经是少有的有善心的商人了。没有明确说法的合作，最初的时候其实是双方默契的结果。

等到合作的某一方有针对性地提出合同、报酬、明确的说法等问题时，也就意味着先前使得双方合作的基础已经没有了。不是书局嫌弃合作方没有才华所需费用却并不少，就是真正有才华的人显露头角后难以被水浅的小书局所能留住。双方的合作，始于默契，止于分歧。善始不能善终，往往是没有明确说法的合作关系发展的必然趋势。借助与郭沫若等创造社同人的合作，赵南公执掌的泰东图书局成为新文化出版界里的明星；借助与泰东图书局的合作，郭沫若等创造社同人充分展示了自身的创作才华，成为"第一流作家"。[2] 可惜双方

---

[1]　郭沫若：《创造十年》，《郭沫若全集》文学编第 12 卷，人民文学出版社 1992 年版，第 185—186 页。

[2]　《沫若自选集》，《出版消息》1934 年第 27、28 期合刊号。

没有能够在更高的层次上经营更好的合作平台。

郭沫若回忆创造社同人决定离开泰东图书局时说："决定要分离了，泰东自不免起过一下恐慌。南公老板也费了好些唇舌来挽留我们。他说以后要为我们定薪水，我是有家眷的人自然要多用些，定一百五十；仿吾是单身，只定一百。以前的积欠作为股票，我一千，达夫六百，仿吾四百。这样的话他不止说过一次，但从未见诸实行。像那一千、六百、四百的话，待我去了日本之后，他在写给我的一封长信上也明白地提起过的。"[①] 在郭沫若的自叙中，可知赵南公在信中曾"明白地"提起一些报酬办法，但是郭沫若没有提及创造社同人是否"明白地"向赵南公提出过类似的要求，也没有提及自己收到信后对赵南公的提议有过怎样的回应。

泰东图书局内不乏有明确说法的合作。1921 年 8 月 26 日，赵南公试图从李艺甫那里挖来黄长源，"请其商黄长源帮予"。11 月 27 日，赵南公日记中写道："李艺甫来，言黄长源事定，十二月一日来店，薪为卅元。"12 月 1 日，黄长源正式到泰东图书局工作时，赵南公与之在同兴楼宴饮。赵南公曾与黄长源磋商泰东图书局整顿办法，对他颇为器重。黄长源在书局内出版了《辍耕录》，享受的待遇与张静庐相似。12 月 26 日，赵南公在日记中写道："君左来，白崇明与罗新伟来，与予商家庭研究丛书订一合同，彼等已起草，交予一看，略修改即成立。……晚与易、罗便饭，易出其所著《妇女职业问题》一书，归泰东出版，但仍列家庭研究社丛书内，惟对该社无任何报酬。此易君

---

① 郭沫若：《创造十年》，《郭沫若全集》文学编第 12 卷，人民文学出版社 1992 年版，第 185 页。

来申月余之成绩也。"① 从这段日记来看，合同是作者自拟而后提交来的，赵南公对于订立合同事情并不反感，对《妇女职业问题》一书报酬的个人与社团所得区分清晰。"略修改"表明赵南公对作家自拟的合同大体认同。由此可知，赵南公并非没有订立合同、与社团和个人明确合作说法的经验，但是这方面的经验没有应用于和创造社合作方面。

有合约不能执行，和没有正式说法的合作，两种情况大不相同。创造社和泰东图书局之间没有立过正式的合约，但是合约与报酬之事，赵南公不是没有提过，没有确定下来不能全部归罪于赵南公，郭沫若等也没有强烈要求赵南公将一些说法形成明确的文字。1921年12月2日，赵南公在日记中写道："十时到店，阅报。接郑伯奇两信，要求予接济数月，只得允之。"② 郑伯奇要求的是"接济"而不是预支稿费或报酬，一方面可能因为文人爱好面子不好意思直接谈报酬，另一方面也可能觉得自己的工作对于泰东图书局来说还没有达到高报酬的程度。赵南公一方面提出要给郭沫若等一些"说法"，另一方面对郑伯奇提出的"接济"请求不甚情愿，两相对照，似乎也能对泰东图书局和创造社没有明确说法的合作模式有另外的解释，即创造社虽然多天才，但是对于书局来说，并不是所有的天才都有市场效益，当创造社同人纷纷围绕郭沫若聚集到泰东图书局，吃住行等各项费用大都需要赵南公"接济"的时候，有些创造社同人是难以向赵南公争取明确的合作"说法"的，而努力维持创造社的郭沫若自然也不会独善其身地要求符合个人利益的合作说法。

---

① 赵南公：《赵南公日记》，上海交通大学出版社 2016 年影印版。
② 赵南公：《赵南公日记》，上海交通大学出版社 2016 年影印版。

胡适、徐志摩、闻一多在文字中叙及创造社时期郭沫若生活的窘况时，都大为惊讶，却并没有将郭沫若困窘的生活归因于赵南公。徐志摩曾在日记中写道："与适之约各翻曼殊菲尔作品若干篇，并邀西滢合作，由泰东图书局出版，适之冀可售五千。"[①] 能够出版胡适的译稿，对于当时的泰东图书局来说绝对是一件幸事。徐志摩、胡适主动提出译稿由泰东图书局出版，可见郭沫若的窘况并没有让他们觉得赵南公不是好的合作对象。

与郭沫若同在泰东图书局共事过的张静庐说："创造社出版部成立后，重新排印《少年维特之烦恼》，出版时有一篇郭先生的增订本序，中间骂得赵南公啼笑不得，这在我们当日同在一处工作的人看来，未免觉得是非不明！"张静庐认为郭沫若的批评有些"是非不明"。为赵南公抱屈的张静庐，在泰东图书局内的待遇比郭沫若差得多。张静庐回忆说："泰东因为经济困难，对同事们的酬劳真是微薄得很。我大约每个月可拿到二十元左右，但得三元、二元分几次在柜上领取。"[②] 张静庐曾负责泰东图书局里的印刷事务，若以印刷而非编辑的工作看待张静庐每个月二十元左右的酬劳，其工资已经高出了19世纪20年代初期上海同行业一般水平。据统计，即便是新书业黄金时期到来后的19世纪20年代后期，印务工人的平均工资也就只有二十元，电车工人也是二十元。[③] 没有对比就没有伤害，待遇的好坏没有绝对性的标准。郭沫若与在商务印书馆的茅盾以及其他留日同学

① 徐志摩:《志摩日记》,《徐志摩全集》第4卷,中央编译出版社2014年版,第248页。
② 张静庐:《在出版界二十年》,江苏教育出版社2005年版,第69页。
③ 《上海各业工人每月平均工资统计表》,《中国现代史统计资料选编》,河南人民出版社1985年版,第265页。

相比，自然会觉得泰东图书局里的待遇较差，若是与随便译本书卖给赵南公就想得到丰厚酬劳的胡适相比，更会有判若天壤之感。

有时候泰东图书局的账上支不出钱来，赵南公还会让其他店铺代为支付，如赵南公 1921 年 9 月 18 日的日记中写道："复朱谦之一函，请其每月到佩文斋取十五元，致常子云一函，询其可否每月拨交朱君十五元。"郭沫若谈到自己在泰东图书局柜上取钱的经历时说："泰东依然没有和我们议正式的薪水，在初我还有钱的时候是用着自己的钱；但我自己的钱因为初带家眷回上海，不免要新置些用具，用不许久就告罄了。到那时自然也跑到泰东去，十块五块地要。说起要钱，虽然是应得的报酬，总觉得在讨口的一样，有些可耻。十块五块的钱，在上海的几个人是用不上几天的。达夫和仿吾的洁癖比我更还厉害，要钱时大概是叫我去破脸。我的脚自然也就有些羞涩，当去三次的至多只去得两次。在这儿便诱导出了一个重大的龟裂。"[1]张静庐是"三元、二元"地取钱，而郭沫若则是"十块五块地要"，相差两到三倍。按理来说，张静庐应该附和郭沫若才对，结果他不但不附和，反而认为郭沫若"是非不明"。其间的意味，值得深思。

曾经与郭沫若等关系不错的梁实秋，回忆在上海初次相见的情景时，一方面感叹郭沫若等家庭生活的困苦，一方面认为赵南公付账的宴饮是"席丰履厚"，[2]赵南公在请客吃饭方面并不限制郭沫若等人的开销，如每人每顿限额 × 元之类，郭沫若等创造社同人在赵南公付

---

① 郭沫若：《创造十年》，《郭沫若全集》文学编第 12 卷，人民文学出版社 1992 年版，第 172 页。

② 梁实秋：《谈徐志摩》，《梁实秋散文》一，中国广播电视出版社 1989 年版，第 177 页。

款的地方吃饭也从来不亏待自己（由他们自己付款时大多也是如此）。叶灵凤回忆自己与郭沫若、成仿吾等人交往时，成仿吾看了叶灵凤模仿比亚兹莱的画后，"拍拍我的肩膀，请我去吃由泰东书局记账的同兴楼"。① 没有经过赵南公的同意便请人吃饭，吃饭时往往又是"席丰履厚"，这类记账式的开销如何算？张静庐认为郭沫若"是非不明"，恐怕指的并非只是体谅赵南公的难处，还有一个如何计算赵南公的付出的问题。

张静庐说自己有爱书的怪癖，喜欢做书籍的出版工作。"将一本书从付排到装订出版，都由自己亲手照料，真有说不出的快乐。而于营业方面的'生意经络'，倒也感觉相当的兴趣。责任的驱使，下雨降雪都要到太平洋印刷公司去走一遭。日夜工作，乐此不疲。"为了《女神》的出版印刷问题，张静庐跑到虹口日本人开的芦泽印刷所等处探问价格。"在我的手里，替沫若印出一本《女神》，一本《茵梦湖》。"②《女神》出版期间，郭沫若正好也待在泰东图书局，他的回忆又是另外一副模样。"我住在他的编辑所里，差不多是在唱独脚戏。跑印刷所，管校对，差不多都是我一个人在搞。"③"差不多都是"也就是说并不全是，但明显郭沫若认为是自己做了绝大部分的工作。既然跑印刷所、校对的工作主要是郭沫若在做，那么负责出版事务的张静庐在做什么？两个人的回忆都直接与《女神》的出版相关，却在所负责任的多少等方面明显存在冲突。回忆与现实之间出现了错位，互相

---

① 叶灵凤：《献给鲁迅先生》，《叶灵凤随笔合集之一·忘忧草》，文汇出版社 1998 年版，第 312 页。

② 张静庐：《在出版界二十年》，江苏教育出版社 2005 年版，第 67 页。

③ 郭沫若：《创造十年》，《郭沫若全集》文学编第 12 卷，人民文学出版社 1992 年版，第 128 页。

冲突的回忆说明至少有一个人的回忆出现了变形。冲突的回忆、变形的回忆，表明泰东图书局混乱的管理与权责不明的分工对当事人带来了某种伤害，使得当事人少谈甚或不谈别人对自己工作的帮助，而是强调自己工作的繁重。

有事大家做，有钱大家花，郭沫若说在泰东图书局"吃大锅饭"，也可将其视为赵氏管理的一种表现。赵南公也经常在泰东图书局吃饭，他的饭食并不另外单做。此外，赵南公还常做一些校对方面的工作。1921 年 2 月 14 日："予校《尝试集批评与讨论（下）》六十余页"，18 日："予乃校《家庭研究》五十六页。《柴霍甫》八页"，20 日："一时起。到店，校小说稿。张汉杰来，言总会定议纳税华人会事，另一方已登报。晚间。松乔来。十一时，散去。校小说稿百页。"21 日："六时半，到编辑所，第一次与校对《王澄》，询其人尚稳，但文义太浅，或者不甚用心，尚错字固连篇累牍也。当校其校正之稿，数页几行有误字，以后三校，非予自任不可也。"① 小书局内只能是大体分工，真正做起事情来可能什么活都需要干，没有谁是高高在上只拿钱不干活的。若是在书局内只做校对，报酬无论如何高不了。1932 年第 2 期《出版消息》曾刊登消息《校对服务社之出现》："现在出现了一个'校对服务社'，据说比较书局里请校对先生便宜得多。每千字校好仅收洋六分，校错一字可罚银六分云。"有奖有罚，价格低廉。千字六分，十万字的书稿，校对费用也就六元。像泰东图书局这样的书店，大部分月份需要校对的文稿也就十几万字，甚或更少，而所招聘来的校对员不仅需要开支工资，还要提供住处和膳食。以校对服务社的标准计

① 赵南公:《赵南公日记》，上海交通大学出版社 2016 年影印版。

算，虽然泰东图书局里的职员薪酬没有明确说法，赵南公给普通员工的报酬却算不上太过苛刻。

1924 年 4 月至 5 月，郭沫若翻译河上肇的《社会组织与社会革命》，宣称这次的翻译"使我从前的糊涂思想澄清了，从此我初步转向马克思主义方面来。"[①] 郭沫若在翻译河上肇《社会组织与社会革命》之前，就阅读过社会主义的书籍，还因此大发感慨地说："唯物史观的见解，我相信是解决世局的唯一的道路。"[②] 但是，郭沫若思想的转向的确始于《社会组织与社会革命》的翻译，最为显著的表现有二：第一，郭沫若从此开始了自我否定之旅；第二，郭沫若开始真正地以马克思主义思想审视中国社会。郭沫若的自传，将上述两个方面结合了起来，在自我否定的同时，也开启了否定和抨击身边资本家的行动。"资本家是社会的盲肠。他们对于社会是并没有什么贡献的。他们的主义是在榨取劳动者的体力以获取剩余价值（赢利）。"[③]

将剩余价值理论应用于创造社与泰东图书局关系的分析上时，郭沫若不得不面对这样一个问题，即为何不离开泰东图书局？郭沫若自传中谈到四川医院的聘请，武昌师范大学的聘请，以及商务印书馆伸出的橄榄枝，他绝非无处可去。下面这段话，便是郭沫若对留在泰东的一种解释："我们不曾受过他的聘，也不曾正式地受过他的月薪。我们出的书不曾受过稿费，也不曾算过版税。他以类似友情的主奴关系来羁縻着我们。我们所受的恩惠虽是有限，而所尽的义务却没

---

① 郭沫若：《郭沫若同志答青年问》，《文学知识》1959 年第 5 期。
② 郭沫若：《太戈尔来华的我见》，《郭沫若全集》文学编第 15 卷，人民文学出版社 1990 年版，第 272 页。
③ 郭沫若：《盲肠炎与资本主义》，《洪水》周刊 1924 年第 1 期。

有可言满足的一天。因为这儿的尺度是精神上的尺度。我们的自由无形中是受着束缚的，譬如商务印书馆要聘请我们，我们便不好向高处飞。受着这样的束缚，善于自行解嘲的人，自然可以美其名曰'高洁'，曰'不合时宜'，自然也就可以自比为伯夷、叔齐了。这些正是我们那时候还受着封建思想束缚的铁证，并不是泰东能够束缚我们，是我们被旧社会陶铸成了十足的奴性。"①赵南公"以类似友情的主奴关系来羁縻"，郭沫若等的不好离去则被诠释为证实了自身存留着"十足的奴性"。郭沫若对"友情"与"奴性"的辨析，向读者展示了转向后对新的思辨逻辑的青睐。但是，虽然运用了马克思主义的分析方法，将赵南公与创造社同人描述为主奴两个对立的阶级，却终究还没有像后来的阶级分析法那样，割断中间可能存在的情感纽带。羼杂了利益诉求的"友情"，也还是友情。一群朋友一起做事的时候，总会自觉不自觉地分出先后主次，否则必不能成事。共患难同奋斗的时候，眼里看到的只有浓浓的友情；等到事业有成，因利益纠葛等不得不分道扬镳的时候，眼里就只有压迫和剥削了，至于友情，往往就成了羁绊人心的因素。剥去郭沫若话语中的阶级分析理论，将分手后的愤恨情感放在一边，就能发现郭沫若的叙述其实道出了赵南公的个人魅力，因为郭沫若已经将其称之为了"友情"，而且承认这份"友情"对个人的去留问题带来了"束缚"，这也就说明双方的情谊已然足够深厚。

---

① 郭沫若：《创造十年》，《郭沫若全集》文学编第 12 卷，人民文学出版社 1992 年版，第 151 页。

二、喜欢给员工找兼职的赵南公

赵南公在商业经营上有许多很好的想法，却因经济困窘等原因得不到实现。"编辑部要有一所较大的房屋，以容纳各部编辑人员办公；必须有相当的资金以支付编辑人员的薪金；以及为实现出版计划需要的经费等。赵南公心有余而力不足……赵南公也很难从外界方面得到资助来予以实现。"① 经济条件允许的情况下要改革，经济条件不具备的时候创造条件也要努力地进行改革。为此，赵南公推行了两种灵活的编辑政策：首先，就是遥领编辑，允许郭沫若等在杭州、镇江甚或日本处理编辑事宜，不必待在逼仄的泰东图书局编辑所。其次，就是允许甚至自己亲自推荐编辑人员在外兼职，赚取外快，发展新的业务。

在泰东图书局，编辑们在外兼职是较为普遍的现象，而且大多都是赵南公主动推荐出去的。张静庐回忆说："到民国十年（1921年）秋，承南公的转荐进联合通信社任外勤记者，负责的是团体活动的新闻，和会议席上的记录，工作比较简便，有四十元一月的收入。"② 沈松泉回忆说："赵南公先生总算对我看得起，要我在商标局驻沪办事处工作，要我帮着处理上海各路商界联合会的文书事务，又曾介绍我去章太炎先生家里做了一个多月的抄写工作。"③ 至于王靖，赵南

---

① 沈松泉：《泰东图书局经理赵南公》，《出版史料》1989年第2期。

② 张静庐：《在出版界二十年》，江苏教育出版社2005年版，第69页。

③ 沈松泉：《泰东图书局·赵南公和创造社——回忆在泰东图书局的几年》，《百年书业》，上海书店出版社2008年版，第8页。

公在 1921 年 8 月 25 日的日记中写道："来泰东年余以来，用泰东款
在七八百元外，复为荐至此处教英文，月廿元，神州女学廿元，在
编辑所教学生四五人，月复有廿元。"王靖的兼职如此之多，岂能对
编辑著译事业全无影响？书局内经济不振，赵南公想方设法帮助编辑
们赚取外快，并且将此视为自己的功劳，殊不知这种办法无异于饮鸩
止渴。对于追求文学理想的郭沫若等创造社同人来说，赵南公推荐的
各式各样的兼职只会妨碍其文学理想上的追求。毕竟，若只是为了赚
钱，郭沫若等人本来有更好的工作机会。以赵南公的精明来说，他不
可能不知道让书局内的编辑在外兼职带来的种种弊端，明知不妥却还
放任甚或怂恿外出兼职，也是不得已而为之。

对于泰东图书局内的编辑等工作人员来说，在外兼职可分为赵
南公推荐的兼职与自己主动联系的兼职。赵南公主动推荐书局内人员
在外兼职，并非都是一些家教、抄写等与编辑出版无关的工作。1921
年 9 月 12 日，赵南公日记中写道："晚间伯熙来，言章秋白组太平洋
半月刊英华合刊，请沫若担任编辑。予言伊一二日即返日，恐彼不
成。彼言不妨去询再定。"赵南公询问郭沫若，"沫若不肯就，乃力荐
邓成均"。邓成均即邓均吾。于是，赵南公赶到伯熙处，告知以郭沫
若不能，而邓成均可以。"其意似非先看文字不能定。"从赵南公的日
记中，亦可知郭沫若的价值在上海已为人所知，而为郭沫若赏识和力
荐的邓成均却还需要经过审查才能决定。然而，等到伯熙确定让邓成
均帮忙时，邓成均自己却拒绝了。9 月 13 日，"沫若同郁达夫来，即
起。晴。询知早间下船。甚好"。打电话把邓成均叫来一起出去吃早
餐，"询邓对于太平洋报志（半月刊）可否担任，伊决绝的答复不能
担任，嗣沫若、达夫均愿帮助亦不成。"当赵南公到公捕房找伯熙，

转告时却说"邓不敢担任"。邓成均回答"不能","不能"可作"不愿"解，亦可作"不敢"解，赵南公解作"不敢"，一方面固然可以视为外交辞令，一方面也显示赵南公对邓均吾的能力也并不十分信任。按理来说，事情到此也就结束了，可是赵南公偏偏又向伯熙推荐王靖。"可否请王靖，彼亦决绝的拒绝。"赵南公此时已经颇为不喜欢王靖，却依然愿意推荐他，这并非是甩包袱，因为赵南公是真心想要帮助朋友伯熙，所以不会有意将麻烦推给对方。9月14日，赵南公日记中写道："与伯熙商《太平洋》编辑，英文本先由邓成均担任，即速函仿吾来，万不至误事。"从郭沫若到成仿吾，赵南公丝毫没有藏私的意思，几乎是不遗余力地举荐泰东图书局内的诸多英才。赵南公的这种行为，不宜视为胸怀开阔，愿意与别家共享人才，实则是这些兼职是赵南公人际关系网络的另一种延伸。伯熙是赵南公的好友，太平洋社也曾有过与泰东图书局合并的意向。1921年12月11日，赵南公在日记中写道："骏民来言，九峰来信，与太平洋合并将来必生问题，不如不合。"[①] 当赵南公推荐郭沫若、邓均吾、成仿吾担任《太平洋》编辑时，恐已有合并之议。

也有一些兼职工作，并非源于赵南公的推荐，如创造社同人编辑《创造日》等。对赵南公来说，创造社同人编辑《创造日》是在书局之外自行"接活"，只能视为是创造社同人自身文学事业的自然延伸，却不能列为泰东图书局的出版实绩。

《创造日》的创办，究竟是创造社同人首先倡议，还是张季鸾最先提议，目前亦有两种不同的说法。

---

① 赵南公：《赵南公日记》，上海交通大学出版社2016年影印版。

郭沫若回忆说："七月中旬，上海有一部分同学在消闲别墅燕集。席上有《中华新报》的主笔张季鸾。他从前是住过一高的人，所以也要算是先后同学。他在席上对我说，要我们分点余力来替《中华新报》每天编一项文学副刊，编辑费每月一百元，编辑的篇幅是半面报纸的二分之一。编辑的全权全盘委托给我们。我当场保留了考虑的余地，只是答应回去同达夫、仿吾们商量好之后，再作正式的答复。"郭沫若的本意是想要拒绝，因为《中华新报》是政学系的机关报，政治上的色彩不好且只能销得三两百份，编辑《创造》季刊和《创造周报》都已略显吃力的情况下，没有必要再添负担。"仿吾和达夫却赞成接受。他们以为文学研究会有《时事新报》上的《学灯》，在旁系上又有北京的《晨报副刊》，上海《民国日报》的《觉悟》，我们总得有一种日刊来对抗。其次是《季刊》和《周报》的标准太高，外来的投稿百分之九十九以上不能用，因而失掉不少的读者，应该要有一种日报来做尾闾。"[①]郑伯奇则强调了编辑费的诱惑："物质生活的困难迫得大家不得不接受一个外来的提议：就是给《中华新报》包办一种每日出版的副刊，这就是《创造日》。每月的稿费和编辑费一共是一百元。编辑由达夫承担。当时每月百元的收入对于达夫的确是不无小补。"[②]

在茅盾的回忆中，《创造日》是创造社同人主动要创办的。"《中华新报》代表政学系，其时政学系人物，在南在北，皆有关系，然《中华新报》则以政治上之中间派姿态出现。此报经济亦不充足，销

---

① 郭沫若：《创造十年》，《郭沫若全集》文学编第 12 卷，人民文学出版社 1992 年版，第 173 页。

② 郑伯奇：《二十年代的一面》，《沙上足迹》，黑龙江人民出版社 1999 年版，第 185 页。

数亦平平，然每天有极为卖力之长篇社论，此在当时上海各报，殊为特出。当时主笔政者，即陕北榆林张季鸾也。民十三，《创造日》以副刊形式出现于《中华新报》，此为当时旅沪之创造社同人所办，而为之介绍者，似为中华学艺社之郑心南。其时日本作家芥川龙之介游历上海，张郑作东请他吃饭，成仿吾亦在。创造社拟有所作为，是在这宴会上偶然提起的，张极愿帮忙，后来就出版了《创造日》。但《创造日》之思想立场与《中华新报》本身截然不同；报是报，副刊是副刊。……《创造日》不久即停。盖《创造日》之在《中华新报》出版为'借地造屋'性质。"①

无论创造社同人编辑《创造日》的行为是出于主动还是被动，表面上似乎都与赵南公没有直接关系。但是，也不能说完全与赵南公没有关系。首先，赵南公对待在泰东图书局内的创造社同人为其他出版机关编辑刊物持默许态度，这才使创造社同人编辑《创造日》成为可能。其次，赵南公执掌的泰东图书局，本质上也属于政学系的势力。无论郭沫若还是茅盾，都强调创造社同人思想立场与《中华新报》不同，也就是与政学系的思想立场不同。由此来看，赵南公执掌下的泰东图书局，在人们的视野里已经算不上是政学系的出版机关了。因此，郭沫若等创造社同人与《中华新报》的合作及合作的结束，赵南公的不参与其实也正表现了自身的某种立场，即对编辑们的思想立场持宽容态度，并不以思想上的倾向亲近或疏远创造社同人。

赵南公最为人熟知的一次工作推荐，就是推荐郁达夫到安庆法政专门学校任职。在"五四"新文化运动期间，时为安徽省城的安庆也

---

① 茅盾：《民九以后沪报之副刊》，《茅盾全集》第 12 卷，人民文学出版社 1986 年版，第 100—101 页。

闹起了学潮，安徽法政专门学校的学生驱逐了北洋军阀政府任命的校长，拥戴流亡上海的光明甫回校担任校长。因为同盟会的背景，及谷钟秀、孙洪伊、吴汝纶等编织起来的人际关系网络，光明甫与赵南公成了相识。回安徽之前，光明甫到处招揽教员，同时也委托赵南公帮他物色英文教员。1921 年 8 月 2 日，赵南公在日记中写道："泰东之困难，予无可如何。郁君事拟为荐于安庆法学，盖其校长光明甫系民党，现已脱离政治，专办该校，其计划欲造一般人才，以为改造安徽之地，故极力延揽人才。昨日周君用吾来予处，云伊来函指名请陶乐勤为英文主任，以彼系研究经济学者，不知彼英文太浅不能担任。但予已允代觅，请其函询光君教授钟点，其薪金为百七十元。郁君既系法科而长文学，当然能胜此任，即烦速函询郁君。盖如此，君可仍返福冈，太东薪水仍旧，以后关于文学、哲学归君审定，关于经济、政法归郁君审定，而李凤亭亦在安庆法校，可同担任也。将来如泰东稍有活动，再行集合。沫若对此亦首肯，遂决定照上说办理。"① 从赵南公的日记来看，应该说是推荐郁达夫到安庆法专任职，遥领泰东图书局编辑事务，其实泰东此时也没有多少出版事务，赵南公之所以说有活动时再集合，并没有迫切地留下郭沫若、郁达夫马上扩大出版发行业务，主要是因为赵南公将相当大的精力投入到了商会工作中，一时之间不能兼顾。从工作的角度来说，在 1923 年 2 月之前，郁达夫在泰东图书局内的工作更像是兼职。

和郁达夫一同被赵南公推荐到安庆教书且讲授相同科目的，还有易君左。易君左也曾在泰东图书局工作，他回忆说："留学在日本东

---

① 赵南公：《赵南公日记》，上海交通大学出版社 2016 年影印版。

京，就开始认识郁达夫，但相见很少，来往甚稀……到了民国十一二年我在上海的泰东图书局编辑所担任一名编辑员以后，便常常和郁达夫在一起了。""我和达夫几个穷文友住在这个马霍路的蹩脚的编辑室里，一个是失了魄的魂，一个是失了魂的魄，大家三魂渺渺，七魄悠悠，糊里糊涂过日子。"常在一起的两个人，却分属两个不同的文学社团：创造社与文学研究会。"我与达夫执鞭法专并不同时，而是间隔。即我教第一学期，达夫教第二学期，我再教第三学期，达夫教第四学期，所以我们两人各当了一年教授，而这一年却分开两段。但我们两人所教的是一门功课，即欧洲政治史，达夫学政治经济，我也学政治经济，教这门课，并非过分。为什么这样分期教书？这是我们在上海约定的，以便彼此都能休息一下，生活不致呆板。校长对我们很客气，因是老朋友，漫说隔一期，就是隔一两年来教也未尝不可。"①易君左的回忆是相当准确的，郁达夫在《芜城日记》中说自己教的是"欧洲革命史"，不准确。据赵南公日记可知，郁达夫去安庆任教的事中间还曾起了一段波折。9月19日："据用吾来函，言接伊函，李龟珍既入省署，当然首先处分明甫，其位置当然不保，故请达夫暂缓赴皖。"9月23日："凤亭来一电，询达夫能否可任政治史。"赵南公征询了郁达夫的意见后告知法专愿意担任。9月28日："午后，接凤亭快信，内附达夫聘书，当即转交。适达夫来，言物件已搬下轮，晚间当下船。"

郁达夫在法专任教的时间分别为：1921年10月至1922年1月、1922年9月至1923年2月。在易君左以安庆法专生活为背景的自叙

---

① 易君左：《我与郁达夫》，《易君左自选集》，台北黎明文化事业股份有限公司1975年版，第191页。

传小说《塔影》中，主人公汤艺夫虽然初到 A 地，却熟悉从码头到学校的路线。"他何以会记得一个大概，这是因为他曾读过他的前任者——天才的狄家敦做的一篇小说中，曾经描写过此地的道路。"① 小说中的"狄家敦"的原型就是郁达夫。从小说叙述也可知道，易君左是在郁达夫之后才去安庆任教的。郁达夫描写安庆生活的小说《茫茫夜》创作于 1922 年 2 月，发表于 5 月 1 日出版的《创造》季刊创刊号。无论是到泰东图书局担任编辑，还是去安庆任教，应该都是郁达夫在前，易君左紧随在后。

校长待他们客气，月薪也高，郁达夫最终却毅然抛弃了这份工作，带着妻儿回到上海过"笼城生活"。没有了安庆法专的薪水，他仅靠泰东图书局微薄的酬劳无法养活一家三口。为了帮助郁达夫解决生活困难，赵南公只能另外设法。1922 年 11 月 29 日，黎元洪任命李根源为北洋政府农商总长。1923 年 4 月初，李根源向北洋政府提交颁布商标法、成立商标局议案，4 月 12 日由国务院提交北洋政府国会审议通过。1923 年 5 月 3 日，中国第一部《商标法》由大总统令颁布。1924 年，各国公使团照会北洋政府外交部，希望在上海和天津设立商标注册机关。7 月 10 日，北洋政府外交部照会公使团，声称正在筹办上海和天津商标局。上海商标局就在这种情况下出现在世人面前。李根源找到的上海商标局筹备人选，便是赵南公。赵南公以参事的名义，担任了农商部商标登录筹备处上海分处处长。赵南公没有另外招人，而是直接让泰东图书局内的人员进去兼职，郁达夫担任农商部商标局上海办事处科长，沈松泉做了一个办事员。沈松泉回

---

① 易君左：《西子湖边·失了魄的魂》，泰东图书局 1928 年版，第 3 页。

忆说："1924 年赵南公谋到一个北京农商部商标局住沪办事处处长的官职。这是一个因人而设的新机构，在组织上设两个科长，第一科长由北京农商部派来，第二科长一职虚设，赵南公把这一虚设的第二科长的薪金留给了郁达夫。实质上也就是用商标局驻沪办事处开支的经费来支付应当由书店付给郁达夫的工资或稿费。这个办事处，大约半年后就撤销了。"[①] 撤销的原因，主要是各国公使团的阻挠及其他方面的一些困难，使得《商标法》有名无实，商标局失去了筹备的价值和意义。在个人关系上，则是随着北洋政局变幻不定，政学系主要成员李根源等或辞职离去，或失势没了话语权，依附政学系势力而设的上海商标局驻沪办事处自然也就因人而废，尚未真正展开业务就被撤销了。

三、出版方向摇摆不定

大海航行靠舵手，经理就是书局的掌舵者。如果说泰东图书局是一艘小船，决定这艘小船航行方向的，只能是赵南公。虽然赵南公不参与编辑事务，不能直接让出版物的内容充实起来，但是他对于书局编辑人员的聘任、出版的方向、销售营业等诸多问题都有毋庸置疑的决定权。作为舵手，赵南公的优点是不轻易批评编辑的优劣，不插手编辑事务，具有相当宽容的精神，而不足之处也正与此相关，即不能够强有力地决定泰东图书局的出版方向。有些图书像桑格尔夫人

---

① 沈松泉：《泰东图书局经理赵南公》，《中国出版史料（现代部分）》第 1 卷上册，山东教育出版社 2001 年版，第 333 页。

的《生育节制论》，若是放在计划生育的年代，自然是好的出版选题，但是与创造社的出版物同时推出，就让人觉得有些不合时宜。摇摆不定，没有明确的方向，这是赵南公执掌泰东图书局时期的出版特点。只有在与创造社合作的一段时期，因为创造社的狂飙突起，泰东图书局一度显得倾向于文学类图书的出版。摇摆不定的出版方向，与泰东图书局的管理办法交互作用。在某种程度上，正是摇摆不定的出版方向，直接造成了管理方面的某些问题。

赵南公并非因为爱好文学才走进出版界的。当郭沫若来到泰东图书局时，据赵南公日记所载，他们郑重其事地进行的几次谈话，皆与新文学的出版没有什么特别的关系。无论是讨论中小学教科书出版的可能性，还是标点元曲的计划，这些都不是郭沫若的文学理想，却是赵南公的出版理想。郭沫若争取到了实现自身文学理想的机会，创造社的光芒一时之间耀眼无比，也让赵南公成为了新文学出版界的新星。但是，创造社的文学理想并不就等于赵南公的出版理想。赵南公虽然欣赏郭沫若，却从没有明确表示过对郭沫若《女神》等文学创作的欣赏。赵南公没有足够的魅力能够长远地留住创造社同人，而郭沫若等也没有办法能够使赵南公成为创造社的忠实拥趸。

周全平回忆说，《洪水》周刊第1期（1924年8月20日）印出来以后，"泰东图书局不知为了什么，又不愿承印了（后来知道是书局后台老板政学系对沫若的不满）"。[①] 郭沫若代表的是革命的力量，政学系代表的是保守的力量，阵营既明，两者如何还能继续合作下去？这也正是周全平之所以要以括弧的形式予以说明的原因所在。从

---

① 周全平:《〈洪水〉的创刊》，《古旧书讯》1982 年第 6 期。

出版的角度来说，"分手"不是一件容易的事情。通过"创造"系列刊物及丛书在泰东图书局不断再版的资料可知，"直到 1930 年泰东图书局还在出版《创造》季刊，重印发行的版次竟然达到 7 版之多。1924 年 9 月 1 日出版《洪水》后，泰东图书局与创造社之间编辑与出版发行的合作关系就宣告结束，如果以此为界限的话，在此之后泰东图书局对《创造》两卷六期刊物进行了不止一次的重新印刷和发行，而对此创造社成员并没有提出过任何异议，从此我们可以清晰地看出在实际意义上泰东图书局与创造社之间的关系并没有真正结束，而是以一种更加潜隐的形式继续着。"① 赵南公不断再版"创造"系列书刊以牟利，郭沫若等创造社同人却没有采取行动进行制止，也没追讨再版版税。将创造社同人"没有提出过任何异议"视为合作以"潜隐的形式"继续着，自有其合理之处。但是，由于涉及版权的归属、版税协议等诸多问题，"没有提出过任何异议"很大程度上也是因为没有办法提出异议。因此，将其视为合作的合理性非常脆弱，何况郭沫若在 1926 年明确以创造社的名义反对泰东图书局擅自编选《雪莱诗选》出版，这些反而都是不合作的明证。

站在创造社的立场和文学出版的基点上审视泰东图书局，人们自然就会觉得赵南公的出版方向摇摆不定，不能坚定不移地与创造社合作，也不能坚持优先出版文艺书籍，反而为了出版艺术教科书延迟《创造》等的出版。若是换一个立场，人们或许应该追问赵南公为什么要坚持？创造社同人固然实力非凡，令整个文坛侧目，但是正如郭沫若在《文学革命之回顾》一文中所说，创造社采取的是"对于本阵

---

① 张勇：《泰东图书局与创造社分手之后》，《山东社会科学》2005 年第 9 期。

营的清算的态度"，"已经攻倒了的旧文学无须乎他们再来抨击，他们所攻击的对象却是所谓新的阵营内的投机分子和投机的粗制滥造。投机的粗翻滥译。……他们第一步和胡适对立，和文学研究会对立，和周作人等语丝派对立，在旁系上复和梁任公、张东荪、章行严也发生纠葛。他们弄到在社会上成了一支孤军"。① 对于创造社来说，他们挑战文坛偶像的行为，赢得了广大青年读者们的同情，越是贫穷无所成就的文艺青年，就越乐意站在创造社的一边。若是没有后来的大革命及创造社的革命文学转向，创造社以打架的方式在文坛上杀出的这条血路可能很快就会被洗刷干净，是中国革命形势的发展重新照亮了创造社的文坛征战之旅。适度的批评与挑战有助于提升书局的名气，但是像创造社那般将自己弄成了"一支孤军"，却绝不是一个优秀的出版家想要的结果。

对于赵南公来说，文学从来都不是他的梦想，纯粹牟利也不是他的追求。如果只为牟利，最好的办法就是像某些书局那样，以媚俗的低级出版物迎合普通读者的需要。自从赵南公想要重建理想的新泰东以来，泰东图书局没有出版过媚俗的低级出版物。无论怎样评说泰东图书局摇摆不定的出版方向，不出版媚俗的低级出版物是个底线。有益于社会，就是赵南公的出版方向，但是却并不意味着泰东图书局可以像创造社那样"弄到在社会上成了一支孤军"。赵南公与创造社同人的理想并不完全一致，不会为了郭沫若等人的文学理想而牺牲书局的利益。从泰东图书局的角度审视泰东图书局与创造社的分手，首先要意识到的就是创造社带给泰东图书局以辉煌的同时，也带来了无穷

---

① 郭沫若：《文学革命之回顾》，《郭沫若全集》文学编第 16 卷，人民文学出版社 1989 年版，第 98—99 页。

的麻烦。随着创造社得罪的人越来越多，泰东图书局与同行之间的关系也会出现微妙的变化，若是泰东图书局在出版界也成为了"孤军"，离关门倒闭也就不远了。

稍稍翻阅赵南公日记便可知道，泰东图书局出版事业的正常运转，建立在赵南公不断借款筹钱的基础上，仅靠销售出版物所得是没法维持下去的。《创造》季刊创刊号销售业绩不能让郭沫若和郁达夫感到满意，在诸多原因之中，定价过高应该也是一个原因。《创造》季刊各期版权页都有"定价表"："一册四角，全卷四册一元六角，全年一卷一元六角。"1922 年 2 月 10 日出版的《小说月报》第 13 卷第 2 号共 148 个页面，版权页有"定价"细目表："一册二角，六册一元一角，十二册二元。"1923 年 12 月 10 日出版的《小说月报》第 14 卷第 12 号，共 147 个页面，版权页有"定价"细目表："一册二角，六册一元零五分，十二册二元。"《创造》创刊号 185 个页面，第 1 卷第 2 期 223 个页面，第 1 卷第 3 期 223 个页面，第 1 卷第 4 期 251 个页面。因为涉及空白页、广告页等，对《小说月报》和《创造》季刊页面的统计会与实际情况会有 2—5 个页码的出入。整体上来看，《小说月报》的篇幅平均为 150 页，而《创造》季刊的平均篇幅在 225 页左右，两者相差 70 余页，几乎是多了三分之一的篇幅。然而，多了三分之一的篇幅价钱就要贵上一倍，显然并不十分合理。此外，《小说月报》的篇幅虽然不如《创造》季刊，但是每期《小说月报》都印有几幅精美的铜版图像，这些图像的印刷费用不菲，不是《创造》季刊上的插图所能比拟的。《小说月报》一年十二期，"十二册二元"，算上订购全年的优惠，《创造》季刊定价更是显得有点儿"过高"。

陆费逵谈到出版问题时说："欧美日本每一种普通书的销数，少则一二十万部，多则三五百万部，销一百万五十万是很平常的一回事。我国出版之书，多则销二三万部，少则销一二千部，譬如一部书的装版费一千元：他们以十万部计算成本，每部制版费只合一分；我们以二千部计算成本，每部便要制版费二角。"一般人以为作者们受到了薄待，出版者和发行者大发其财，其实不然。"发行者得利之书很少，蚀本者很多。每一书坊开若干年，只剩些不销之书籍和无着落之欠账，便不得不关门了。前清末年的许多书坊，至今存在的差不多只有商务印书馆和广益书局几家；其余不是关门，便是出盘。"①制版费到底需要多少钱？当时，一本 32 开 200 面，印数 2000 册的书，成本大约是 500 元。若是 2000 册全部能够销出去，每本要卖 0.25 元才能够本。2000 册是泰东图书局大部分图书初版册数，也是《创造》创刊号的出版数量。由于《创造》季刊是 16 开本，成本自然比 32 开本要大得多，即便以成本 700 元计算，每本要卖 0.35 元才能够本。郭沫若和郁达夫去问赵南公时，只卖掉了 1500 册，每册 0.4 元，总计 600 元，不够本钱。无论是对于出版者赵南公，还是编辑郭沫若来说，这都不是一个好消息。

薄利多销还是以质取胜？赵南公在定价方面显然是想走高新路线。没有商务印书馆那样庞大的发行网络，《创造》季刊面向的只能是愿意花钱的趋新的读者。郭沫若等创造社同人的文学创作，主要是以弱者叙事不断向文坛偶像及现有社会秩序发起挑战，充斥着"穷"与"愁"的文学刊物在定价方面却一点都不亲近没钱的底层，这本身就是一个悖谬性的难题。这个难题的出现，也并不能完全归罪于赵南

① 陆费逵：《六十年来中国之出版业与印刷业》，《中国出版史料》第 1 卷，山东教育出版社 2001 年版，第 422 页。

公，认定赵南公一门心思想要从《创造》季刊的发行中赚钱。与《小说月报》相比，《创造》季刊的出版发行成本要高很多，主要原因有三：首先，没有自己的健全的畅通的发行渠道；其次，没有自己的印刷所；再次，拉不到好的广告。比较《小说月报》与《创造》季刊上的广告，《小说月报》上经常有香烟等商业广告，《创造》季刊上则多是自己书局著译的出版广告或交换期刊的出版广告；《小说月报》上的广告费能够给出版者带来一定的补偿，《创造》季刊上的广告却没有开拓财源的功能。

定价较高，对于普通读者来说自然是增加了负担。对于小书局来说，出版发行成本较高，降价并不容易，倒是商务印书馆这样的大书局才更有可能降低定价，《小说月报》的定价远远低于《创造》季刊就是一个例子。但是，《小说月报》在商务印书馆内也是一个特例，商务印书馆更多地是想要以此实现与新文学市场的对接，并不是发善心想要让利给普通读者。对于许多书店来说，出版刊物更多地是赚取名声，并不用作主要的赚钱手段。这也是《小说月报》价格较为低廉的一个重要原因。至于那些非商务印书馆自身的刊物，如从泰东图书局转到商务印书馆出版的《民铎杂志》，定价丝毫不比泰东图书局低，因为页码少了，所以实际上刊物的价格提高了。

1920年8月15日《民铎杂志》第2卷第1号由泰东图书局出版，共计140个页面，定价两角。1921年1月15日，李石岑到泰东图书局找赵南公，催促赶印延期了的《民铎杂志》。《民铎杂志》出版延期，并非编辑或技术问题，真正的原因是赵南公不看好该杂志的出版发行。1921年4月14日，赵南公在日记中写道："二时，到编辑所，与王靖商减政办法。彼亦赞成……商民铎事，予以解约告之，不得已也。"与人谈及停印《民铎杂志》时，赵南公尚比较客气，重在点出自身"不得已"。在 4 月 16 日的日记中，赵南公谈到泰东图书局的发展规划时写道："杂志：《新的小说》《家庭研究》积极进行，《民铎》可有可无。"8 月 13 日，赵南公在日记中写道："予到民铎社，解决《民铎》事。"所谓"解决"，就是停止与民铎社的合作，不再出版发行《民铎杂志》。

赵南公想要"积极进行"的杂志《新的小说》，第 1 期 68 个页面定价一角，第 3 期 142 个页面定价两角，第 5 期 122 个页面定价也是两角。《新的小说》是泰东图书局自办刊物，可以为书局赢得名声。除此之外，在刊物的定价上，《民铎杂志》与《新的小说》两份刊物也大不相同。《新的小说》每期页码相差甚大，多的有 142 个页面，少的只有 58 个页面。以 142 个页面定价两角计算，多数《新的小说》定价都虚高，平均而言，《新的小说》总体的定价基准应该是 120 个页面两角。1922 年 4 月 1 日，《民铎杂志》第 3 卷第 4 号由商务印书馆出版发行，共有 122 个页面，定价两角。与泰东图书局出版的《民铎杂志》相比，商务版《民铎杂志》在插图等装帧方面并没有大的变化，在篇幅上却减少了 20 个页面，缩减了七分之一多的篇幅，这才与泰东图书局《新的小说》的价位持平。赵南公觉得《民铎杂志》可有可无，无论从名声还是售价来看，赵南公的态度都有其合理性。

《创造》季刊创刊后，相当长的时间里销售不打折，单册四角，全年四册一元六角，与之相比，《小说月报》全年十二册的合定价相当于打八折。以刊物页数与定价的比例来看，《创造》季刊也开创了泰东图书局刊物定价的新高。即便《创造》季刊后来打开了市场销路，各期都反复再版，赵南公的出版热情依然不是很高。与"创造"系列刊物相比，赵南公似乎更看重"创造"系列的丛书，在郑伯奇等人的回忆中，经常可以看到赵南公积极催促丛书出版的叙述，却很少提及赵南公曾催促刊物的编辑出版。"创造"系列丛书只需要一次制版费用，从此便可以反复出售。定期刊每期都需要制版费用，成本昂贵，对于泰东这样的小书局来说，若不是为了扩大影响，自然更愿意出书而非定期刊。

现实利益的考量，是导致泰东图书局出版方向摇摆的重要因素。前期创造社同人来到泰东图书局是源于强烈的文学发表欲，而赵南公却没有文学上特别的追求。赵南公对郭沫若等人的思想倾向不闻不问，郭沫若却将赵南公视为政学系的一分子。"《中华新报》和泰东图书局是政学系的两个私生子，不消说也是章老虎的势力范围。在泰东方面受着他的意旨，便有出文言文中、小学教科书的计划。——这个计划因为没有钱，没有实现。"[①] 郭沫若的看法并非没有道理。1923 年 11 月 29 日，赵南公专门为《人生观之论战》在《申报》刊登了广告，抬头注明"张君劢先生序并署签"。张君劢的序开篇明义："泰东图书局主人既集关于科学与人生观论战之文为一书，属予为之序。"[②] 1923 年 12 月，郭梦良编《人生观之论战》由泰东图书局出版，而汪孟邹编《科学与人生观》同时由亚东图书馆出版。前者代表选学派，后者代表科学派（包括陈独秀代表的唯物史观）。1924 年邓中夏在《思想界的联合战线问题》中说："我们应结成联合战线，向反动的思想势力……向哲学中之梁启超张君劢（张东荪、傅佩等包括在内）梁漱

---

① 郭沫若：《创造十年》，《郭沫若全集》文学编第 12 卷，人民文学出版社 1992 年版，第 180 页。

② 张君劢：《人生观之论战序》，《人生观之论战》，泰东图书局 1923 年版，第 1 页。

滇……分头迎击，一致进攻。"① 不管有意与否，《人生观之论战》的编选都表明：泰东图书局的出版事业或多或少带有政学系色彩。

赵南公并不以自身的政治立场和书局背景束缚书局内编辑们的思想，但是明确了自身思想立场后的编辑们，却未必不对赵南公的身份背景有所顾忌。在郭沫若的自传文字中，宣称自己在 1924 年就转向了马克思主义，明确表示了对泰东图书局政学系这一背景的不满。郭沫若的自传文字，总是带有浓郁的个人主观性，喜欢将个人的事情与政治问题联系起来，即所谓通过个人反映社会时代。批评《中华新报》时，郭沫若忽略了自身所在的泰东图书局与之同为"政学系的两个私生子"这个事实，而在抨击泰东图书局的时候则又想起其政学系的背景。郭沫若叙述中的这些缝隙，恰恰表明了郭沫若自身政治立场的转变，而随着这一转变，赵南公及其执掌的泰东图书局对于郭沫若来说也就有了截然不同的意义。周全平谈到赵南公不愿意继续承印《洪水》周刊，是因为政学系从中作梗，将杂志的出版发行问题与政治理想的分歧相结合，这种叙述思路应该是受了郭沫若上述文字的影响。郭沫若将赵南公想要出中小学教科书的想法与章士钊挂起钩来，实际上是进一步强化赵南公及其执掌的泰东图书局的"反动"倾向，以便使得创造社与泰东图书局分手的政治意义更加重大起来。如果单独阅读郭沫若的个人文字，赵南公及其执掌的泰东图书局在政治倾向上的确有日益"堕落"的迹象，但在事实上，郭沫若的叙述呈现的是自身的政治"进步"，赵南公及泰东图书局在对比性的叙述中某种程度上被"矮化"了。

---

① 中夏：《思想界的联合战线问题》，《中国青年》1924 年第 15 期。

　　1920 年前后，是中国教科书出版发行事业的黄金时期，政学系在中国政界的实力也最为雄厚，那时的赵南公几度想要染指教科书出版而不可得。等到章士钊 1925 年 4 月担任教育总长时，政学系的力量实际早已开始衰落。对泰东图书局来说，这时候出版文言中小学教科书，时机并不好，且与赵南公对白话文言的认知也相违背。郭沫若谈到文言文教科书出版计划时，说的是泰东图书局"受了"章士钊的"意旨"，而不是赵南公利用派系关系争取到这一出版项目，无意中也认可了赵南公较为刚直的人格。章士钊、文言教科书，这些词汇一度是"反动"的代名词。经历了一个螺旋式的发展之后，国学、文言文在当下的中小学教科书所占的比重越来越大，当年所提文言中小学教科书的出版动议，未尝不是新文学阵营内有识之士自我思想调整之后在教育上提出的真知灼见。虽然政学系、章士钊等一度成为中国革命形势继续发展的阻挠力量，但是谁也无法否认政学系一度代表了中国几千年发展史上坚持议会制的重要力量，章士钊也是唯一因辞退下属被下属起诉打官司结果还输了的中国教育部部长。这些人的身上有各种各样的缺陷，但是在人格及社会理想的追求方面，自有其不灭的光辉。

　　赵南公一直都有出版教科书的梦想，这其实也是绝大多数出版家都想涉足的出版领域。若能够在教科书出版领域占有一席之地，可观的利润足以让出版者有足够的能力做自己想做的出版项目。一直出版法政类图书的泰东图书局，没有成为法政学校教科书的提供者；侧重文艺图书的出版后，在广告里总是尽量打擦边球，努力地想要搭上教科书销售的便车。《创造》季刊第 1 卷第 2 期刊登的"辛夷小丛书"广告，其中的文字说："《辛夷集》系现代名家之诗文精选集……可作从事于新文学者之圭臬。取材严密，长短适宜，可充男女中小学之国文教科书。"1924年3月江苏省立第一师范学校王朝阳在为泰东图书局出版的《中国文化史》所作的序中说："编历史教本难编。本国史教本尤难。盖历史内容包罗弘富。为最繁复之学科。""以外人目光编述中国史事。精神已非有何价值。而陈旧固陋，雷同抄袭之出品。竟占势力于中等教育界，垂二十年，亦可怜矣。乃者，学制更新，旧有教本更不适用。顾君康伯有鉴于此，本其平昔研究心得，与积年教授经验，辑成是书，一试验于本校高级选科，甚为学子欢迎。"著者自己在序中说："前代所著，适于参考，而不适于教科。今人所著，适于教科，而不尽合于历史之真义。是以有此举也。"

四、处理书局内发生的盗窃事件

赵南公的书局管理办法能维持下去，靠的是能够令人信服的领头的"老大"；家庭式的管理办法能够延续下来，需要有威信的家长。有江湖气和家长欲的赵南公，有义气乐于助人，有气量能够容人，故此赵南公屡屡能够为泰东图书局招揽有才华的新人。然而，在处理事情的权威性公平性方面，赵南公都显得有所欠缺。书局管理多情感上的羁绊而缺少公平性，时间一长，工作与人事关系等便容易散乱。泰东图书局内曾多次发生"盗窃"事件，赵南公的处理应对方式，便彰显了"江湖式"管理办法的种种弊端。

1921年2月4日，赵南公朋友告诉他自家店中学徒有不法行为，赵南公促其将学徒送到巡捕房。结果，人送去后，只是立了案，人仍然被放走了。不知是否受这件事情影响，几日后，方东亮告诉赵南公，泰东图书局里名叫军魁的杂役"窃用"邮款，经核查共计三十多元，赵南公虽然怒火中烧，欲置其罪，最终却没有将其送巡捕房。4月11日赵南公日记："询其何出此？据云，朝记之伙友，被秉文迫之过甚，故以此挪借，复以旧岁之后借用人款，合通讨，乃暂挪用。最后，予乃言明予之失望，然事已此，至无可舍，只有请其另自谋职，并促东亮速速催其母亲料理。观彼言词，尚自觉无错，真真不知死活也。最后询其何处此？据云：共两次，约卅元有零，明日准可补出。予言亦好，只要尔补出，对于尔身尚可保全。"然而，此事并没有就此结束。4月15日："适军魁之母来，予即与之商令军魁暂且回家休养数月。吃吃苦头，藉以戢其盗贼之念，或者将来可望成人。予此举实为成全其人，请勿多言……至十二时，友人都去，军魁乃跪至予前，予实不忍，嗣其亲戚进来，为之说情，予复声明予之意思，乃得解决。暂由其母将伊带回家中，读书三五月，至早节后如能痛改前非，予复愿为安插。"4月16日："今日军魁为其娘领去，临行时恳予将来仍须收用。予允，伊如能知悔，当然收用。"在军魁之母等人的哀求下，赵南公的态度虽然一变再变，却还是坚持住了让其离开的底线。

军魁窃用书局里的邮款，这种行为直接损害了赵南公的切身利益，赵南公让其母带回家，这正是传统店铺对待学徒的处置办法。无论如何，查明后还是对窃用者进行了处罚。然而，让赵南公想不到的是，军魁离开时曾交给赵南公一封信，揭发方东亮将南洋回来的一笔款子挪作私用，并未入账。1921年9月18日赵南公日记："方东亮屡欲与予言，以有人在，不能启齿，而军魁交予一函，即声明旧年南洋来荷盾五千元（共廿贰元），为东亮私自用去，未入账。"对于豪爽重义气的赵南公来说，书局内贼人频出，不知究竟还有哪些人可以信任，这种状况不免让他颇受打击。然而，泰东图书局内的盗窃事件并未就此结束，不久便又发生了更加严重的郁达夫遇窃事件。

1921 年 9 月 13 日，从日本乘船抵达上海的郁达夫来到泰东图书局，也住在编辑所。楼上住着张静庐和王靖，楼下住着郭沫若和郑伯奇，郁达夫暂时寓居的地方是郑伯奇房间外面的客堂。客堂中人来人往，一天早上，郁达夫"发现自己的钱突然失踪了。数目大概是百元上下，对当时靠卖文为生的人来说，这是一笔不小的损失。这一下子惊动了整个编译所。大家议论纷纷，都为达夫抱不平。事情张扬出去了，书店老板也不能置之不理。他向达夫道歉，表示一定要把案情弄个水落石出。他授权他的长子秘密调查。查来查去，重大嫌疑落在老板的姨太太的哥哥身上，以后就没有下文了。达夫这笔意外的损失似乎没有得到赔偿"。[1] "第二天，他便发现他从朋友处借来的壹百多元忽然不翼而飞。这使大家都很诧异，沫若觉得达夫刚到这里，就遇到这样意外的损失，更感觉难受。编译所同人纷纷猜想，暗中认为某一工役似有嫌疑，却又不便声张。达夫不用说是很气恼，可是以后也只好自认倒霉，另想办法去了。"[2]

郑伯奇两处回忆文字，皆言失窃数目有百元之多，赵南公派其长子暗中调查。据赵南公日记可知，郁达夫失窃的钱数应为四十余元，赵南公知晓此事后亲自做了调查。1921 年 9 月 19 日晚 6 点："到编辑所询成金是否窃取一皮夹。盖达夫于昨日九时觅殷汝劢借得洋四十余

---

①　郑伯奇：《忆创造社》，《沙上足迹》，黑龙江人民出版社 1999 年版，第 20 页。

②　郑伯奇：《怀念郁达夫》，《沙上足迹》，黑龙江人民出版社 1999 年版，第 201 页。

元。十一时返，将皮夹放在床。十二时午饭，同下。成金乃上楼两次。此外无他人上楼。至三时，拟游半淞园，乃觅皮夹，不得。今日静庐告予：成顺昨晚大请其客，不无可异，告以此等情状。彼乃言请客出于不得已，不过用一元三角之款，如谓皮夹为我取去，请彼等查询，设有形迹者，我赔款不起，只有命可以交出，任彼处治也。言罢大哭。予本不疑彼，出此故借以试之。乃言以形势观之，此最短时间无他人上楼，任便如何汝总洗不清。好在现寓编辑所之人均系穷者，汝可注意各个人用钱之多寡，以报告予，予自以处理之也。且汝饭后，绝不能在所内看门，任便出去，设再遗失多物者，汝将何以自解也？汝当自慎！复到楼上询达夫昨日形势，彼意决系成金，予乃以言语烘托此事之奇特，而以眼光注视王靖之形态，觉彼言语间似稍格格，而形态亦复有不安神气之表现，岂彼饭后先上楼而出此耶？彼之穷极，予固知之，明日当设法一侦探之，或予眼光之不误。盖贼人心灵良知不泯，总无法隐饰也。嗣李大年等到，乃谈他事。九时，到富康里，言及此事，伯熙亦疑及王靖人格不正，遭人疑虑，正与达夫疑及成金（伊为茶房，人均视之为下等人也）观念相同。可见人之不可自坏道德也。"

赵南公日记中出现过"成金"和"成顺"这两个人名，仔细阅读可知，成金和成顺指的就是同一个人，除了他曾经上楼外，"此外无他人上楼"，是以郑伯奇和郁达夫怀疑偷盗者就是成金，郁达夫和成金还为此争吵过。成金，即朱成金，也就是郑伯奇回忆中所说的"老板的姨太太的哥哥"。1921 年 1 月 20 日赵南公日记："最末到吕宝处。定朱成金明日到编辑所作茶役，每月工资五元。"郁达夫失窃事发时，朱成金在编辑所做事已近 8 个月，显然较被赵南公信任。虽然他有作案时间和动机（大请其客），赵南公却在日记中写着"予本不疑彼"，只是出言试探。郑伯奇和郁达夫认定了偷者是成金，而赵南公真正怀疑的对象却是王靖，两方都只是怀疑，而无切实证据。

郑伯奇在回忆中说因为小偷是"老板的姨太太的哥哥"，所以没有下文，这是欲以人物身份关系等定罪；赵南公日记中的剖析更为细腻，却也没有直接的证据。无法确认偷盗者，当事人也不承认，赵南公不处理也是对的。当然，郑伯奇认为赵南公包庇成金，也有道理，观赵南公日记，赵南公已先行认定了成金不需要怀疑，不仅不想办法追究，反而告诫成金饭后尽量不要待在编辑所，免得以后发生类似事件难以自解。郁达夫被盗事件，反映了泰东图书局内部人事关系的多重矛盾。首先，是编辑与杂役间的矛盾；其次，是早进书局的编辑与后进书局的编辑之间的矛盾；再次，则是经理与编辑间的矛盾。这些矛盾在其他书局中或多或少也都存在，但是对管理泰东图书局的赵南公来说，却很不妙。因猜忌多，则义气少，而情谊自然也就薄，书局管理必然就会困难重重。

赵南公日记对被盗事件的叙述，为泰东图书局的管理办法做了一个注脚。具体来说，便是泰东图书局内住着的都是穷人，穷人的居住条件自然较差，编辑所内人来人往，各色人等都有，常常是混乱一片，难免会出现一些腌臜事情。急公好义的赵南公，既乐意在可能的情况下将房间借给周全平等人居住，又对前来投奔的自家亲友少有拒绝，如此一来，泰东图书局只能采用"江湖式"的管理办法，不可能实行商务印书馆那种公私分明的管理制度。1923 年，郭沫若医学毕业后再回泰东图书局，"马霍路狭隘的楼房又添了南公老板的两位亲戚，实在住不下了，他在哈同路民厚南里便顶下了一家一楼一底的房子。"① 郭沫若能够单独住进较为惬意的新房子，不只是因为赵南公特别器重郭沫若，而是赵南公的亲戚又来投奔他了，先前的房子实在住不下。然而，不可否认的是，新租的房子给郭沫若一家住，在某种程度上已经显示了赵南公对郭沫若的器重。赵南公想要重建理想的新泰东，而在人事组织等各方面却并没有切实可靠的进行计划，随遇而安，往往事到临头才想办法解决，这也正是泰东图书局"江湖式"管理办法的表现之一。

泰东图书局规模不大，人员却很复杂，管理起来并不简单。赵南公采取"江湖式"的管理办法，首先是因为赵南公豪侠仗义，为人处世讲义气。没有义气，江湖也就不成其为江湖。义气，本质上便是注重情感上的联系。与义气相关的，是施恩与报恩，赵南公招揽人员、处理小偷事件等等，未必出于施恩求报的思想，但是乐于助人的背后，却也带有羁绊人心，留其为自己工作的意思。义气与情感相连，情感有厚薄远近，重义气的人往往根据情感的厚薄远近处理事情。当违法的事情发生在自己人与他人之间的时候，江湖义气容易使自己团体中的人更加团结。但是，重情必轻法，当不法之事发生在书局内部时，以江湖义气处理问题只能使亲者愈亲疏者愈疏。作为泰东图书局的经理，赵南公采用的江湖式的管理，与现代经济发展的需要不相符，必然带来账目混乱权责不明的后果，也越来越让在日本接受了现代教育的创造社同人感到难以忍受。

---

① 郭沫若：《创造十年》，《郭沫若全集》文学编第 12 卷，人民文学出版社 1992 年版，第 138 页。

五、赵南公的商会活动及社会改造梦

十年辛苦自治梦，毕生心血一书局。泰东图书局是赵南公一生最主要的功业，商人自治是赵南公追求的社会理想。赵南公与《子夜》里的吴荪甫有点儿相似，都有着某种政治理想，这使他们与眼睛只盯着商业利益的纯粹商人（资本家）有了本质上的差异。作为泰东图书局的经理，赵南公兢兢业业，为书局的出版发行事业呕心沥血，直至生命终结。而从 1919 年到 1928 年，赵南公的绝大部分精力其实都没有用在泰东图书局的出版发行事业上，而是倾注到了上海商会活动中。赵南公是一个出版家，也是一个社会活动家，怀抱着商人自治的梦想，团结了一大批中小商人，努力地践行着自己的社会改造梦想。

从出版史的角度叙述赵南公，自然就会将出版视为赵南公的主要事业，从而认为赵南公在上海商会里的活动消耗了他本应用在出版发行事业上的精力。这种叙述视角相当程度上遮蔽了赵南公商会活动的真正意义，也不利于全面深入地了解赵南公。泰东图书局在出版和管理等方面出现的一些问题，的确与赵南公将精力主要放在了商会活动上有着密切的关系。一向精明的赵南公为什么要这样做？与这个问题相联系的则是赵南公为什么要执掌泰东图书局，以及为什么要积极地参加商会活动？如何看待赵南公的商会活动，对于全面认识出版家赵南公有着非常重要的价值和意义。

受郭沫若等创造社同人的影响，国人总是喜欢将赵南公视为一个商人，却有意无意忘却了他作为同盟会革命者的身份。无论是同盟会还是政学系，都有自己的政治理想，赵南公自然也有自己的政治追求。泰东图书局的创办本就是一个革命机关，执掌泰东图书局在某种程度上也是革命事业的延续；赵南公想要重建理想的新泰东时，这"理想的"并非就是丰厚的出版利润，应该是与商会活动相应的"革命"的新气象。当然，赵南公所追求的新与"革命"，不是社会主义的革命理想，与革命文学推崇的无产阶级革命不同，而是资产阶级的"自治"梦。赵南公执掌泰东图书局时期，书局持续不断地出版与国家、地区自治相关的书籍，这些都在某种程度上体现了赵南公的社会理想和政治追求。

上海商人"自治"的努力，主要表现为两个方面：第一，通过与租界当权者的斗争取得一定的自治权，如纳税华人大会等；第二，反对大资本家，致力于商会投票公决表达公意，即为众多中小商家争取利益。第一个方面主要是中外斗争，第二个方面则是反对金融寡头掌控商会，赵南公在两个方面的斗争中都是积极分子。赵南公重建理想的新泰东，最初的动因与其说是看到了新文化运动带来的新的出版商机，毋宁说是看到了"五四"到"六三"系列活动中商人的重要性。1919 年 6 月 13 日，《民国日报》刊载了上海学联在告同胞书："学生罢课半月，政府不惟不理，且对待日益严厉。乃商界罢市不及一日，而北京被捕之学生释；工界罢工不及五日，而曹、章、陆去。"赵南公热心于社会活动与重建理想的新泰东，实皆肇始于此。没有对商人自治活动的热心，就没有重建理想的新泰东的激情。在重建理想的新泰东与商会活动之间，存在着更高层次的统一性，两者相辅相成，而非简单的矛盾对立的关系。

1919 年，在"五四"新文化运动的热潮中，上海公共租界和法租界的商人们也发出救国图强的号召，纷纷以马路或区域命名组建商会。商号只要每月缴纳 0.10—3 元的会费，便可成为所在马路或区域的商会会员。9 月 17 日，南京路商联会筹备会负责人王才运、陈则民召集其他马路商会的张慕曾、林大松、杜春荪、张汉杰、金锦源、虞兆芳、黄次俊、张鳣堂、沈星德、汤介藩、潘冬林、张连发等 12 位代表在闸北文监师路（今塘沽路）飞虹学校开会，酝酿成立各路商界联合会总会，并推南京路代表王才运为筹备主任，各马路商会推派筹备人员。10 月 26 日，在总商会议事厅举行各马路商界总联合会成立大会。12 月 7 日，四马路商界联合会成立，主要负责人为项松茂、赵南公、周邦俊。各路商界联合会筹建初期，赵南公并不十分积极。四马路商界联合会成立后，赵南公却成了商界联合会中最积极的活跃分子之一。赵南公参加商会活动，除了个人的活动能力之外，主要依靠的便是政学系的背景。个人能力与派系支持，使得赵南公在商会内颇有人望。

一般来说，商人进入商会，大都想要借助商会活动有益于拓展自身所从事的事业。赵南公的商会活动，对泰东图书局的事业并非全无帮助。张静庐、沈松泉、张一渠等优秀人才，都是赵南公在商会活动中发现并招揽进泰东图书局的。但是，赵南公在上海商会里的主要活动都与泰东图书局的出版事业没有关系；书局经理与商会代表，对赵南公来说是两个没有多少交叉关系的工作。泰东图书局才是赵南公收入的主要来源，是其作为商人的根本所在，商会代表对赵南公来说更像是公益事业。1921 年 8 月 26 日，赵南公在日记中写道："借公共机关做私人事业为法律所不许……此后当尽力市民自治，俾改造后得以全力辅助行政机关进行市政。"借助商会这一公共机关发展泰东图书局不是赵南公的目的，赵南公想要做的是改变商会由大资本家把持的局面，力行商人自治，进而改革市政。

商人自治的雄心来自于一战期间中国工商业的迅猛发展。毛泽东在《中国革命和中国共产党》一书中分析说："第一次帝国主义世界大战的时期，由于欧美帝国主义国家忙于战争，暂时放松了对中国的压迫，中国的民族工业，主要是纺织业和面粉业，又得到了进一步的发展。"[①] 丰厚的利润，雄厚的资本，使商人自治的理想有了实现的可能，而赵南公商人自治的社会理想还有更为宏大的目标。赵南公在 8 月 15 日的日记中写道："予以为国民大会此刻之主张，当联合起来，认定南北有实力有道德之人物，付之以财力，任之以除暴安良之义务，比如北则为吴，南则为陈炯明。由国民大会为之联合，使之驱逐不良分子，俾国民得趋安然发展之正途……以正当商工业等团体组成国民大会，俾军人以实力之供给，固请其东则东，请其西则西，和平唾手可得也。"赵南公以为可以利用工商界的财力，通过操纵军队，实现改造中国社会的目的。不依附于军阀，而是控制军阀，在中国社会的改造及商人作用等问题上，代表中小商人的赵南公与控制上海总商会的虞洽卿等的观念大不相同。从《新人》杂志到《社会科学杂志》，赵南公的一系列出版行为，皆与其社会理想相一致。

作为中国最早的对外通商口岸，后来又成为亚洲最具现代化气息的东方魔都，上海商业发达，自然也就催生了各种商会。其中，最为显赫的是上海总商会和各路商界联合会。上海总商会操纵在大资本家、大金融家手中，是官方的应声虫和点缀。"各路商界联合会则代表了广大的中小资产阶级商店主，参加这个组织的大小商店都同样有

---

① 毛泽东：《中国革命和中国共产党》，《毛泽东选集》第二卷，人民出版社 1991 年版，第 629 页。

发言权，谁有领导才干、肯为群众的事热心奔走，谁就会被群众推选为这个组织的带头人。泰东图书局在四马路上不是一家大商铺，而赵南公却能说会道，善于做群众工作，因此不仅被选为四马路商界联合会的代表，而且被推举为上海各路商界联合会的负责人。"①"泰东图书局设在上海福州路，赵南公在福州路商界联合会中成为一个主要的倡导人。由于他热心于商人运动、敢于发言且富有组织能力，被推为总联合会的核心负责人之一。"②

各路商界联合会总会成立后，很快便参与了中国各种社会问题的讨论。1920 年 7 月 21 日，各路商界联合会总会召开董事会讨论通过了对时局的几点主张：（1）解决建立国会问题，将国会问题视为民国法统所系，不解决则国将不国；（2）实行废督裁兵；（3）履行地方自治；（4）清查国家财政；（5）清皇室应迁至他省，以免被人利用。此次董事会后，围绕"国会问题"，各路商界联合会总会分裂成为两派：一派以四马路、武昌路、浙江路商界联合会为主，一派以总会总董陈则民为首。前者在 8 月 4 日、6 日、7 日的《申报》上指责陈则民擅用各马路商界总联合会及其他马路商联会的名义，祖护国会，阻挠召开国民大会，对其提出弹劾。8 月 8 日，商总联会召开董事会，总董陈则民致辞后，赵南公"起立反对"，弹劾陈则民。一时之间，拥护陈则民的董事与拥护赵南公的董事"起剧烈之争执"，"彼此误会，大声呼打，靠椅茶杯，均为武器，一时秩序打乱"，③ 会议不欢而散。由

---

① 沈松泉：《泰东图书局·赵南公和创造社——回忆在泰东图书局的几年》，《百年书业》，上海书店出版社 2008 年版，第 7 页。

② 沈松泉：《泰东图书局经理赵南公》，《中国出版史料（现代部分）》第 1 卷上册，山东教育出版社 2001 年版，第 330 页。

③ 《总界总会之大剧战》，上海《民国日报》1920 年 8 月 9 日。

此可见，在商会活动中，赵南公不仅积极，还拥有相当不错的人望。赵南公积极参与商界活动，所争取的并非泰东图书局出版事业上的利益，而是现代公民参政议政的资格与权利。8月10日，各路商界联合会总会召开第35次董事会，出席者27人。会议否决了赵南公等提出的弹劾总董陈则民的议案，同时议决取消赵南公、陈广海等人的代表资格。① 赵南公、陈广海等则在报上刊登声明予以反击："总会系公共团体，非私人机关。上海商人不是瞎子，不必说法律，但看当日报载情形即知。公等都是总董私人，视总董如严父，不敢一言扰及，对于弹劾总董者，视为不共戴天之仇，犹不敢明目张胆与之对抗，祇好以阴谋手段诈骗，不能到会好泄一泄暗中愤气，此等回忆还有甚价值、有甚效力。惟是会议也，均是三数政客记者之玩物，污辱我全埠商界名誉，莫此为甚，我全埠商人盍奋起而除之。"②

被取消代表资格的赵南公没有消沉下去，而是与友人策划另行组建各马路商界联合会。1921年1月9日，赵南公在日记中写道："五时，到策进会，代表票已投。陈家宝询因何辞代表。予含糊应之云：盖报票时，有人言予无能。即指定唐豪也。"日记中的"策进会"，后定名为"中华民国三民大会策进会"。23日："九时，本路开职员会。（一）商报系承认推销。（二）议定明日起收会费。（三）通知学校章程。（四）议决明春可加入总商会。（五）函致二部局取缔雏鸡站街。（六）修改本会章程组织。（1）议事部全负任之。（2）理事部分文牍、会计、交际、调查、学校、卫生等。"③ 从赵南公日记可知，赵南公主持下的四

① 《各路商界总联会开会纪》，《申报》1920年8月12日。
② 《赵南公陈广海质问总联合会并告全埠商界书》，《申报》1920年8月15日。
③ 赵南公：《赵南公日记》，上海交通大学出版社2016年影印版。

马路商会活动频繁，绝非只是为了给自己的书局谋利。取缔街头拉客的妓女、筹款创办四马路夜校、商议纳税华人会等，这些事情皆有益于改善四马路华人的生活环境。相比于那些以商会代表资格进行宏大政治活动的人来说，赵南公更像是一个实干家，关注的都是身边群众切实需要解决的问题。

1921 年 4 月 15 日，赵南公在日记中写道："上海纳税西人会昨日会议，实甚满意，其对印刷取缔、增加地房及码头并增加预算各条，竟敢予以否决，实上海自有纳税人会历史以来所未曾有之事。此后之工部局，对于一切施设，或将因之稍加注意，而不敢任意为之也。"①与大革命时期收回英租界等让国人荡气回肠的革命行动相比，纳税人会议的斗争行为没有那么耀眼，给人以妥协的感觉。但是赵南公等通过和平的方式争取国人的权利，也是上海商人活动的一大历史进步，而以纳税人的身份争取纳税人应该享有的权益，即便是放在当今社会也不失其可资借鉴的积极意义。

一般学术论著谈及 1921 年的泰东图书局和赵南公时，注意的多是郭沫若、成仿吾的到来及创造社的成立等事件，对于赵南公的商会活动大多视而不见。翻阅这一时期赵南公的日记，可知赵南公最在意的其实是商会活动，许多想法都很值得注意。1921 年 1 月 25 日："一时，到策进会，同泽源到青年会欢迎各代表。予为主席。竟诺诺言不出口。实不自解。聆各个人言论，忽觉有一种感触，即各地促进会，学界发起，无商界。商界发起者，无学界。实为进行不利之最大原因，乃以此勉励各代表。"赵南公认为学界、商界与农工相隔若天涯，

---

① 赵南公：《赵南公日记》，上海交通大学出版社 2016 年影印版。

如果不能相互融洽，则国民大会必无实现的希望。3 月 6 日："适今日陈公哲在武体育会开茶话会。乃言政治是为人而生，无人即无政治可言。吾人此后当设法使普通人民对于政治生直接行动之兴味。大者远者如国民大会，务希实现；近者切身者如纳税华人会，必须群起合力共同改造。"①中国传统商人大多在商言商，极少直接参与政治活动。在"五四"新文化运动的刺激下，赵南公等一批商人逐渐萌生了议政参政意识。在西方议会政治的思想影响下，他们以各种团体方式对现代政治发出自己的声音，这是一个巨大的历史进步。1921 年江苏省议会初选时，上海公共租界除汉口路外均未收到选举入场券，以赵南公为首的四马路商联会率先发函质询总商会："本路居民应得有选民资格约在三百以上，乃于投票之前，除少数为贵会会员，由贵会直接送到外，其余大多数选民，无论国会选举、省会选举，均未收到，究竟贵会分发选举票，依据何种名册？送至何处？抑或贵会办理分发之人，从中舞弊。今省会选举又过，但见选举机关，宣布某人得票若干，某人当选，而真正选民仍一票未投。"②赵南公等直指此次选举为暗箱操作。随后，赵南公又联合其他商会代表揭发选举舞弊，要求江苏省省长宣布初选无效。在赵南公等人的不懈努力下，吕静斋作为替罪羊受到总商会处分。像赵南公这样认真对待选举权与被选举权，且对上级部门舞弊锲而不舍予以追究的居民，正是建立现代中国选举制度最坚实的基础，可惜像赵南公这样的人并不多见，赵南公参与的商会选举活动也没有引起研究者们足够的重视。

上海总商会选举、江苏省选举等事件背后，都与整个中国的社

① 赵南公：《赵南公日记》，上海交通大学出版社 2016 年影印版。
② 《省选诉讼枝节丛生》，上海《民国日报》1921 年 7 月 13 日。

会形势有着千丝万缕的关联。赵南公与广东帮霍守华、冯少山、汤节之等都出身政学系，翻阅赵南公日记，可知赵南公与霍守华、冯少山等所在的广肇公所交往频繁。吴佩孚提出重开国民大会后，广肇公所便领衔发起了国民大会策进会，"积极回应吴佩孚召集国民大会的倡议，拒绝为孙中山讨伐桂军的军事行动筹饷"。[①] 对赵南公、霍守华等人搞的新总会来说，"赞同国民大会可谓一箭双雕，既夹杂着与宁波帮的对抗，也拒绝了为孙中山讨桂筹饷的要求"[②]。权力与派系的争夺，本就是参与选举的动因之一。不能为自己所代表的小部分人谋利益的，也就不可能为大众谋利益。赵南公等人在选举舞弊案中能够取得一定程度的胜利，虽然背后的派系力量也起了一定的作用，但是更为关键的是他们对选举公开、公正的追求。离开了这一点，孜孜不倦地寻求赵南公等人行为背后隐藏着的权力与派系因素，无疑就是舍本逐末，欲将现代选举中积极的努力拉回到传统社会争权夺利的官场阴谋中去。

1923 年 6 月 13 日，直系军阀曹锟驱逐总统黎元洪。6 月 14 日，赵南公所在的上海各路商界总联合会发表《对政潮重要宣言》，斥责曹锟等人为"亡国妖孽"，提出由全国各界发起召集国民会议，推选德高望重者组织国务委员会，以便解决国事，实现"国民自决"。7 月初，上海总商会组织发起了"民治委员会"。毛泽东在《向导周报》上发表题为《北京政变与商人》的专文，热情赞扬上海商人组织"民治委员会"是"商人出来干预政治的第一声"，是"三年不鸣，一鸣

---

① 宋钻友：《广东人在上海：1843—1949 年》，上海人民出版社 2007 年版，第 363 页。

② 彭南生：《政争、权争与派系之争：上海商总联会分裂原因初探》，《史学月刊》2014 年第 8 期。

惊人的表示"。"这次政变发生，惊动了老不注意政治的商人忽然抬起头来注意政治，这是何等可喜的一个消息。"①

赵南公代表中小商人的利益，积极参与到"商人自治"、"国民自治"的运动之中。在这中间，有无数的商人代表屈服在政治强权面前，而以赵南公等人为首的一个小团体，却始终坚持自己的立场，与商会中的各种不正之风以及黑暗的政治势力作斗争。1924年10月3日，赵南公领衔在《申报》发表告白《赵南公等控总商会改选违法》，声称上海总商会改选有种种违法行为，要求重选。1926年，上海总商会改选会长和会董。6月初发出选票，至11日，只有不到五分之一的会员投了票，总商会不得不催促会员投票。15日，赵南公与陈沧来联名致函总商会，要求宣布投票会员的资格，没有得到回应。16日，上海总商会宣布投票结果，赵南公当即指出会员中有不合格者，质疑初选的公平性，在会上引发激烈争论。21日，冯少山、赵南公等以检票员资格在报纸上刊登广告，宣称此次总商会选举，参与投票的会员资格存在问题，选举无效。这次的改选风波延续时间很长，赵南公执着地追问商会代表资格的问题，其实正是对投票权、监督权等选举制度的根本问题的维护。赵南公的坚持，也使他在总商会中深孚众望，成为商会改革派的领军人物。

赵南公经常在元旦那天的《申报》上"恭贺新禧"。1927年1月1日，《申报》上刊登"恭贺新禧"的消息数量少且落款相对简单，中国国民党上海特别市党部占据了第二版右侧第一栏位置，左边紧靠着的便是赵南公。《申报》那时都是将消息的刊登位置与所需费用相

---

① 毛泽东：《北京政变与商人》，《向导》1923年第31、32期合刊号。

关联，而不是用来显示政治地位或释放某种政治信号。但这一年《申报》"恭贺新禧"的消息，在编排上与现实生活相呼应，似乎带有某种象征意味。

1927 年 3 月 21 日，中国共产党领导上海工人举行了第三次武装起义。汪原放回忆说："大概总是在上海工人第三次武装起义胜利，即 1927 年 3 月 22 日以后的一两天。第三次起义胜利后，选举了上海市人民政府。记得我的大叔（汪孟邹）对我说过：'仲翁（陈独秀）今天谈起人民政府，人选实在很难。我提起赵南公先生，他觉得很好。'"① 在商人自治运动中表现颇为活跃的赵南公，参与了上海市政府委员的选举活动，成了受党重视的商人代表。赵南公与陈独秀在此之前早就有所交往，赵南公曾在 1921 年 12 月 14 日的日记中写道："适汪孟邹来，言陈独秀屡来不晤，请予抽空一往见。"② 此时的陈独秀担任中央局书记，在 1921 年 11 月底签发《中央通告》，提出了一系列的工作计划，要求上海、北京、广州、武汉、长沙五区征集同志成立区执行委员会等，计划有步骤地在全国开展各项工作，可谓事务繁忙。在这种情况下，却能"屡来"找赵南公，可见确有较重要的事情。唐宝林、林茂生所著《陈独秀年谱》对此事并无记载，赵南公日记没有见面谈话的记载，故此难以确知。但是从陈独秀这一时期派李立三到湖南从事工运，又派徐梅坤到商务印书馆工作，可推知陈独秀似乎想派人到泰东图书局工作？被视为托派的范香谷后来到泰东图书局编《泰东月刊》，起因可能在于此。赵南公和陈独秀的具体交往虽然难以查考，但是两者之间肯定还有某些交集，是以陈独秀才会觉得

---

① 汪原放：《亚东图书馆与陈独秀》，学林出版社 2006 年版，第 111 页。
② 赵南公：《赵南公日记》，上海交通大学出版社 2016 年影印版。

赵南公不错。至于陈独秀在上海市政府的这次竞选中是否支持了赵南公，又是以何种方式支持了赵南公，这方面的材料尚有待进一步的发掘考证。

除了广肇公馆及原政学系人员的支持之外，赵南公在商会里的活动应是这次竞选能够胜出的关键。据《申报》报道："昨日上午十时，上海临时市民代表会议在新舞台开第五次大会，到会者商界有总商会、县商会、各路商界总联会、闸北商会……市政府委员补选案。由市政府秘书长报告，由执行委员提出之候选人王一亭、顾馨一、赵南公、王延松、孟心史、宋子文、陈友仁、叶惠钧等八人，并介绍八人历史，由主席用反正表决法，先行推出叶惠钧、王延松、赵南公、孟心史四人为决选人，付表决。结果叶惠钧、赵南公二人当选，叶得三百六十二票，赵得一百九十五票。"① 以商会代表身份参与政治活动，这是赵南公取得的最好成就。

1927 年 4 月 26 日，蒋介石以政治分会名义令上海总商会改选，钱永铭、虞洽卿、王震、吴忠信、冯少山等七人负责办理改选事宜。商会现任的职员一律解职，商人自治梦宣告破碎。大资本家获得了蒋介石政府的支持，重新稳固了对商会的掌控力。"对上海资本家来说，国民党在上海第一年的统治几乎是一场灾难……作为中国最有力量的经济集团的上海资产阶级，企图把他们的经济力量转变为政治权力的打算，已经是落空了。上海资本家在 1927 年以前十年中所享受的政治自由突然结束，而坠入到'恐怖统治'之下了。"② 上海商人自治努

① 《市民代表会第五次大会纪》，《申报》1927 年 4 月 4 日。

② ［美］小科布尔：《上海资本家与国民政府》，杨希孟等译，中国社会科学出版社 1988 年版，第 52 页。

力的终结，伤害的是赵南公这样的中小资本家，至于那些大资本家，官商结合后个人的政治权力反而有所增益。为"五四"新文化运动的浪潮所鼓舞的赵南公，一度非常热衷于商会选举、议会选举等社会活动，国民党政府的统治终结了赵南公这方面的努力以及所怀抱的梦想。此后，赵南公等人在商会中再也没有了发声的空间。

赵南公毕竟不是一个庸俗的自私自利的出版商，而是真诚地相信过自治主张的商人，也曾以商人代表的身份为自治付出过努力。从赵南公的商会活动看他的出版事业，有些问题也就能够得到更好的诠释。清党运动后，上海出版界形势严峻，赵南公执掌的泰东图书局却顶风而上，出版了许多马列方面的著作，赵南公因此屡屡遭受拘捕和罚款。租界法官不理解以营利为目的出版商人，为何总是要做一些被查封被罚钱的事情，赵南公声明并非是自己愿意缴纳罚金，而是当局的措施违反了民意。因为主张自治，所以泰东图书局一直坚持出版自治方面的书籍；因为反对强权，所以泰东图书局在革命书籍的出版方面向来不落人后。

第六章

落地的麦子不死

在新文化出版领域，能够准确地把握出版趋势大赚一笔的出版家固然令人佩服。然而，能够从没有人走过的地方走出一条路来，在新文学的读者市场还没有真正形成的时候努力于培养读者、开拓这一新市场的出版家，更是可敬。亚东图书馆、泰东图书局就是新文化与文学出版市场上的开拓者。正是在他们坚持不懈的努力和引领下，新书业趟出了自己的发展道路，迎来了春暖花开的"黄金时代"。

郭沫若等创造社同人离开泰东图书局后的第二年，新书业的"黄金时代"悄然降临。赵南公虽然深信白话文必定流行，然而这流行的"黄金时代"何时到来，在必然的趋势中却不能不说是相当偶然的事情，没有人能够预测准确的时间点。赵南公执掌的泰东图书局，因为种种原因，没有能够充分把握住新书业的"黄金时代"壮大自身。与其他出版机关迅猛的发展势头相比，泰东图书局这时期的出版发行事业相对来说可谓是不进反退。

张静庐回忆说："从民国十四（1925 年）至民国十六年（1927 年）的三年间，我们也可称它为新书业的黄金时代。"[①]"当时有几个地方，新文艺出版物的销路特别大，北京和广州不用说了，此外如南边的汕头、梅县和海口，往往一来就是十几封信，显示这些地方爱好新文艺的读者非常多。后来这些地方都成了革命运动的中心，可见火种是早已有人播下了。"[②] 光华书局、现代书局、亚东书局、商务印书馆等，无不趁着这个机会印行北伐革命所需的各种图书刊物，亲自或派专人到武汉、南昌等地进行图书销售。然而，在这三年"黄金时代"里，泰东图书局的出版事业恰恰处于"U"形发展的低谷。原因有三：第一，"创造社和泰东断绝关系后，泰东在新书出版业中不再为文艺界所重视"[③]；第二，新书业的"黄金时代"也是赵南公商会活动的"黄金时代"，这个时期赵南公忙于商会事务，热心于竞选上海市政府委员，在出版事业方面用心较少；第三，张静庐、沈松泉等职员离开泰东图书局后开办新书店，与泰东图书局形成竞争关系，而泰东图书局却没有招揽到与之相当的人才。

蒋介石的人马控制了上海市，赵南公竞选上海市政府委员等事务

① 张静庐：《在出版界二十年》，江苏教育出版社 2005 年版，第 86 页。

② 叶灵凤：《记〈洪水〉和出版部的诞生》，《读书随笔》，生活·读书·新知三联书店 1988 年版，第 23 页。

③ 沈松泉：《泰东图书局经理赵南公》，《中国出版史料（现代部分）》第 1 卷上册，山东教育出版社 2001 年版，第 334 页。

皆化为泡影。没有其他社会事务牵掣，赵南公投入到泰东图书局出版事务上的精力相应地也就多了起来。赵南公积极寻找新的作者，想方设法策划新的出版选题，不断加大广告投入（昂贵的《申报》广告栏有时会有两栏泰东图书局的广告，如 1928 年 3 月 2 日星期五《申报》就刊登了两栏）等，这一系列的动作很快就产生了显著的效果：1928年到 1930 年三年间，泰东图书局的出版事业出现了一个新的井喷时期。与狂飙社合作出版"狂飙丛书第二"，与白露社合作出版《白露》半月刊、《白露月刊》和"白露丛书"，与太阳社成员等合作出版《泰东月刊》、《海风周报》，与闽南民间文艺研究社合作出版《闽南故事集》等丛书，与励前社合作出版"励前社丛书"，与彩虹社合作出版"彩虹丛书"，与潘汉年合作创办《战线》周刊，冒着白色恐怖的威胁坚持出版"苏俄研究丛书"、"马克斯研究丛书"① 等。总体而言，这一时期泰东图书局的出版重心，主要是倾向于革命色彩的书籍刊物。

一、出版"狂飙丛书第二"

赵南公为什么要出版"狂飙丛书第二"？狂飙社是如何找到泰东图书局出版"狂飙丛书第二"的？由于史料不足，上述问题难以确知，现在能够确认的是狂飙社与两位创造社小伙计有接触。这两位小伙计便是柯仲平与潘汉年。高长虹在《北新》周刊发表《艺术界》，推许柯仲平的创作，质询《创造月刊》为何不发表柯仲平的作品。柯仲平

---

① "马克斯"今译"马克思"，下同。——编辑注

后来参加了狂飙社，1927年5月到西安市，任教于陕西省立第一中学。1927年4月，潘汉年邀请高歌、向培良等到武汉主编《革命军日报》专刊《革命青年》。从时间等方面来看，潘汉年、柯仲平都不适合做高长虹接触赵南公的中间人。中间人也不会是周全平，首先高长虹与周全平有矛盾，其次则是周全平早在1926年底就已离沪北上。但是，从高长虹为柯仲平鸣不平，以及《走到出版界》中批评文坛"名人"等行为来看，高长虹与创造社出版部里的小伙计们很有共鸣，即皆以受压迫的文艺新人自居，有挑战文坛偶像的强烈欲望。

高长虹领衔的狂飙社，先是在北京发展，后来觉得受到文坛偶像的压迫，所以离开北京，南下上海。高长虹回忆说："关于郭沫若和周作人的批评文字，好久没有发表出来，我去信问一个少年朋友，并叫他到鲁迅那里去看怎样回事，鲁迅说是，交给韦素园了。韦素园说，鲁迅交给他的时候，说：'就说你们不发表吧。'"[①] 有学者解释说："我们可以设身处地地想一想，让鲁迅编发这样的稿子，不是给他出了一个很大的难题么？周作人是他的弟弟，郭沫若是创造社的盟主，无论是'攻击'还是'赞美'，都不应该由鲁迅编发。"[②] 这个"设身处地"的解释，无非是想要人们（包括高长虹在内）理解鲁迅的做法，高长虹其实早已"理解"了，不过却是站在自己的立场上理解的。高长虹的文字虽然有些曲折，却也将其受文坛偶像们压迫的感觉表达了出来。

1926年4月16日，高长虹与郑效洵从北京来到上海，欲在沪上

---

① 高长虹：《一点回忆——关于鲁迅和我》，《高长虹文集（下）》，中国社会科学出版社1989年版，第521页。

② 董大中：《鲁迅与高长虹》，河北人民出版社1999年版，第134页。

开展狂飙运动。10月，高歌从北京也来到上海，协助高长虹在上海编辑新的《狂飙》周刊。这时候，高长虹和高歌并没有与赵南公或泰东图书局合作的意思，而是先与开明书局、光华书局等合作了一段时间。后来，高长虹等发现狂飙运动在上海开展得似乎不尽如人意，这才又找到了泰东图书局，转而与泰东图书局合作。忙于商会活动的赵南公，无暇招揽高长虹，应是高长虹先来找赵南公，欲在泰东图书局出版狂飙社的丛书。

现代作家们寻找出版机关时，泰东图书局似乎一直都是备胎，是找不到更理想的合作者时才会被光顾的出版机关。因为是备胎，所以找到泰东图书局的作者们其实都对文坛偶像有较为强烈的挑战欲望，认为文坛偶像阻挡了自己更好的发展道路。泰东图书局出版物对文坛偶像多挑衅的言辞，也就不足为怪。赵南公与这些作者们合作时，若知道自己只是备胎，不知当作何感想。从赵南公招揽王无为、李凤亭的经历来看，赵南公对备胎这一地位并不看重，他看重的是能够招揽到真正的人才。不看资历，只看能力；不管对方是否对书局忠诚，只问对方能否贡献有价值的出版物。赵南公不拘一格招揽编辑和作者，愿意发掘和培养无名的文学新人，而他所执掌的泰东图书局则成为文坛偶像反抗者的孕育基地。从创造社到狂飙社，再到白露社，这些与泰东图书局关系密切的文学社团都曾旗帜鲜明地提出反抗文坛偶像的口号。

1926年11月9日，鲁迅在写给韦素园的信中说："今年夏天就有一件事，是尚钺的小说稿，原说要印入《乌合丛书》的。一天高歌忽而来取，说尚钺来信，要拿回去整理一番。我便交给他了。后来长虹从上海来信，说'高歌来信说你将尚钺的稿交还了他，不知何故？'我不复。"①鲁迅信中所说的小说稿，指的是尚钺的短篇小说集《斧背》，1928 年 5 月由上海泰东图书局出版，列为"狂飙丛书"之一。狂飙社曾在上海开明书店、泰东图书局、光华书局、狂飙出版部编辑出版"狂飙丛书"第一、第二、第三、第四。其中，泰东图书局出版的"狂飙丛书第二"质量最高，数量也最多。从 1927 年 10 月到 1928 年 9 月一年内出版"狂飙丛书"共 12 种。"狂飙丛书"出版数目第二多的光华书局，从 1926 年到 1928 年 4 月两年的时间，也只出版了"狂飙丛书"8 种。

　　1926 年 6 月 27 日，高长虹在《弦上》周刊第 19 期写给高歌的信中说："丛书，《荆棘》外，《热与光》已一部付印，其他尚未寄到，亦以九月为期，想同时有五六种出来，不知能否？"在高长虹的设想中，"狂飙丛书"应该较为集中地推出，以便在文坛上掀起波澜，开展"狂飙运动"。理想与现实总是有差距，高长虹在上海初期的努力结果不容乐观。"当时我因为开明出的狂飙丛书印得很慢，便索性再同北新书局办一个丛书，当下说定，这便是狂飙丛书第二的来历。"②开明书店出版的是"狂飙丛书第一"，打算在北新书局出版的则是"狂飙丛书第二"。1926 年 10 月 10 日，《狂飙》周刊的广告也已经宣布"狂飙丛书第二"由"北新书局印行"。从高长虹的文字及四种"狂飙丛书"出版的先后时间来看，本应先在北新书局出版的"狂飙丛书第二"，中途出现了新的问题。1927 年 1 月 13 日，高长虹在《寄到八道湾》中写道："俗话说得好：不怕官，只怕管。我也认错了吧，为的是我们

---

① 鲁迅：《鲁迅全集》第 11 卷，人民文学出版社 2005 年版，第 610 页。

② 高长虹：《谨防冷箭》，《高长虹文集（中）》，中国社会科学出版社 1989 年版，第 139 页。

的那个孩子所谓的'狂飙丛书第二'者。"① 廖久明认为"狂飙丛书第二"
未能在北新书局出版的主要原因"便与周氏兄弟有关"。② 各种矛盾冲
突的结果便是,"狂飙丛书第二"不得不改由泰东图书局出版。在"狂
飙丛书第二"确定由泰东图书局出版前,高长虹又策划了"狂飙丛书
第三",结果"狂飙丛书第三"反而比"狂飙丛书第二"问世还要早。

　　高长虹先找开明书局、北新书局、光华书局,遇到困难计划受挫
后才找到了泰东图书局,结果反而是泰东图书局对"狂飙丛书"的出
版最积极。泰东图书局,再次显示了对文学新人的重视,以及对于编
辑者"自由"的尊重。赵南公愿意接手"狂飙丛书第二"的出版,并
非是因为看到高长虹此时已经算是文坛上的"名人",似乎更像是对
陷入困境中的高长虹伸出了援手。谭勉予在《俘虏的生还》序言中说:
"上编是在几个月前写好的,题做'生还',当时发表的欲念很强,就
寄到创造社,乃超先生说想在《文化批判》上发表,后来,《文化批判》
停刊,他又叫我取回改作。我很感谢乃超先生,热心给我指导!他给
我来信说:'缺乏客观的描写,但同时又富于实感。'并且在原稿里逐
处给我指出缺点。我就依照他的指导,改作成今稿。"③《俘虏的生还》
这部长篇小说原本并没有打算在泰东图书局出版,而是想在创造社刊
物上发表,可是《文化批判》停刊了,创造社出版部又没有出单行本
的打算,这才重新找了泰东图书局。对于那些不出名的被其他书局拒
绝的作者来说,泰东图书局是现代出版界的一朵奇葩,似乎总是乐于

---

　　① 高长虹:《寄到八道湾》,《高长虹文集(中)》,中国社会科学出版社 1989 年版,
第 213 页。

　　② 廖久明:《一群被惊醒的人——狂飙社研究》,武汉出版社 2011 年版,第 209 页。

　　③ 谭勉予:《俘虏的生还·自序》,泰东图书局 1929 年版,第 2 页。

跟在其他出版机构后面捡漏。而这些作者在泰东图书局出名后，随后也就能看到他们的著作开始在商务印书馆等大出版机构中出版。

由泰东图书局出版的"狂飙丛书第二"丛书具体目录如下：

第一种：《病》，作者：尚钺，1927 年 11 月初版；

第二种：《清晨起来》，作者：高歌，1927 年 10 月初版；

第三种：《献给自然的女儿》，作者：高长虹，1928 年 1 月初版；

第四种：《曙》，作者：高长虹，1928 年 4 月初版；

第五种：《夜风》，作者：高沐鸿，1928 年 4 月初版；

第六种：《死城》，作者：丹农雪乌，向培良译，1929 年 3 月初版；

第七种：《斧背》，作者：尚钺，1928 年 5 月初版；

第八种：《游离》，作者：高长虹，1928 年 12 月初版；

第九种：《走到出版界》，作者：高长虹，1928 年 7 月初版；

第十种：《红日》，作者：高沐鸿，1928 年 9 月初版；

第十一种：《狭的囚笼》，作者：高沐鸿，1928 年 9 月初版；

第十二种：《中国戏剧概评》，作者：向培良，1928 年初版。

上述几种丛书，有些编号并不固定，如《死城》，初版本封面上注明是"狂飙丛书"第七种，与尚钺的《斧背》同为第七种，出现了两个第七，显然丛书次序号有误。泰东图书局 1928 年 7 月初版发行了高歌的短篇小说集《压榨出来的声音》，却并没有列入"狂飙丛书"。从初版时间和创作的角度来看，《压榨出来的声音》比《死城》更适合列入"狂飙丛书"。窃以为没有标注"狂飙丛书"的《压榨出来的声音》是"狂飙丛书第二"第六种，而 1929 年 3 月初版的《死城》应是"狂飙丛书第二"第十三种或"狂飙别集"。1929 年 3 月，就在《死城》初版的同时，泰东图书局初版发行了高歌的《野兽样的人》，列为"狂飙别集"第一种。

"狂飙丛书第二"中大部头的著作很少，大多都属于几十页的小书，且在《狂飙》周刊上发表过，如《走到出版界》、《狭的囚笼》、《中国戏剧概评》、《清晨起来》、《红日》等。1927 年 1 月，光华书局出版了《狂飙汇刊》第一册。也就是说，"狂飙丛书第二"中的创作，已经在《狂飙》周刊上与读者们见过面了，《狂飙汇刊》则是第二次的见面。那么，北新书局最后不愿意出版"狂飙丛书第二"，除了与鲁迅兄弟间的冲突外，是否与高长虹这种将作品一卖再卖的行为有关？毕竟，高长虹等人的作品还没有优秀到在短短的一年里值得以各种形式反复推出，只有几十页篇幅的小书，起到的不是作品汇集的作用，反而更像是对《狂飙》周刊和《狂飙汇刊》内容的再次拆分。有人曾以"天神"为笔名撰文《苦了买书人》，专门谈及这种情况。"中国的名作家的文章，简直是匹马，从这里跳到那里，同样一篇文章，可出版在许多地方，使读者在各样的书里发见一色的面目，赔掉无数冤枉钱。现在我把这程序列如下：（一）发表于报纸；（二）揭载于杂志；（三）编成专集……"①对于作家来说，这是有利的；若是在同一个书局内反复出版，对于书局来说也是有利的。但是，当作品按照上述序列反复出版时，第一次和第二次都由一家书店负责，第三次却换了一家书店，那么，负责第三次出版的书店，所能得到的利益也就很有限。泰东图书局出版"狂飙丛书第二"，就是属于这种反复出版

---

① 天神：《苦了买书人》，《出版消息》1933 年第 10 期。

序列中的第三次出版，这样的出版不可能给泰东图书局的出版事业开拓出新的局面，反复出版过的内容，也就限制了其所能带来的经济效益。在这种情况下，泰东图书局依然愿意接手"狂飙丛书第二"的出版，且没有供稿或编辑等附加条件，实属难能可贵。

二、书局内出版持续时间最长的杂志

诞生于泰东图书局的刊物，持续时间一般都不长。泰东图书局出版事业的辉煌时期，《创造》季刊从问世到终刊，不足两年。轰动一时的《创造周报》，也只维持了一年的时间。就出版持续的时间长短而言，泰东图书局内存在时间最久的一份刊物，是由汪宝瑄等一群复旦大学法科学生创办和编辑的《白露》。

汪宝瑄在与泰东图书局发生关系前，曾向周全平负责编辑的《洪水》半月刊投稿。1926 年 9 月 1 日，《洪水》半月刊第 2 卷第 23、24 期合刊号出版，发表了汪宝瑄的小说《秋雁》。郑伯奇在《中国新文学大系·小说三集导言》的结尾处，将汪宝瑄的这篇《秋雁》与窈窈的《慈爱毁灭后》视为"当时青年的两种趋向"的代表，"一种消极的趋向可以在《秋雁》中看出"，《慈爱毁灭后》描写的则是热血青年的行动，"把当时青年的反抗的活动的多感的罗曼谛克的气质完全描画出来了"。[1] 汪宝瑄（1900—　）江苏连云港人。复旦大学、法国巴黎大学法科毕业。1923 年加入国民党，曾任国民党江苏省临时省党

---

① 郑伯奇：《中国新文学大系·小说三集·导言》，上海良友图书印刷公司 1935 年版，第 25 页。

部书记长。1928 年改任江苏省党部指导委员会常务委员兼训练部长。1934 年任国民党陕西省党部党务特派员。

1926 年 11 月 1 日，《白露》半月刊创刊，由泰东图书局出版发行，32 开本，每期 50 页左右。《白露》半月刊的创办，填补了创造社同人离开泰东图书局后留下来的空缺。赵南公对于这份刊物的出版发行也很用心，1926 年 11 月 7 日、8 日的《申报》上连续刊登《白露》半月刊创刊号出版的消息，并称之为是"异军突起的白露半月刊"，此后还在《申报》上多次刊登《白露》半月刊的出版广告。《白露》半月刊第 1 卷以"进社文艺研究会"名义编辑，第 1 期至第 3 期实际编辑者是汪宝瑄，第 4 期后改由杨幼炯的弟弟负责编辑；第 2 卷后以"白露社"名义编辑，实际编辑者是蒯斯曛。1928 年第 3 卷第 12 期出版后，《白露》半月刊改为《白露月刊》继续出版。

"进社文艺研究会"除了汪宝瑄外，主要成员还有杨幼炯（1902—1973）。杨幼炯字熙清，号复斋，湖南常德人。1923 年入上海复旦大学政治系学习。历任《神州日报》、《中央通讯社》总编辑，民智书局编辑所长等职。1935 年 1 月 12 日任立法院立法委员，1948 年当选"行宪"第一届立法院立法委员，并任立法院法制委员会委员。1949 年冬去台湾。杨幼炯信奉"三民主义"，质疑列宁领导的无产阶级革命。但是，当"进社文艺研究会"与泰东图书局合作创办《白露》半月刊时，国民党还是进步的革命力量的代表，而"进社文艺研究会"的性质也是进步的，对于中国社会和文艺都有自己独特的思考。

泰东图书局虽然是一个商业化的书局，却从没有出版过反动的文艺刊物。在趋新的出版事业中，《白露》半月刊最初呈现出来的特质，与早期创造社非常相似。《白露》半月刊创刊号上有汪宝瑄的一篇《献词》：

> 这棵神树，从亚当到夏娃入世时，便有她的历史了。经历几
> 多岁月，开过多少花朵，结了几许果儿，谁也说不出。然而花和
> 果总是常开常结的，人赖她才一直活到如今。

> 啊，不幸，不幸神树在我们的时代，渐渐的枯槁。绿的叶儿
> 黄了，葩的苞儿萎了；望穿了人们的眼，为的花儿哭泣，渴涸了
> 人们的咽喉，为的果儿不结。宇宙便这样的消沉，人生便这样的
> 枯燥。

> 好了，看呀：

> 双翅的仙女，左手执瓶，右手握柳枝，摆呀摆呀的沥着——
> 是霏霏霏霏的白露！

> 假如上帝不召回仙女时，白露的效能，也不让阵阵甘霖！

> 愿黄的叶儿再绿，萎的苞儿又葩——神树的复活！

仅看这篇《献词》，与《洪水》周刊上周全平《撒旦的工程》一样，
都用了《圣经》故事，表达了再创造的志愿。汪宝瑄这篇《献词》中
的仙女，如果离开《圣经》故事的背景，与郭沫若《女神之再生》中
的女神们非常相似。面对枯槁了的世界、消沉了的宇宙，她们就是复
活一切的女神。从艺术创作的角度来说，《洪水》半月刊已经偏离了
《创造》季刊开创的文艺道路，开始强化社会文化方面的批评，而《白
露》半月刊则继续纯文学的创造，反而更像是《创造》季刊文艺道路
的继承者。就此而言，无论是与白露社合作，还是与狂飙社合作，泰
东图书局继续寻找并与之合作的这些文坛新人，都与初期创造社有着

某种相似性。

借助泰东图书局登台亮相的《白露》杂志，在另一方面也与《创造》季刊非常相似，即以文坛新人的身份挑战文坛偶像。《白露》创刊号的版权页上有一则《本刊启事》："本刊系纯文艺性质，竭诚欢迎国内外青年无名作家投稿。但所谓名流杰作，恕不接受。"对文坛名流的敌对态度很明显。《白露》第 1 卷第 3 期里封刊登了一则《无名作家的联合战线》启事："偶像们霸占了文艺之宫，于是天才永被埋没，无名的作家永被抹煞。我们不能再懦弱了，我们要似怒狮般跃了起来，将我们的血和泪一齐洒在纸上。无名的作家，还不走向这儿来？这儿有您们心花怒放的园地，这儿是我们联合的战线！我们向伪文学家下总攻击，我们愿做文艺的忠臣，无名的作家们呵，白露在欢迎你们！进社文艺研究会启。"以"无名作家"自称，以"无名作家"相约从事文学的事业，最初由郁达夫在《纯文学季刊〈创造〉出版预告》中提出，而后演变为浅草社的《"无名作家"社公约》，再变而成为白露社的《无名作家的联合战线》。泰东图书局与亚东图书馆虽然同是新文学出版界的领头羊，但是亚东图书馆从一开始就抱紧了陈独秀、胡适等文坛大佬，泰东图书局恰恰与之相反，走的是"无名作家"的路线。这是新文学出版界两种不同的趋新路线。

现代文坛上的代际变换较为频繁，自创造社开启了挑战文坛偶像之旅后，新生代挑战文坛"已成作家"的事件便频出不穷，如后期创造社内有"未成作家"对"已成作家"的挑战，左联成立前后则有"新兴作家"的论战。左联成立后，曾粲和周启等在 1931 年成立了"无名作家组合"，后来更有爱好文学的无名青年成立了"无名文艺社"，社员曾达到三百多人。将挑战文坛偶像的行为追溯到创造社身上，同时也就应该看到这种行为与泰东图书局也存在某种内在的联系。创造社、浅草社、白露社、狂飙社，这四个先后与泰东图书局合作的新文学团体，都对挑战文坛偶像有着浓郁的兴趣。这种挑战本身，说明现代出版界有重视名家与偶像的积习。"在各国时常可以看到出版家扶助作家的实例。在我国出版家对于作者不但不扶助，并且是极尽剥削的能事。像极力拉拢已成名的作家，不管他稿子的好丑，用着较高的代价收买印行。对于无名作家，任你作品如何，送到书店里，总是十九被拒，就是有小小的幸运，能够中选了，你的稿费，终归不及有名作家的十分之一二。"①"无名作家"尚无名的时候，泰东图书局有勇气有魄力扶助他们，是极为难能可贵的。若非泰东图书局对创造社、白露社等挑战文坛的行为持宽容甚或支持态度，像《创造》、《白露》等杂志就不会有长达两三年的出版寿命。不断涌现出的对文坛偶像进行挑战的"无名作家"，所彰显的正是现代文坛的青春气息。文坛代际的快速更换，正是现代文学飞速发展的一个表征。研究者们一般都将创造社视为青春文化与青春文学的代表，而泰东图书局正是培育像创造社那样的青春文学社团的沃土。

《白露》半月刊宣称要"向伪文学家下总攻击"，其实并没有真正像《创造》季刊或《创造周报》那样以文学批评的方式尖锐而猛烈地挑战文坛偶像。《白露》半月刊第 3 卷第 7 期"编完以后"中说："我们读书有限，所写的批评文，大半不能应用。"又说"我们都是年青人，'杂感''杂感'一定会'感'出触犯权威者的文字来，我们的小命虽不足贵，可是连累别人——如书局——这是不大好的。"一边想

---

① 华狷公：《先天不足后天失调的现代出版界》，《中国新书月报》1931 年第 1 卷第 6、7 合刊号。

要使《白露》半月刊成为"无名作家吐气"的阵地，一边又不想开罪"权威者"。两个方面碰撞妥协的结果，便是《白露》半月刊采取了模糊的大而化之的方式，不针对个人也不针对某些团体，这种抽象化笼统的"总攻击"也就失掉了应有的效力。

1929年1月15日，白露社编辑的《白露月刊》第1卷第1期出版，16开本，每期130页左右，共出6期。从第1期到第3期，"编后"落款均为"洪记于梨花村"，"洪"就是蒯斯曛。蒯斯曛（1906—1987），江苏吴江人，小时就读县立第四高等小学，与柳无忌（柳亚子之子）等被称为"四高五虎"，后到上海复旦大学读书。在创刊号的"编后"中，蒯斯曛宣称："白露底态度，可以诚挚两字来代表，登载的作品，不一定全是所谓革命的或者反革命的，不一定全是普罗立塔利亚或者布尔乔亚。凡是秉着诚挚的态度而写成的作品，都要登载。在理论方面，代表极端相反的意见的文章，只要有可取的理论，都可以登载；我们相信无论什么底进步与改革，分开的共同讨论是必需的，文学不是例外。"声明自身不是"调和论者"，以"诚挚"为旗帜，而不以阶级、政治立场为藩篱，显示了《白露月刊》开放式的编辑思路。在当时的文坛上，这种编辑思路并不被看好，且很快也发生了改变。

从第4期开始，《白露月刊》的编辑改为毛含戈。毛含戈在第4期"编后"中说："二月里失业来上海，斯曛便因事情忙不过不能专心来编白露事对我说，意思就是要我来编。我呢，因这样艰难的工作，实在有些不敢做。恰巧这时候友人从安庆信来，叫我到那方面去做事，于是这事情也就搁起了。"经历一番波折后，毛含戈接手《白露月刊》的编辑事务。毛含戈接手后，在作者方面出现的一个较大的变化便是王任叔的加入。第 4 期有王任叔的三篇稿件，其中一篇《密探》是翻译日本无产阶级作家林房雄的作品。

《白露月刊》第 4 期设置了"国内文坛杂话"的栏目，对于这个以"纯文艺"自诩的刊物来说，这无疑是一个较为重大的突破，其中一篇题为《著作家出版家的胆》的文字，谈到了创造社出版部被查封事：

> 著作家因为要争言论出版自由，而有著作家协会的组织了。但杂志涉及讨论社会科学的辄以被封闭，或禁止发卖的既时有所闻，但终不见我们的著作家协会有只字半语的正义的抗争。创造社出版部毫无罪状而以被封闭时，我们的出版界，好似不当一回事，好像若是他们出来说半句话，就会陷于创造社第二的运命。所以只得置若罔闻了（甚至有因人被封，而讥笑称快者，我们不忍说！）
>
> 其实这是最明显不过的事，著作者们，出版家们愈懦弱温顺，他们所受的摧残与不自由，将永远有加无已。

所谓创造社出版部被查封，这里指的当是 1929 年 2 月 7 日被国民党查封。同情创造社出版部，反对国民党压制出版自由，显示了《白露月刊》的左倾色彩。刊发在"杂话"栏中的文字，都是很简短的文字，大多是对于当时社会、文化与文学等的批评，与《洪水》半月刊的社会文化批评文字非常相似。

《白露月刊》第 5 期上的"国内文坛杂话"，所载短文都加了编号，从第 7 则到第 10 则，共发表 4 则署名"书生"的"杂话"，文笔犀利泼辣。第 8 则《孙三的小丑面孔》，将孙福熙、茅盾等作为小布尔乔亚文艺的代表进行批评，明显带有与创造社、太阳社的革命文学批评相似的色彩。第 9 则《奉令停刊》谈到"国内的文艺杂志，近来颇有出的快停得快的现象"，"我们调查此中之真相，原来十分之七八是系'奉令停刊'的"。文章最后写道："我们怀疑政府，为什么总喜欢和我们穷光蛋开玩笑？我们怀疑出版者和编辑者，为什么总是这样轻易地奉令而行，难道没有力争的理由么，难道不可要求政府宣布停刊罪由，而后实行'奉令'么？"

《白露月刊》第 6 期出版后也就停刊了。至于是"奉命停刊"还是其他，尚有待史料文献的进一步挖掘。但是，这份延续了近三年的纯文学杂志刚刚表露出社会文化批判的气息便走向了停刊，若说没有社会政治因素方面的影响，恐怕谁也不会相信。

与《白露月刊》的逐渐左倾的发展相呼应的，则是"白露丛书"的编辑与出版。"白露丛书"已出版的共有 5 种：蒯斯曛的《凄咽》、翰哥（毛含戈）的《两种力》、王任叔的《殉》、梦茵的《爱与死》、罗吟圃的《纤手》。王任叔的《殉》等著作中并没有任何"白露丛书"的标示，只有蒯斯曛的《凄咽》封面注明为"白露丛书（进社文艺研究会编）"。"白露丛书"是真实存在的，一般认为有两本：《凄咽》与《殉》。①《白露》半月刊第 3 卷第 7 期"编完以后"曾透露过关于丛书的一些消息。"丛书方面，快要出版的，有：（一）吟圃兄之诗集《纤手》，（二）任叔兄之短篇小说集《殉》。付印中的有梦茵兄翻译的法国罗曼罗兰戏剧《爱与死》。即日付印的有席涤尘兄翻译的独幕剧集

---

① 应国靖：《几易编辑的〈白露〉》，《现代文学期刊漫话》，花城出版社 1986 年版，第 58 页。

《情侣》。不久可编完的，有（一）宝瑄兄短篇小说集《孤雁》，（二）斯曛的短篇小说集《幻灭的春梦》。斯曛遗失了未完的中篇小说稿，不免有点儿惋惜，想不久重写起来。"白露丛书"的出版计划没有完全实现，预想中的丛书能够完成的大都是带有左翼色彩的著作，显示了左翼作家们积极的创作态度。

《白露月刊》第1卷第5期刊载的"白露丛书五种"广告边上，是"白露丛书《新俄女教师日记》出版预告"。"这是一册社会主义女教师日记体的小说。内容是把教育全组织的基础置在自己的发现能动心和斗争的上面，可说是现在新俄教育的精髓。再说一句，这本书是学校社会化的新教育的试验法。很可以作我们小学教育的试验法。译者是王任叔君，译笔流利可靠。现已付印，不日当可出版。想读者们——尤其是小学教师者所乐闻也。"王任叔从日文转译的苏联克理各理衣夫的《新俄女教师日记》并没有在泰东图书局出版，而是署名"碧三"，并改题为《苏维埃——特女教师日记》，最后由上海新学会社初版发行。从泰东图书局的两则广告来看，计划中的"白露丛书"有王任叔的两种著译，最后一种还特别点明主人公的身份是"社会主义女教师"，左翼文学的色彩已然清晰可辨。文学出版上出现的这种变化，可用《白露月刊》第1卷第2期刊载的《现代中国文学作家》广告中的语言概括："钱杏邨先生，把中国现代的文学家鲁迅、郭沫若、郁达夫、蒋光慈等四人加以一番重新的探讨和批判。编为现代中国文学作家第一集。他站在革命文学的立场上，将各人加以精细的分析，和各人对于时代所发生的影响！我们在这册书里非特可以认识四位作家的个性，作品，而且还可以使我们知道现在新时代所需要的是那种文学家！那种作家！""革命文学的立场"、"新时代"所需要的"那种文学家",就是促使《白露月刊》发生变化的主要因素。

三、出版《社会科学杂志》

在复旦大学读书期间热衷于文艺创作的杨幼炯等人,毕业后走向了政界,干起了实务,无暇于纯文学的创造。赵南公失掉了几个好的文学编辑,但是,他对杨幼炯等人非常看好,继续与从政后的杨幼炯合作,发行以"社会科学研究会"的名义编辑出版的《社会科学杂志》。

1928年3月1日,社会科学研究会编的《社会科学杂志》季刊出版,发行者为赵南公,总发行所是泰东图书局。《社会科学杂志》的封面设计主要有两种:第一种是创刊号上的双手捧着燃烧的蜡烛的图像,寓意启蒙;第二种用的是多个齿轮组合起来的图像,应该是象征现代工业社会。蜡烛图像在现代文学出版物上频频被使用。1926年1月,鲁迅在《杂论管闲事·做学问·灰色等》一文中说:"他(王品青)还留赠我一本《现代评论增刊》,只要一看见封面上画着的一枝细长的蜡烛,便明白这是光明之象。"[①]泰东图书局1927年出版的《泰东月刊》,也有几期用细长的燃烧着的蜡烛做过封面画。与《泰东月刊》相比,《社会科学杂志》的封面较为素净端庄。

何多源在《十五年来之中国社会科学杂志》一文中梳理了民国以来社会科学杂志的概况,叙及《社会科学杂志》时说:"至国立中央研究院社会科学研究所出版之《社会科学杂志》,则以研究国内社

---

① 鲁迅:《杂论管闲事·做学问·灰色等》,《鲁迅全集》第3卷,人民文学出版社2005年版,第199页。

会问题见长。""《社会科学杂志》（季刊），十七年三月一日创刊，社会科学研究会编，上海泰东图书局发行，定价三角。此刊以介绍近代社会科学的理论，提倡国人对于社会问题研究的兴趣，而谋达到解决的正确方针为宗旨，同时注重宣传各地各种社会运动之真相，用科学的方法对于当地的政治经济各种情状作系统的叙述，以见中国社会问题产生的背景。除理论的讨论与社会现状的报告外，尤注重书籍的介绍，介绍关于各种社会科学基本研究的书籍与读者，使初学者可以得入门的参考资料。撰稿者杨幼炯、余天休、章渊若、孙本文等。每期约一七〇页。"① 撰稿者中，杨幼炯被排在第一位。杨幼炯是《社会科学杂志》的主要创办者，他为创刊号撰写了发刊词，每一期都有杨幼炯的文章，第 1 卷第 3 期社论《建设方案与专家》、第 1 卷第 4 期社论《一年以来我国外交之综合的观察》、第 2 卷第 1 期《本志今后之重要使命》等，都由杨幼炯撰写。杨幼炯便是《社会科学杂志》的灵魂。

好的科学杂志和书不多，好的社会科学杂志和书更少。1918 年夏，郭沫若和张资平谈到国内杂志出版情况时说："科学杂志，我是主张愈专门愈好的，科学杂志应该专门发表新的研究论文，像浅近的科学，我想各级学校有各级的教科书和参考书，不已经都够了吗？似乎用不着办杂志。像《学艺》里面所收的科学论文，专门翻译讲义的钞本，我最不赞成。"② 八九年后，高长虹说："无论在著作界或翻译界，科学的书都看不见多少，这可以证明西方文明还没有到中国来，而近年来的文化运动徒有其名而已。据我所看见，真的科学的著作只

----

① 何多源：《十五年来之中国社会科学杂志》，《社会科学》1936 年第 4 期。
② 郭沫若：《创造十年》，《郭沫若全集》文学编第 12 卷，人民文学出版社 1992 年版，第 47 页。

有郭任远的《人类的行为》一书。"① 郭任远《人类的行为（上）》1923 年由商务印书馆出版发行。郭任远的心理学研究成就固然巨大，但高长虹以郭任远否定其他一切的说法也不可取。科学的发展，有一个逐渐进步的过程。社会科学的研究，除了进步的过程之外，还有一个逐渐与中国的社会实际相结合的过程。正如何多源所说，《社会科学杂志》"以研究国内社会问题见长"，是将现代社会理论应用于中国社会问题分析的一份杂志。

备受高长虹推崇的郭任远，1916 年考入上海复旦大学，1918 年就读于美国加利福尼亚州伯克利大学，1921 年以优异的成绩毕业，1923 年完成哲学博士学业。大学毕业前，郭任远就已经接到了北京大学校长蔡元培的聘请。1923 年回国就职时，他途经上海，胡寄南等几位大学生代表奉复旦大学校长李登辉之命邀请郭任远到母校任教。在短短的任教期内，"郭任远吸引了一批求知欲十分旺盛的青年学生。这些学生后来在各自的岗位上成为我国著名的科学家与教授学者，如胚胎生物学家童第周，生物学家冯德培、沈霁春、徐丰彦，神经解剖学家朱鹤年等，都是曾经在复旦大学受业于郭任远门下的学生"。② 郭任远到复旦大学任教的时候，正好汪宝瑄、杨幼炯、童第周都来到复旦大学，杨幼炯不知是否与郭任远有过接触，但是杨幼炯与童第周应该接触较为亲密。《社会科学杂志》创刊号上，就有生物学家童第周的《个人与群众》的长篇论文。

可见《社会科学杂志》吸引赵南公，引发共鸣的原因，是撰稿

---

① 高长虹：《今昔》，《高长虹文集》下，中国社会科学出版社 1989 年版，第 101 页。

② 胡寄南：《著名心理学家郭任远传略》，《胡寄南心理学论文选（增补本）》，学林出版社 1985 年版，第 270—276 页。

者们以法学家、经济学家的身份对中国社会问题所做的探讨。泰东图书局从创办之日起，就对法学、经济学类的出版物有着特别的青睐，《社会科学杂志》的整体编辑理念与泰东图书局的出版传统更为契合。

发起"进社文艺研究会"的杨幼炯，是三民主义的忠实拥趸。从社会科学家和法学家等的角度看，杨幼炯此时发表的一些文字，对于国家社会来说有一定的建设意义。杨幼炯在《中国之吏治问题》中说："无论何种法律，总是政府与人民行为的准则。若是有治法而无治人，则法律仍等于虚文。所以政治的推进，是以'法治'与'人治'并重的。"在吏治方面，杨幼炯觉得英美国家的吏治原本就是"分赃制度"，只是经过改革后才逐渐变得较为进步，认为中国吏治应实行孙中山提倡的五权宪法，吏治改革应以"专家政治"为前提。"作者与本志同人都是主张'专家政治'的，对于今后官吏之改革，须以实现'专家政治'为依归。"①

在《本志今后之重要使命》一文中，杨幼炯提出《社会科学杂志》的三个使命是："本志今后第一个使命，着重在应用社会科学的方法，解剖我国目前政治经济的情状；并传播社会科学的基本知识，使民众了解社会组织变迁的真相，而抛弃其封建的宗法思想，走入现代民主的政治社会中来。""成为目前我国社会，政治，经济各种问题讨议的中心机关，以引导政府当局走上集群智以谋群利的路上去，这是本志第二个重要的使命。""本志今后要应用社会科学的方法，把目前我国建设的各方面，做根本的观察，站在民众的前面，为公正的批评。我们希望在这民众思想麻木与士气消沉的社会中，造成中心的社会舆

---

① 杨幼炯：《中国之吏治问题》，《社会科学杂志》1930 年第 2 卷第 2 期。

论，使我国的建设事业，得有正当的发展，这是本志今后第三个重要的使命。"①

与《社会科学杂志》相呼应，泰东图书局出版了"社会科学丛书"：杨幼炯著的《社会学述要》被列为第一种，章渊若著的《中国土地问题》则被列为第五种。丛书主编杨幼炯、章渊若联合署名刊登《发刊社会科学丛书旨趣》（载于《中国土地问题》一书中时词句颇多错误，故以《社会学述要》扉页所载文字录入）：

人类社会的进步，是就人类的精神与物质两方面而言；而学术的进步，就是人类利用物质及实体方面的进步。所以学术与社会实际上，是息息相关的。近代社会科学的产生，必以社会环境的需要为主。质言之，就是在一定境遇之下，而有一定的智识来应付它，这便是各种学术的起源。从前杜威说得好："社会哲学同政治哲学底发生，是由于社会政治有病"，明乎此，则知一种社会科学的产生，并不是偶然的，而是从社会实际生活中产生出来的。

我国学术之低落，由来已久，自"五四"运动以还，提倡文化运动的呼声，呐喊了将近十年，结果只是在消极方面成就了一点文学革命的事业，而在社会科学方面，仍少有所发展。当前的世变，已经诏示给我们，中国此刻各方面的建设，如果不以科学为基础，任何事业可断其必无成就。在物质建设方面，需要自然科学与应用科学，已是不可掩的事实；而在社会建设方面就非以

---

① 杨幼炯：《本志今后之重要使命》，《社会科学杂志》1930 年 3 月第 2 卷第 1 期。

社会科学做基础不可。若就学术的本身来说，尤令人痛心。学术界之荒凉浅薄，依然如故，出版界更冷落不堪。读书界关于学术的名著，尤百不一睹。我国学术界如果长此固步自封，则我民族文化将何以参加现代世界的文明。本学会因此特划定于最近期间发刊社会科学丛书，以为提倡社会科学运动之基本。其目的在灌输近代社会科学最新的理论，及各种制度，供给有志研究社会科学或求了解中国政治经济及社会问题的同志们参考的资料，求使我国的学术与世界的文明，得以并驾齐驱，而建设适应于全体人类永久生存之我国民族的最高意识。其内容最初注重介绍各种社会科学的基本理论，与近代各国各种最新的社会制度。暂定每两月出版一种，预定以二十种为最低数量。将来当为高深理论的介绍并翻译各种社会科学的名著。本学会同人能力有限，希望海内外社会科学界同好，时加匡助，则所切祷。

在 20 世纪 20 年代末期的中国，社会科学是一个很时髦的出版选题方向。除了泰东图书局，北新书局、民智书局、启智书局、现代书局、光华书局、华兴书局、大东书局等都曾推出过"社会科学丛书"。杨幼炯、章渊若策划的社会科学丛书的出版计划非常有价值，可惜没有能够实现。

泰东图书局出版的与苏联相关的书籍，从著译者的角度来说大体可以分为三类：第一类是拥护苏俄革命道路的，第二类是反对苏俄革命道路的，第三类是纯粹从社会科学研究的角度探究而不愿牵扯政治立场的。泰东图书局出版的张民养所译 Scott Nearing 的《苏联之经济组织》，从译者撰写的序言来看，应该归入第三类。"苏联的政制虽然与我们的截然不同，但是他们的经济组织中之一个特点，我以为是值得我们效法的，这一个特点就是所谓'设计的经济学'（Planned Economics）。一切经济的活动都是有统一的，严整的与一律的设计，不像现代资本主义国家的那里相互竞争，玩着 hit-and-miss 的把戏。中国的经济组织，因为国际资本主义的侵略几已达于破灭地位，在这时我们应采人家的长处——苏联的设计经济以挽救殆局。"①张养民的上述观点，并非个人的创见，早在陈独秀、李大钊、李达等共产党人的文字中就已经有过相类似的表述。"资本主义的生产组织，是无政府无秩序的状态；社会主义生产组织的有秩序有政府的状态……将来社会的经济组织必归于社会主义。"②Planned Economics 已经为时间证明是切实有效的，现在不仅中国采用"设计的经济学"（Planned Economics），就是欧美资本主义国家的经济也不再只是玩 hit-and-miss 的把戏，Planned Economics 所占比重也逐渐多了起来。张养民与陈独秀、李大钊、李达等共产党人对待 Planned Economics 态度的差异，不在于肯定还是否定 Planned Economics，而在于采用 Planned Economics 之后，社会的经济组织是否"必归于社会主义"。

四、在红色出版浪潮中

如果将泰东图书局的出版物分门别类地作一番整理，就会发现其中也会有许多一以贯之的东西，比如对妇女解放问题的关注。从《新

---

① 张养民：《苏联之经济组织·译者自序》，泰东图书局 1929 年版，第 2—3 页。
② 李达：《讨论社会主义并质梁任公》，《新青年》1921 年第 9 卷第 1 期。

人》月刊的"废娼运动专号"到《新妇女的解放》，再到《苏俄的妇女》，从提出问题到解决问题，相关出版物的出版呈现出较为明显的变化轨迹。泰东图书局为《新妇女的解放》撰写的广告声称："这本书是天裔女士剑波先生的论文集，他们诚诚恳恳鲜明地指出了妇女解放的新出路，愿我青年男女同志们，都能从这本书里重新觉悟，共同携手奋斗，来建设一个完美的社会。"书中所指出来的"新出路"，便是进行"更必需的""'社会的'革命"。然而，这种社会的革命却并非苏俄式的革命。"自马克司派在第一国际中建立了集权的中央政府而后，虽然口号仍流行的喊着，可是事实上他们已经摧毁了它的实际了。其后，由巴枯宁派把它的精神保持起来，由法国的第一个 C.G.T. 及美国的 L.W.W.W. 而发扬。"① 从《新妇女的解放》中的文字表述来看，其对女性解放的期待明显与苏俄妇女解放所昭示的道路不同。因此，从《新妇女的解放》再到《苏俄的妇女》这样的表述，其实是站在现在的立场上对妇女解放轨迹的再描述。首先，在出版时间上《新妇女的解放》早于《苏俄的妇女》，存在一个先后关系；其次，中国解放的道路走的是苏俄道路，而巴枯宁派到现在仍然只是一种精神探索。《苏俄的妇女》以令人激动的语句开篇："由家至国，所有能解除妇女在各方差别的告示和法律，都已在苏俄实行了。"② 从问题的提出到理论上的探索再到具体实践，将其描述为一个发展的趋向并没有什么问题。

　　从泰东图书局的角度来说，上述发展的趋向其实也彰显了一个问题，即向着红色出版浪潮的迈进。泰东图书局为《苏俄的妇女》所做

① 天裔、剑波：《新妇女的解放》，泰东图书局 1927 年版，第 18—22 页。
② ［苏］王格尔德：《苏俄的妇女》，孙亮译，泰东图书局 1929 年版，第 1 页。

广告如是说："译者在序言里有这样的几句话：'我们中国现在常听见妇女平等的呼声，但是他们有无具体的办法，有无具体的工作大纲？我们知道苏联在革命后，在各方面的制度都改革了，他们尤其注重妇女问题，……又说：我们现在对于这一方的工作，不是很好参考参考人家的过程吗？……'妇女问题是社会组织的重要元素，妇女问题一天不解决，整个的社会一天得不到稳定时期，我们中国的妇女运动，已有了相当的历史，但所得到的成绩，除了口头上的几句毫无实效的口号外，而一般自命为思想新的妇女，只在服装和交际上求解放，拿着'妇女解放'做招牌而行种种奇形怪状无所不有的事实；这就是所谓解放走上了歧途。孙君的这部译品，正是解决这个问题的重要资料。也是我们人人应当注意的事。"这则广告中的语言表述，直接摘自译者序，广告撰写者所摘抄的语句在某种程度上也是自己意思的某种表达。从这则广告来看，可知其明显是将苏俄妇女作为了中国妇女解放运动的榜样，也就暗存着一个中国解放的道路应该如何走的问题。这样的出版广告，不论有意与否，都已经将泰东图书局推进了当时红色出版的大潮中。

1929 年 4 月 15 日，《白露月刊》第 1 卷第 4 期出版，扉页刊登"苏俄研究丛书"和"世界文艺丛书"（1929 年 6 月 25 日《申报》刊登的泰东图书局广告称为"世界文学丛书"）出版预告。"苏俄的现状想必是诸君所急欲知道的。我们要知道她的情形，非悉心研究她的原理和制度不可！所以本局特烦著名学者翻译苏俄丛书，现已付印的已有下列几种。一、《苏俄之经济组织》，Scott Nearing 著，张民养译；二、《苏俄的妇女》，王格尔德著，孙亮译；三、《苏联之劳动组合》，罗伯·丹恩著，熊之孚译；四、《俄国农民与革命》，李伟森编译。""世界文艺丛书是几个努力于文学的人对于现文坛的一种贡献！将世界各国的名著加以选译的介绍到中国来，想来是现时中国文坛所急需要的吧！现在印刷中的已有下列四种。一、《铁蹄》，Jack London 著，王抗夫译；二、《冬天的春笑》，新俄短篇小说集，蒋光慈译；三、《新俄学生日记》，阿格涅夫著，王艺钟译；四、《真理的破坏者》，新俄短篇小说集，戴万叶译。""苏俄研究丛书"预告的四种皆已出版，而"世界文艺丛书"预告的四种在泰东图书局出版的只有前两种。从预告中的书目来看，"世界文艺丛书"有三种都是"新俄"的文艺著作，两套丛书主要呈现的对象就是苏联。加入 Jack London 的《铁蹄》之后，所谓的"世界文艺丛书"对中国读者们来说其实也就是"世界左翼文艺丛书"。

红色出版浪潮中出版的小说，在纯粹的审美之外，许多青年读者更在意其教育价值。李继皋写信给白龙韬，告诉他为他寄去了几本新书：《铁蹄》（泰东图书局出版）、《苏俄小说专号》（远东图书公司出版）、《爱的分野》（亚东图书馆出版）、《法国革命史》（亚东图书馆出版）、《现代情书》（亚东图书馆出版）、《西洋史要》（南强书局出版）。李继皋对泰东图书局出版的《铁蹄》尤为推崇："（1）它揭穿了美国资本主义的假面具，把它的凶残吃人的面目，和盘托出，使世界各国的工人阶级不会再被它那假仁假义所欺骗。（2）它指示给我们以作战的技术，斗争的方法，这在幼稚的殖民地的革命群众及革命的党尤其重要。（3）它揭穿了教士的虚伪欺骗，戳破了哲学和心理学的纸老虎，使那些'诗云子曰'地咬文嚼字的先生们不好再拿他们的老把戏来替剥削阶级和统治阶级摆迷魂阵。"他还借用小说中人物安勒斯特的话抨击了郭任远《反科学的马克斯主义》，最后指出："这本小说不但是描写工人在社会运动的革命情绪和方法并且描写工人阶级的对于哲学的革命态度。希望你不要把它当作一部寻常小说看。"① 他们阅读小说不是为了娱乐，而是思想的学习。

泰东图书局的出版预告中，熊之孚翻译了美国罗伯·丹恩（Robert W.Dunn）的《苏联之劳动组合》，正式出版时书名改为《苏联劳动组合》。该书结尾部分谈到苏联劳动者询问，计划化特别发达的美国，是否有平民化的有效率的组合主义的制度？"我们在不得已的时候，告诉他们说：美国劳动的组织是不好的，特别在钢铁业与其他大公的产业内，劳动者没有保护的，他们听见这个的时候，他们很怀疑，我们告诉他们：帕舍易克（Passaic）与可罗拉多（Colorado）的巡警，几个地丁的组合集会怎样的被解散，组织者的被捕，罢工者的被驱逐，禁令的颁布，公司联合的兴旺，他们听见这个的时候——较老的劳动者说：'对了，那如同我们在一九一七年以前一样。'"② 英美国家的经济制度、劳工组织制度等存在诸多缺陷，因此不能重蹈英美资本主义的覆辙，这是大多数中国进步知识分子们的共识。对于英美的劳工问题，赵南公早在 1921 年就有过观察与思考，如 4 月 15 日日记："政府不得已，一面以甘言给之，一面广招投效之人，而暗中遂积极从事于军事之预备，合集后备军人组织国民军，防三角同盟，同时罢工破坏现时社会之秩序。俨如临大战，较之对德宣战，形势尚复严重。不数日而手续告竣。遂极力祖护矿主与矿工宣战，而三角同盟到前昨两日，似有被屈之势。"在 4 月、5 月日记中，赵南公持续关

---

① 张其柯：《理论与实践——从辩证法唯物论的立场出发》，亚东图书馆 1930 年版，第 117—122 页。

② [美] 罗伯·丹恩：《苏联劳动组合》，熊之孚译，泰东图书局 1929 年版，第 295 页。

注英国的罢工消息，对于英国政府的无耻、工人同盟的软弱等，都有相当精辟的分析。泰东图书局出版《苏联之劳动组合》等苏俄研究书籍，除了迎合红色出版浪潮外，应该也与出版者赵南公对苏俄新秩序的欣赏有关。

泰东图书局出版与社会主义相关的书籍，早在赵南公决意重建理想的新泰东时就已经开始了。由泰东图书局出版发行的《国民》月刊，1920 年 10 月第 2 卷第 3 期刊登了费觉天译的《资本论自叙》，即德文版《资本论》第 1 卷第 1 版序言。"这是现在所知道的关于《资本论》最早的部分中译。"[①] 在国民党清党运动后，泰东图书局出版了朱应祺、朱应会合译的"马克斯研究丛书"。丛书共 9 种，依照先后次序分别是：《马克斯经济概念》、《马克斯民族社会及国家概念》、《马克斯的伦理概念》、《马克斯工资价格及利润》、《马克斯工资劳动与资本》、《马克斯阶级斗争理论》、《马克斯的唯物历史理论》、《马克斯家族发展过程》、《马克斯国家发展过程》。

上述各书，题名自身存在不一致的地方。封面上的题名分别是：《马克斯经济概念》（扉页题名为《马克斯的经济概念》）、《马克斯工资价格及利润》、《马克斯阶级斗争理论》，目录页上的题目却变成了：《马克斯之经济概念》、《马克斯的'工资''价格'及'利润'》、《马克斯的阶级斗争理论》。丛书中，只有第三种与第七种的封面题名与目录页题名一致。

"马克斯研究丛书"看起来规模庞大，实际上就是朱应祺和朱应会两位译者对一本书不同章节的翻译。朱应祺、朱应会说："本丛书

---

① 　宋庆森：《书海珠尘——漫话老版本书刊》，新华出版社 2001 年版，第 98 页。

译自德人柯诺氏（Heinrich Cunow）所著《马克斯的'历史'、'社会'及'国家'理论》（Die Marxsche Geschichts-Gesellschafts-und Staatscheorie）。"①《马克斯的唯物历史理论》就是译自原书第 2 卷第 6 章。但是赵南公在为丛书撰写的广告中，却都将其当成了单独的马列著作。《马克斯国家发展过程》的广告是："国家这个组织形态，一般人对它有种种不同的见解。本书系站在马克斯主义的立场，把国家的成立，从原始社会生活状态，顺序的叙述以至其形成及其发展到现代国家的各过程。读了本书可以对于国家的发生及其本质，得到一个正确的理解。末附恩格斯原著地域团体，是一篇非常之重要的参考资料。"《马克斯家族发展过程》的广告为："本书是柯诺氏根据马克斯恩格斯摩尔根三氏对于原始家族的发生及其发展过程，根据了唯物史观的论证，作详细的说明——由原始游牧群的'乱婚'经过血族间的'半群婚制'而至一夫一妻制的现在。母系家长过渡到父系家长的经济关系，诚为马氏学说主要著作之一。"

泰东图书局还出版了成嵩翻译的两本马列著作，即恩格斯的《从猿到人》和蒲列汉诺夫的《马克斯主义的基本问题》。1943 年 12 月 20 日，毛泽东给胡乔木写信，让他搜集唯物史观社会发展史方面的著译，其中提到"听说有个什么苏联作家写了一本猴子变人的小说"。②12 月 24 日，毛泽东在给刘少奇的信中推荐了自己刚刚阅读的《从猿到人》。全信如下：

---

① 朱应祺、朱应会：《马克斯的唯物历史理论·译者小引》，泰东图书局 1930 年版，第 1 页。

② 毛泽东：《致胡乔木》，中央文献研究室编：《毛泽东书信选集》，中央文献出版社 2003 年版，第 195 页。

少奇同志：

此书有恩格斯两篇短文，十分精彩，可以看。郭烈夫的一篇亦可一阅。郭烈夫的《唯物论》，瞿秋白曾有译本，我看过，还好，后来听说他犯有错误，我还不知其错误究在何处。我正在找其他唯物史观的书看，看后再送你。

敬礼！

毛泽东

十二月二十四日[①]

信中的"此书"指的就是成嵩翻译的《从猿到人》，"郭烈夫"即B.I.Goreff，成嵩译为"哥列夫"。《从猿到人》的目录为：《序言》（正文标题中删去了"言"字）、《马克思主义观点的达尔文主义》、《劳动在由猿进化到人的过程中的作用》和《人类进化的过程》。《序言》其实就是对译书内容的简介："1.本书分为两部分：前半是本书编者哥列夫（B.I.Goreff）的论文，对于马克思主义与达尔文主义的相互关系，分别之点，说得极端透彻，给研究马克思主义的人种由来问题的学者一个便捷的门径。2.后半（从绪论起——劳动在由猿进化到人的过程中底作用）是恩氏本人的论文，阐明人类社会进化的程序，言短意长，很可玩味，要为研究唯物哲学的人一部必须的参考书。"[②] 毛泽东信中所说恩格斯的"两篇短文"，指的是恩格斯的《劳动在由猿进化到人的过程中的作用》和《人类进化的过程》。

[①] 毛泽东：《致刘少奇》，中央文献研究室编：《毛泽东书信选集》，中央文献出版社2003年版，第196页。

[②] 成嵩：《从猿到人·序》，泰东图书局1930年版，第1页。

在马列主义书籍的出版之外，泰东图书局还创办了唯一以"泰东"命名的杂志——《泰东月刊》。冯润璋回忆说，创造社脱离泰东自办出版后，"赵南宫感到生意要萧条，即成立编辑部出刊《泰东月刊》，填补了这个缺口。因范香谷的关系，我在《泰东月刊》上发表了不少文章，还把我过去的一些短篇小说汇成一个小册子，定名《欢呼》，卖给泰东书局出版。靠这一笔稿费，我还去了一次日本东京。泰东编辑部在杨树浦一间小楼里，里面除范香谷外，还有四川人董寿昌、无锡人顾凤城（笔名洁梅姑娘）是校对，以后他还编写出版了许多东西。"[①] 这段回忆与事实颇有出入，如"赵南宫"应为"赵南公"，泰东图书局的编辑部并不在虹口的杨树浦，而是在法租界贝勒路，这在《泰东月刊》上有明确的标注。位于杨树浦的小楼，应该是范香谷的住处。还有就是"填补了这个缺口"的说法有些夸大，因为《泰东月刊》问世一年前就已经有了《白露》半月刊。但是这段回忆也有许多值得注意的地方，如董寿昌和顾凤城曾在泰东图书局工作，补充说明了顾凤城进光华书局工作之前在上海生活的经历。

1927 年 9 月 1 日，《泰东月刊》创刊号出版，编辑者为范香谷、藻雪，32 开本横排。与《创造》季刊简洁明了的封面相比，《泰东月刊》的封面画在印刷方面精美复杂了许多，这既表明现代印刷技术的进步，同时也是泰东图书局开始重视印刷装帧，不断加大投入的结果。《泰东月刊》每期都有"卷头语"，文字皆用花边等加以框饰，装帧排版越来越精美。1929 年 8 月 1 日，《泰东月刊》第 2 卷第 12 期出版后停刊，共出 24 期。

或许是有感于和郭沫若等创造社同人的版权纠纷，《泰东月刊》

---

① 冯润璋：《我记忆中的左联》，《左联回忆录》上，中国社会科学出版社 1982 年版，第 86 页。

创刊号刊载《投稿简章》，第十条明确规定："来稿经揭载后，其版权即归本部所有。"至于稿酬，也有了较为明确的说法。第六条："来稿一经揭载，即分致薄酬如下（不欲受酬者，请特别声明）：（甲）现金（乙）书券（丙）本刊。"第七条："稿末请注明字数，住址，并签名盖章，其不盖章者以却酬论。"以书券、刊物为酬，与《伤逝》中涓生投稿的待遇相似；若言泰东图书局苛待作者，此时给作者的待遇远比郭沫若等创造社同人在时更为刻薄。当然，这也与白色恐怖的影响不无关系。一些进步倾向的刊物，"当时左联（以及北平的左联）办的刊物，一出几期，就会遭到封闭，损失不小。大书店不敢出，小书店敢冒险出几期，怕受损失，就不愿支付稿费"①。一般来说，在销售情况良好的情况下，为了能够使书店走上良性发展的道路，在稿费方面都不会太过于吝啬。稿酬吝啬，一般都有其原因。

与《白露月刊》到后来才稍稍偏向革命文艺不同，《泰东月刊》从一开始便主张"革命性的文艺"，1928 年元旦特大号征稿启事更是用大号字写明："凡是富有革命性和'新'意义的文字都在欢迎之列。"创刊号首篇刊发孤芳的《革命的人生观与文艺》，文章宣称："总而言之，我们今日所需要的文艺，便是本着人类社会活动的不断反抗的精神，准备适合现代的思想，而产生的具有革命性的文艺。真正的文艺永远是对于现实一切旧的腐败的压迫势力施以反抗，永远代表着不平之鸣！"创刊号还刊登了《编辑部启事》："我们编辑本刊就是本了这个主意，想把诸同胞的革命精神和力量统统集中起来，汇在一起，再散布到民间去，打破他们的迷梦，冲散他们的城垣，将一切非时代的陈物，都破

---

① 艾芜：《三十年代的一幅剪影——我参加左联前前后后的情形》，《左联回忆录》上，中国社会科学出版社 1982 年版，第 235 页。

坏了，再建设一个新的中国，新的社会，自然我们所想象的新人的生活也就可以从此得到了。"《泰东月刊》第 1 卷第 4 期《辑余琐记》中说："我们所主张的是革命的文艺，选稿的标准当然不外乎带有革命性的。"《泰东月刊》第 1 卷第 5 期发表范香谷的《革命的文学家！到民间去！》："可惜我没有能力把国家大事提出付之讨论，只有缩小范围在这里开宗明义第一章，向革命文坛提出个口号说'真正革命的文学家！到民间去！'"文章认为文学家们的弊病在于"脱离现实"，故此提出作家们应该"实地的到民间去，从事种种的活动"，否则的话，"无论你的思想怎样透彻，你的见解怎样高超，无论你怎样大声疾呼的提倡革命文学，你将终归是一个时代落伍者！……不到民间不能完成我们文学革命的使命，不到民间不足以建设真正革命文学的基础"。《泰东月刊》第 1 卷第 7 期发表顾凤城的《文学与时代》，认为在大转变的时代里，所需要的"就是代表第四阶级说话的作家，和描写第四阶级真实生活的作品"，因此希望革命的文学家们到工场去、到革命的实践中去。

《泰东月刊》的作者大多都是太阳社成员，"从某种意义上说《泰东月刊》也是太阳社的一个重要阵地"。[①] 在 1828 年 1 月《太阳月刊》创刊前，《泰东月刊》是太阳社成员发表创作及其革命文学思想的重要阵地。《泰东月刊》界定的"时代精神"与"革命精神"，并不被后期创造社同人所认可。成仿吾在《全部的批判之必要——如何才能转换方向的考察》中曾批评《泰东月刊》："又有许多人（譬如最近的泰东月刊）还在提起'革命文学家到民间去'的口号。在我们的革命的急速的发展中，我们的文艺界，同我们的政界一样，真有不少的人在

---

① 应国靖：《提倡时代精神的〈泰东月刊〉》，《现代文学期刊漫话》，花城出版社 1986 年版，第 69 页。

很远的后边气喘喘地追随着。他们有时候昏倒在途中，会发出些奇怪的议论来使你莫明其妙。这种可怜的追随派，他们的艰难的追随，我们不难想象，也不难谅解。"①成仿吾的批评，属于革命文学阵营内部的矛盾分歧，更具体地说便是后期创造社与太阳社之间的矛盾纠葛。虽然《泰东月刊》被成仿吾视为革命的"追随派"，但是革命的"追随派"依然是革命派。

研究者们经常提及的并非范香谷主编时期的《泰东月刊》，而是范香谷离开后有所转变的《泰东月刊》。旷新年在《1928：革命文学》一书中就以《泰东月刊》第1卷第9期为例，说明上海的一些老刊物也在纷纷"转向"和"刷新"。旷新年引用的例证是第9期上刊载的《九期刷新征文启事》，其中说："本刊从下期起，决计一变过去芜杂柔弱的现象，重新获得我们的新生命，以后要尽量登载并且征求的是：（1）代表无产阶级苦痛的作品。（2）代表时代反抗精神的作品。（3）代表新旧势力的冲突及其支配下现象的作品。"单独看这份启事，似乎如同后期创造社的革命文学转向，自身也要实现从为艺术的创作转到革命文学的道路上来。其实完全不是那么一回事。如前文所说，《泰东月刊》从创刊时起就是鼓吹革命文学的，虽然成仿吾批评其为"追随派"，却没有否认其作为革命文学的一分子。《泰东月刊》的这次"转变"，不仅仅是编者与作者对自身文学道路的重新审视，还带有更为深刻的政治原因。

《泰东月刊》第1卷第9期发表了铜丸的《"革命的文学家！到小姐的绣房去"》，文中点明批判了范香谷的《革命的文学家！到民间

---

① 成仿吾：《全部的批判之必要——如何才能转换方向的考察》，《创造月刊》1928年第1卷第10期。

去!》。铜丸批评范香谷的观点:"简直是狗屁不通,正如成仿吾先生所说的,这是落后,是在很远的后边气喘喘地追着,有些时候还有'发羊毛疯'昏倒了的危险。"他认同成仿吾,批评范香谷时使用了谩骂的方式,"滚蛋吧!你这狗屁不通的作者!"这种事情发生在范香谷自己创办的刊物上,就是根本性的自我否定。但是《泰东月刊》出现的这个"转向"和"刷新",不是范香谷等自愿的行为,而是范香谷作为"托派"受到批判后的党的批判行动。1929 年,"泰东书局支部书记范香谷、党员董铁肩,经教育仍坚持反对派的政治意见,还在泰东书局中传阅托派材料。12 月 17 日,中共沪东区委作出开除范香谷、董铁肩的决定,通告支部执行,并报省委。12 月 23 日,中共江苏省委批准开除范、董出党。"① 范香谷在被开除出党之前,就离开了《泰东月刊》。将《泰东月刊》对范香谷的批判与当时党内的托派问题联系起来考察,便可知道《泰东月刊》所呈现出来的"转向",其实也就是党内斗争的外在表现。随着范香谷被批评并离开了《泰东月刊》,《泰东月刊》不久后也就停刊了。

1927 年国民党清党运动后,为了能够有效控制全国人民的思想,建立了一套报纸杂志出版物审查制度,实行文化专制统治。《泰东月刊》发表冯润璋的二幕剧《烟云弥漫的咸阳》,作者借助剧中人物(市民方锡堂与妻子张氏)对话,揭露了国民党政府的文化高压。

　　锡堂:这大概是谣言,前几天听说政府为防止反动宣传把外边寄来的书报在邮局扣留了,大概是因此而起的谣言。

---

① 中共杨浦区委组织部、中共杨浦区委党史办公室、杨浦区档案局编:《中共沪东地区斗争史(一九二三·七——一九三七·七)》,上海远东出版社 2000 年版,第 92 页。

张氏：是的，他们还说把书报都完全用火烧了。近来每天晚间在城角里烧，并且听他们说要挨户地检查书籍。我们整日里坐在家中一点也不晓得，外面不知都闹成什么样子了。

锡堂：现在还能有这样不法的事情发生吗！就是秦始皇也不过是……①

在创造社离开泰东图书局后，与赵南公关系密切的钱杏邨，曾在泰东图书局编辑出版了一些刊物和书籍，大多都遭到了查禁。除了《现代中国文学作家》（第一卷、第二卷）外，钱杏邨在泰东图书局出版而被查禁的还有：长篇叙事诗《暴风雨的前夜》（诗中叙述了汪精卫在武汉叛变的经历）、《荒土》（收录钱杏邨1928年诗作，1929年出版，1931年以"普罗文艺"为由被查禁）、《文艺与社会倾向》（收录1929年至1930年间的评论文字，1930年10月出版，同年12月以"普罗文艺理论"为由被查禁）。

1929年5月，国民党中央执行委员会致函国民政府，提请查禁钱杏邨的《暴风雨的前夜》，函件全文如下：

径启者：据中央宣传部呈称，"查上海泰东图书局印行之《暴风雨的前夜》一书，纯系煽惑农工宣传暴动之反动刊物，理合检同原书呈请钧会察核转函国民政府通令所属严切查禁，并饬上海特别市政府警告该图书局嗣后不得再行印行此类反动书局，以杜乱源，致为公便"等情，计呈《暴风雨的前夜》一本。经呈奉常

---

① 冯润璋：《烟云弥漫的咸阳》，《泰东月刊》1929年第2卷第12期。

务委员批准"照办"等因，相应据情录批，并检同该项刊物函达即烦查照转陈办理为荷。此致

国民政府文官处

附：《暴风雨的前夜》一本。

中国国民党中央执行委员会秘书处

中华民国十八年五月十六日

1929年10月4日，因国民党上海特别市党部检举，公共租界巡捕房派出洋探长潘林士、华探长古伟青，前去搜查泰东图书局，结果一无所获。10月5日上午9点，赵南公在律师的陪同下来到临时法院。开庭审理时，法官询问赵南公店中是否"颇有共产党者"，赵南公说书局内的职员，大多都是十多年的朋友，可保证都不是共产党。法官又询问编辑人某甲是否还在书店。赵南公说某甲原为泰东图书局编辑部主任，因当局要求，早已解散了编辑部，某甲也已经离开了书局。10月6日，《申报》较为详细地报道了此事，新闻题为《市党部检举泰东书局》："谓出售反动书籍；捕房搜查无所获；赵南公具结候讯。上海特别市党部执行委员会宣传部、查悉公共租界福州路一百廿四号泰东图书局出版之《战线》、《暴风雨》、《短裤党》、《泰东周刊》（应为《泰东月刊》之误）等书，均有反动台义，故依法检举，行文临时法院，请求出票传讯该书局主人赵南公到案讯究。由院准词，签出拘票及搜查令，发交总巡捕房政治部。"公共租界法院审理的结果，定于两周后再次开庭，让赵南公具结出外，听候传讯。赵南公说某甲为编辑部主任，某甲自然不是钱杏邨，似乎应该是主编《泰东月刊》的范香谷。对泰东图书局颇为熟悉的顾瑞民说："泰东后改组编辑部，

聘范香谷等主编《泰东月刊》，嗣因内容不妥被封。"[1] 范香谷既是编辑部主任，又是共产党员，其编辑的《泰东月刊》也因政治问题被查封过，各项条件都与"某甲"比较吻合。

从国民党政府的查禁命令来看，虽然主要针对《暴风雨的前夜》，但是真正受到处罚的却是负责印刷出版的泰东图书局。现代作家大多漂泊不定，很多都住在租界，在城乡人口自由流动的现代社会，禁书的著作者大都属于流动人口，针对他们个体的处罚决定，执行起来难度相当大，而泰东图书局等有编辑所、印刷所等营业实体，跑得了和尚跑不了庙，掌控便利，处罚好落实，底层具体执行人员因有油水可捞，积极性相对较高。一个出版机关能够在政府三番五次的警告、查封等处罚下，依然痴心不改，坚持出版违禁书刊，且其商业利润与付出不相匹配，在这种情况下，完全以商人逐利解释就不合适了。

国民党政府颁布查禁令，上海及其他各省市都先后予以执行。《河北省政府公报》第 330 期颁布《河北省民政厅训令（吏字第七五三号）》：

> 令各县政府、直辖公安局
>
> 案奉
>
> 内政部警字第二三四号训令内开为令行事案奉
>
> 行政院令开为令行事案奉
>
> 国民政府训令内开为令遵事查中央执行委员会秘书处函开据宣传部呈，称查上海泰东图书局印行之《暴风雨的前夜》一书，纯系煽惑农工、宣传暴动之反动刊物，请转函政府，通令所属严

---

[1]　瑞民:《上海新书业之概况》,《出版消息》1932 年第 1 期。

切查禁，并饬上海特别市政府敬告该图书局，嗣后不得再行印此类反动书籍，以杜乱源等情。奉批照办、函达查照等由。附该项刊物一本，准此。经本府文官处签呈前来。自应照办。除饬交函复并分令外，合亟令仰骸院即便遵照。转饬所属一体严密检查，务期禁绝为要。此令。等因奉此。除令交通部转饬各邮局注意检查销毁外，合行令仰该部属一体遵照为要。此令。等因奉此。除呈复外，合行令仰该县（局）长督饬所属严密查禁。是为至要。此令。

中华民国十八年六月

脱离创造社后，与钱杏邨一起创办太阳社的蒋光慈，以上海工人武装起义为背景创作的中篇小说《短裤党》，也由泰东图书局出版，结果也被查禁。1929 年 6 月，国民党中央执行委员会致函国民政府，提请查禁蒋光慈的《短裤党》，函件全文如下：

径密启者：据中央宣传部密呈称，窃查《短裤党》一书，系蒋光慈即共产党员、素以宣传无产阶级文艺为己任之蒋光赤所著。是书内容专以煽惑工人武装暴动夺取政权、组织共产党政府为事，显系反动宣传品，除令饬上海特别市党部宣传部予发行该书之泰东图书局以严重警告，并将是项余存书籍悉数焚毁外，理合检同原书备文呈报，仰祈钧会密令各级党部并函国民政府密令各省市政府一体告禁，以遏乱萌，实为公便等情，附呈反动刊物《短裤党》一册前来，经陈奉常务委员批准"照办"等因在案。除由会密令各级党部遵照办理外，相应据情录批，并检同该原刊

物，函请查照转陈办理为荷。此致

国民政府文官处。

附：反动刊物《短裤党》一册。

中国国民党中央执行委员会秘书处

中华民国十八年六月二十九日

从查禁文件看，真正的打击其实都落在了出版发行者泰东图书局的头上。1929 年 1 月，蒋光慈主编的《海风周报》由泰东图书局发行，主要作者有钱杏邨、林伯修、戴平万、蒋光慈、洪灵菲等。"杜国庠、洪灵菲、戴平万等同志是在海陆丰起义失败后到上海的"，"太阳社那时几乎没有一个人不是党员"，[①] 党的背景直接影响到他们的思想倾向，承担出版的赵南公则表现出非凡的勇气。1930 年，泰东图书局还出版了《海风周报汇刊》，发行左翼作家联盟创办的杂志《世界文化》。冯雪峰回忆说，左翼作家联盟成立后，"开始积极工作，如各研究会均已相继成立，并机关杂志亦不久即可出版，杂志名《世界文化》，代发行所为泰东书局。"[②] 在红色出版浪潮中，赵南公是一个勇敢的追随者。在这个过程中，泰东图书局的出版物屡遭查禁，赵南公为之被捕或缴纳罚款，几次三番，而赵南公却从未退缩过。

1930 年，国民党中央宣传部搞了一份《审查全国报纸杂志刊物总报告》，在 72 种社会科学书刊中，审查的泰东图书局的书刊及相关结论如下：

---

① 夏衍：《"左联"成立前后》，《左联回忆录》上，中国社会科学出版社 1982 年版，第 36—37 页。

② 冯雪峰：《左翼作家联盟底成立》，《纪念与研究》1980 年第 1 辑。

《革命哲学》，朱谦之著，泰东图书局发行，以唯心观论革命之基础。

《大同共产主义》，朱谦之著，泰东图书局发行，根据《周易》、《诗》、《书》等断章零句，发挥世界大同主义，取绝对的自由，近于无政府主义者之主张。

《俄国农民与革命》，李伟森著，泰东图书局发行，鼓动农民参加共产革命，已通令查禁。

《社会科学杂志》第2卷第2期，上海泰东图书局发行，讨论经济、政治、社会问题，立论平稳，尚无反动宣传。①

1934年2月，国民党中央宣传委员会决定查禁图书149种。其中，禁止发售的泰东图书局出版物有：《现代中国文学作家》（钱杏邨著）、《枳花集》（冯雪峰著）、《前线》（华汉著）。暂缓发售的书目有：《俄国文学概论》（蒋光慈著）。

从国民党政府对泰东图书局出版物的审查可知，查禁最严的是关于无产阶级和阶级斗争相关的书籍，在北洋军阀时期被查禁的《革命哲学》，国民党政府的审查意见却很中肯，没有被列为查禁书目。当然，上述被审查的泰东图书局出版物只是国民党政府当局某些时间内的行动，其他时间还审查并查禁了泰东图书局的另外一些出版物。在被查禁的《现代中国文学作家》一书序文②的结尾处，钱杏邨引用了诗人 Robert Service 的诗 The Call of the Wind 的最后四个诗行：

---

① 倪墨炎：《一份〈审查全国报纸杂志刊物的总报告〉》，《现代文坛灾祸录》，上海书店出版社1996年版，第173—182页。

② 钱杏邨：《现代中国文学作家·自序》，泰东图书局1928年版，第4页。

There's a Whisper On the night wind,

There's a star agleam to guide us,

And the wind is calling, calling——

Let us go

对于钱杏邨等现代作家们来说，他们冒着危险从事被查禁的文学事业，就是因为他们深深地感受到了 Calling，一种声音的呼唤，正如鲁迅《过客》中的过客所说："那前面的声音叫我走"。[①] 这种呼唤，不仅作家们感受到了，赵南公等进步的出版家们也感受到了。他们虽然不像钱杏邨等共产党员那样将全部精力投到革命的事业里去，但是他们在出版发行方面对革命文艺事业的支持，不计较得失的同路走的精神，却是谁都不能否定的。

尚钺（1902—1982），河南罗山人。1921 年考入北京大学预科，曾参与狂飙社活动，泰东图书局出版的"狂飙社丛书"，第一种《病》和第七种《斧背》，作者都是尚钺。1927 年 9 月 6 日，尚钺加入中国共产党。1927 年 11 月，受命担任豫南特委宣传鼓动部部长兼工农革命军第四大队第六支队党代表，到罗山、光山发动群众举行武装暴动。1928 年 2 月，尚钺在罗山活动时被国民党第十二旅第一混成旅发现并逮捕，后在族人的努力下取保释放。尚钺逃离家乡后，南下上海，"在泰东书局支了稿费来到杭州"。1928 年 4 月，尚钺在杭州再次被捕，关押在浙江省陆军监狱。对于刚刚离开不久的尚钺的去向，赵南公是知道的，这中间或者还有党及其他人在传递消息。典狱长准

---

① 鲁迅：《过客》，《鲁迅全集》第 2 卷，人民文学出版社 2005 年版，第 196 页。

许尚钺提出的监外治疗的请求，时间是一个月。"来接尚钺出狱的是一位不认识的人，他自己介绍是杭州一个书店的经理，名叫黄道源。原来，是由上海泰东图书局经理赵南公出面，化（花）了钱用连环保营救尚钺出狱的。后来，为了此事，黄道源入狱半年之久。"①"由于身受酷刑，尚钺时有吐血等，渐渐病体不支，此时，在曾经与'狂飙社'有过交往的泰东图书局经理赵南公出面之下，尚钺再次获得取保就医。"②

尚钺杭州被捕，公开出面交涉取保的便是泰东图书局经理赵南公。理由自然就是尚钺是泰东图书局的作者。但是，正如前文所说，"狂飙丛书第二"的出版对泰东图书局来说并没有太过重要的价值。除了"狂飙丛书第二"的出版关系，赵南公与尚钺并无私人交往。但是，当赵南公知道尚钺被捕后，却责无旁贷地为之奔走，打通各种关系，成功地将尚钺保释出狱。赵南公其实是承担着巨大风险的，黄道源"入狱半年之久"就是因为尚钺在保释出狱后逃跑了。1929年12月2日《河北省政府公报》第495期颁布《河北高等法院检察处通令第一六二三号》，内称："据浙江高等法院院长呈称，查职院受理尚钺（即尚宗武）反革命一案卷，查被告前经侦缉队捕获，由前浙江特别刑事法庭迭次庭讯，虽无切供，惟当时在被告人寓所搜获违禁书籍多种，实属不无嫌疑，后因被告肺病甚重，因特庭指定医院保外医治。旋即他逸。经保人黄道源、朱惠泉前往上海及河南原籍查追无着，现该被告既经逃、亡，无从弋获，自非缉获归案不足以伸法纪。"很明

---

① 毛佩琦：《尚钺坎坷知多少》，《古今掌故》二，四川省社会科学院出版社1987年版，第83—87页。

② 散木：《历史学家尚钺动荡而坎坷的一生》，《文史精华》2007年第6期。

显，赵南公虽然出力甚多，经保人署名的却是黄道源，如毛佩琦所说："化了钱用连环保"。因此，当因病保释出狱的尚钺逃走后，保人黄道源因之入狱。结果，赵南公只好再次想方设法保释黄道源。明知担保有风险，赵南公仍然无怨无悔地去做了，像赵南公这样的进步的有诚信的商人，给地下党的活动提供了切实可靠的帮助。

五、从泰东走出来的书局

离泰东图书局门市店不远的地方，先后有一些新的书店开张，其中一些书店的创办人都曾在泰东图书局工作过。沈松泉回忆说："当时泰东的营业员黄济惠、方东亮后来脱离泰东自己创立了书店。黄济惠开设梁溪图书馆，方东亮创办群众图书公司，会计周文卿创设国光口琴厂，张静庐和我都曾在泰东编辑部工作过，后来我们创办了光华书局。"① 泰东图书局就像小书店孵化器，不断孕育着新的出版机构。在 20 世纪现代中国出版界，像泰东图书局那样小的规模却能催生出那么多新的出版机构的，仅此一家。

群众图书公司创办人为方东亮，是江苏无锡人。在泰东图书局工作时，与周围的人相处不睦。上海刚刚出现书业信托事务时，方东亮便急匆匆地私下在泰东图书局做了起来，赵南公得知后认为方东亮"只闻得人言"，便糊里糊涂地宣布开来，让赵南公很不高兴。1921 年，赵南公就有意辞退方东亮。但是，直到 1923 年，方东亮

① 沈松泉：《泰东图书局经理赵南公》，《中国出版史料（现代部分）》第 1 卷上册，山东教育出版社 2001 年版，第 334—335 页。

才离开泰东图书局，在福州路300号租了一个街面房子开了群众图书馆，出版物以标点书为主。"群众初创时，印过一些《陶渊明集》、《阅微草堂笔记》等标点书。方东亮对同业不大放账，但又没有什么畅销书，这样就把生意做呆了。"① 方东亮在泰东图书局时担任营业员，其实就是做些杂务，囿于工作性质，与泰东图书局内的作家关系并不亲近，手头可用资源非常有限。张静庐与沈松泉则不然，他们与郭沫若、郑伯奇等处得关系较好，借助泰东图书局时期积攒下的一些人脉，很快就打开了局面，使他们自己的小书局迅速发展起来。

沈松泉回忆说："当时所以敢于大胆办起书店来，主要仗着静庐和我都在泰东图书局编辑部工作过几年，认识一些作家，可以暂不付稿费或版税，先把稿子要来出版；认识几家印刷所和装订作坊，可以暂不付印刷费和装订工；还认识几家纸行，可以赊欠纸张，等书出版后甚至等到节边（端阳、中秋、旧历年底）再付款。"② 沈松泉罗列出来的开办光华书局的有利条件，其实都与自身在泰东图书局时期的工作经历有关。这一点在张静庐的回忆中也可以清晰地看出："松泉、卢芳同我，合办一家'干伙'的光华书局——上海第一家纯粹的新书店"，"光华书局的创立，我们要感谢郭沫若先生的热忱协助。就是他说的我们同住在泰东编译所里有过半年以上吃大锅饭的交情，愿意将新著的《三个叛逆的女性》和在许多刊物上发表过编纂起来的《文艺

---

① 王子澄：《方东亮与群众图书馆》，《百年书业》，上海书店出版社2008年版，第143页。

② 沈松泉：《关于光华书局的回忆》，《百年书业》，上海书店出版社2008年版，第10页。

论集》交给光华印行。同时，更以最低的条件——五十元一期编稿费，编辑一种半政论半文艺的杂志《洪水》半月刊"①。从沈松泉和张静庐的回忆可知：第一，他们是在泰东图书局工作期间结交了郭沫若等作家；第二，原先与泰东图书局合作的郭沫若等作家及印刷所等给新成立的光华书局很大的支持。

光华书局成立后的两年时间（1926—1928），先后创办的刊物有叶灵凤、潘汉年主编的《幻洲》半月刊，高长虹主编的《狂飙》周刊，倪贻德主编的《新艺术》半月刊，章克标、滕固等编的《新纪元》，叶灵凤编的《戈壁》半月刊。在光华书局之外，张静庐还担任过现代书局的经理。现代书局创办于1927年，由创办人洪雪帆担任总经理，最初开设在虹口区海宁路，后来迁到福州路山东路交叉口的商报馆，光华书局的斜对面。"洪雪帆初办现代书局，自己也不大懂图书经营和销售，又是老乡张静庐出手相助，从光华书局拿来一些出版的书稿，并进了一批光华书局的图书以充斥门市的销售，这样洪雪帆的现代书局就在福州路上站住了脚跟。"② 后来，张静庐又将叶灵凤、潘汉年介绍到现代书局，于1928年1月出版了《现代小说》月刊，1928年9月请郁达夫主编创办了《大众文艺》，1929年3月蒋光慈自愿主编《新流》月刊，1929年夏请田汉主编创刊了《南国月刊》，1931年潘汉年介绍其兄潘梓年编辑《洪荒》半月刊。"创造社出版部被封后，郭沫若的一些著作多数是拿到现代书局出版的，潘汉年曾自称是'创造社的小伙计'，代表来接洽郭的文稿出版事。郁达夫也曾

---

① 张静庐：《在出版界二十年》，江苏教育出版社2005年版，第75—77页。
② 姚一鸣：《现代书局》，《中国旧书局》，金城出版社2014年版，第139页。

把自己的书稿移交给现代书局出版。"① 从光华书局到现代书局，出版机关变了，但是经营人员和作家队伍却是一脉相承。

从书局经营人员及刊物编辑阵容等各方面来看，现代书局是光华书局的延续，而光华书局所利用的资源基本都是来自泰东图书局。正是泰东图书局，使得张静庐、沈松泉踏进了现代出版界，使得郭沫若、郁达夫、叶灵凤、潘汉年等创造社同人在现代文坛上刮起了一股又一股的"创造"旋风。张静庐将泰东图书局视为创造社的"摇篮"，而郭沫若则将光华书局视为"创造社的托儿所"。从"摇篮"到"托儿所"，② 就是从最初的降生到后来的成长，这是一个连续的过程，这个连续的过程既是创造社的成长史，也是创造社随着成长逐渐脱离泰东图书局的历史。从泰东图书局的角度来看，则泰东图书局是一个开放式的孕育者，孕育了创造社这样一个作家团体，也孕育了光华书局、群众图书公司等出版机构。

从孕育者的角度描述泰东图书局的发展轨迹，就会发现与创造社合作时期的泰东图书局是最具创造性的。1924 年 1 月 17 日，鲁迅在北京师范大学附属中学讲演说："在要求天才的产生之前，应该先要求可以使天才生长的民众。——譬如想要乔木，想看好花，一定要有好土；没有土，便没有花木了；所以土实在较花木还重要。"③ 如果将创造社、光华书局、儿童书局、群众图书公司等视为花木，泰东图书

---

① 卢芳：《我所知道的上海现代书局》，《百年书业》，上海书店出版社 2008 年版，第 64 页。

② 郭沫若：《创造十年续篇》，《郭沫若全集》文学编第 12 卷，人民文学出版社 1992 年版，第 238 页。

③ 鲁迅：《未有天才之前》，《鲁迅全集》第 1 卷，人民文学出版社 2005 年版，第 174 页。

局便是养育这些花木的泥土。虽然郭沫若等都批评过泰东图书局的种种不足，却不能抹杀泰东图书局曾经起到过的重要作用。然而，这种具有孕育性质的泰东图书局，在1924年之后便消失不见了。泰东图书局后来与狂飙社、白露社合作，出版过《白露月刊》、《泰东月刊》等，却并不能被视为孕育者。狂飙社在与泰东图书局合作之前就已经存在，而在与泰东图书局合作的同时，也在与光华书局、北新书局等合作；白露社只是一个有名字的空壳社团。泰东图书局，并非没有重新选择并孕育文学新人的想法，但是繁荣起来的新文学出版界，即便是文学新人们的选择也逐渐多了起来，再也不像创造社同人初登文坛时那般寂寞，在出版同行们的激烈竞争下，优秀的新生代作家离泰东图书局越来越遥远。

1924年后来到泰东图书局工作的职员，似乎都表现得越来越平庸，唯一的亮点，便是张一渠（1895—1958）。"张一渠是浙江余姚人，毕业于杭州法政学堂。他在创办儿童书局以前，是在上海泰东图书局当经理。后来他深感国内缺乏儿童读物，就在1931年春，辞去泰东图书局的工作，独资创立儿童书局，聘请了许多专家学者编纂适应儿童需要的书刊，开启了我国儿童读物的新运。"随着营业规模的不断扩展，儿童书局在福州路也拥有了自己的门店。"在这条书局林立的大街上，张一渠先生的名气之大，仅次于商务印书馆的王云老。"[1] 张一渠离开泰东图书局后创办的儿童书局，这是事实。但是将儿童书局的创办时间定为1931年春，却不准确。学者陈梦熊说："儿童书局创办的年份，《上海出版志》列为1930年2月，《老上海名人名事名物

---

[1]　王林：《张一渠——中国第一家儿童书局的创办人》，《文史杂志》1998年第1期。

大观》列为 1931 年，伯吹老所述是 1932 年，各有一年之差，究竟何者为准？尚得作进一步查考。"① 儿童书局具体的创办时间，应为 1930 年，佐证有二：第一，周作人的《儿童文学小论·序》中有相关信息："张一渠君是我在本省第五中学教书时的同学。那时是民国二年至六年，六年春季我来北京，以后没有回去过，其时张君早已毕业出去了。十九年冬忽然接到张君来信，说现在上海创办儿童书局，专出儿童一切用书，叫我给他帮忙。"② 周作人的这篇"序"写于 1932 年 2 月 15 日，文中的回忆应该较为可信。第二，袁哲编述的《世界各国小学教育概观》于 1930 年 8 月由儿童书局初版发行，丰子恺为其作书画。版权页上儿童书局的发行地址为：上海浙江路六马路口。

楼炜春在《儿童书局及其创办人张一渠》中回忆说，张一渠曾出任余姚县政府参议员等职，"1928 年来沪供职上海总商会，主编一份商情月报。1929 年应上海泰东图书局赵南公之聘任书局经理……1930 年初集资创办儿童书局，即在浙江路同春坊住宅楼下辟为店址，在一年内出版了不少供小学生阅读的书刊。由于各种出版物图文并重，印刷精美，其内容适应儿童教育的需要，因而获得上海教育界和学校教师的重视，业务发展极为顺利。次年春张一渠辞去泰东图书局经理职务，专心经营儿童书局。"③ 楼炜春的叙述切实可信，对张一渠与泰东图书局的关系叙述也最清楚。张一渠在上海总商会工作，因而得到赵南公赏识。1929 年才到泰东图书局工作，不到一年时间便要自开书店，且自开书店的时候还没有辞掉泰东图书局经理的职务，直

---

① 陈梦熊：《陈伯吹谈儿童书局的信》，《出版史料》2004 年第 1 期。

② 周作人：《儿童文学小论·序》，儿童书局 1932 年版，第 1 页。

③ 楼炜春：《儿童书局及其创办人张一渠》，《出版史料》1990 年第 1 期。

到自己创办的儿童书局站稳了脚跟才从泰东图书局辞职。虽然泰东图书局内的职员在外兼职是常有的事情，但是像张一渠这样做的还是头一个。只能说赵南公虽然有识人之明、容人的雅量，但是所招揽来的英雄豪杰少有安于本职工作的，且大多都想沿着泰东图书局的出版事业继续前进，而被他们抛在身后的泰东图书局，也就成了停滞不前的老牌书店。

张一渠对出版发行所作的思考，并没有用之于自己在泰东图书局的本职工作上。1931 年，张一渠的儿童书局站稳了脚跟，他本人随后便离开了泰东图书局。与此同时，泰东图书局的出版发行事业则出现了一个巨大的停顿，犹如断崖一般。自创办以来，泰东图书局的出版发行业务第一次出现了年度断档。笔者努力搜求泰东图书局 1931 年的出版物，只找到一本《茶余闲话》。泰东图书局出版发行事业出现的急刹车式的营业断档，虽然不能全部归罪于张一渠，恐怕与张一渠的所作所为也不无关系。在张一渠离开泰东图书局之后，泰东图书局的出版发行事业真正显露出日薄西山的趋势，再也没有恢复元气。

日薄西山的泰东图书局，仍然哺育了名为"国际书报"的一家公司。公司老板叫邹企鲁。"邹企鲁，江苏无锡硕放镇人（1903—1972），14 岁时去上海泰东图书局学生意，地址四马路（现福州路）昼锦里口。书局老板叫赵南公，主编为郭沫若，该局规模较大，有像样的印刷厂，厂址在大连湾路。邹企鲁学徒时干杂勤，给郭沫若领孩子和做家务。邹企鲁为人老实、手勤、肯学习，他的字写得流利工整。后来老板对他较为看重，叫他管内部事务，管过账务，还管过印刷厂。该店常有进步书籍出售，鲁迅、巴金等常去该店。后由于老板挥霍等原因，书店渐不景气，老板叫邹企鲁独自做生意，于是邹企鲁在泰东原有门面上用一间房子开起了'国际书报'公司，时间在1933年下半年。"①据笔者所知，此后再没有新的出版机构从泰东图书局中走出。

六、"复兴"的火花与最后的没落

1930 年 1 月 1 日，赵南公照例在《申报》上刊登"恭贺新禧"的告白，落款是：上海泰东图书局总店、泰东图书局读者合作部。往年的新年告白中，只有简单的"上海泰东图书局"的字样，没有"总店"与"合作部"。有"总店"，就意味着泰东图书局开设了分店（1927年 5 月"马日事变"后，长沙泰东图书局曾遭到查封②），此外还开办了"读者合作部"。从落款上来看，泰东图书局的事业似乎有了新的发展。实际营业情况却很不乐观。1930 年 11 月 19 日，鲁迅在给崔真吾的信中说："上海也已经不像从前。离开广州，那里去呢？我想别处也差不多的。今年是'民族主义文学'家大活动，凡不和他们一致的，几乎都称为'反动'，有不给活在中国之概。"③自 1931 年开始，国民党政府又以查封书店等手段发动了文化"围剿"。鲁迅在给李秉中的信中谈到上海局势时说："百物腾贵，弄笔者或杀或囚，书店（北

---

① 乐融：《〈二心集〉版权与合众书店》，《纪念鲁迅定居上海 80 周年学术研讨会论文集》，上海社会科学院出版社 2009 年版，第 719 页。

② 冯家钦、刘欣森等主编：《湖南教育简史》，岳麓书社 2004 年版，第 147 页。

③ 鲁迅：《致崔真吾》，《鲁迅全集》第 12 卷，人民文学出版社 2005 年版，第 247 页。

新在内）多被封闭。"①1931 年 4 月 7 日，上海商会将上海市书业同业
公会的申诉转呈国民政府，呈文声称："偶因一二书籍之内容或著译
者人的关系，辄被军警机关发封。"②动辄查封书店，已经到了让书业
同业公会无法忍耐的地步。1931 年 12 月 22 日，北新书局、光华书局、
亚东图书馆等五家出版机构认为国民党政府颁布的办法及出版法施行
细则对于言论出版自由束缚太甚，遂发起集会，偕同商务印书馆、中
华书局等 49 家书店联名向国民党一中全会请愿。

　　1930 年，泰东图书局至少初版发行了 20 种图书。1931 年，泰
东图书局只出版了一本消遣性的《茶余闲话》。《中国新书月报》
1932 年第 1 期刊登了请愿书全文及署名的各家书店。签名书店中，
已经没有了泰东图书局的身影。曾在反对北洋政府出版法及新书业
公会组织等活动中表现积极，一度成为众多小书店领头羊的泰东图
书局，渐渐远离了人们的视线。1932 年《出版消息》第 1 期刊登了
顾瑞民的《上海新书业之概况》，叙及的第一个出版机关便是泰东
图书局。"泰东后改组编辑部，聘范香谷等主编泰东月刊，嗣因内
容不妥被封，范乃走陕西，泰东编辑部遂陷于停顿，一直至今，泰
东仅将以前各书在贱售，并不出版任何新书。"叙及与创造社分手之
后的泰东图书局时，只谈《泰东月刊》而不言《白露》与《社会科
学杂志》，显示了叙述者应为左翼知识分子。《社会新闻》1933 年第
4 卷第 13 期曾刊登署名"衣"的短文《出版消息与左联》，讲的就
是顾瑞民："光华书局小职员顾瑞民，为左联开除之顾凤城乃弟，意

---

①　鲁迅：《致李秉中》，《鲁迅全集》第 12 卷，人民文学出版社 2005 年版，第 262 页。

②　倪墨炎：《书业公会关于书店不断被封的申诉》，《现代文坛灾祸录》，上海书店出
版社 1996 年版，第 76 页。

识模糊，盲目左倾，其主编之出版消息，为乐华图书公司出版，遂被左联侵入利用，内容方面，绝对由左联指使，顾宛如木头人，听其牵动。"从这则消息可知，《出版消息》思想左倾毋庸置疑，这也就解释了他叙及泰东图书局时为何只谈《泰东月刊》的原因。顾瑞民说泰东图书局的出版发行事业在 1932 年"陷于停顿"，应是不争的事实，这也从另一方面解释了《中国新书月报》签名书店中没有泰东图书局的原因。

1932 年，泰东图书局一本图书都没有出版，反而开始将《辛夷集》的纸型出租给大中书局，这个"实在倒是上海新书出版界的老资格"① 的小书局的没落已然势不可免。莫洛谈到赵南公时说："赵氏晚年生活，几乎全依赖将书籍纸型租赁所得而过日子。"② 所出租的，主要是创造社丛书的纸型。

泰东图书局的出版事业虽然陷入停顿状态，但是赵南公显然并没有中断与进步文艺作者们的联系。1932 年 3 月 18 日，由华汉（阳翰笙）主持的"文总"执委会议在泰东图书局编辑所召开。会议事项主要有：一、加紧工农文化工作问题；二、筹建新闻记者组织开拓新闻战线问题；三、决定发表"中国左翼文化团体反对国际联盟李顿调查团来华调查日帝侵占东北声明"。李楚书回忆钱杏邨时说："钱原是太阳社健将，曾先后发表过《郭沫若论》、《郁达夫论》等论文，后来编成《作家论》的集子，在泰东书局出版。他活跃在出版界中，和'泰东'主人赵南公以及编辑部同人关系极好，'文总'在一九三二年三月十八日召开的一次执委会议，就是由钱和'泰东'

① 瑞民：《上海新书业之概况》，《出版消息》1932 年第 1 期。
② 莫洛：《陨落的星辰》，上海人间书屋 1949 年版，第 157—158 页。

打好交道，商借在该局楼上编辑部举行的。"① 只要有左翼文化资源，在左翼文学最为盛行的年代里，泰东图书局就拥有无限重新再来的可能。

1932 年 9 月 20 日，郭沫若《创造十年》由上海现代书局初版发行，较为详细地叙述了创造社与泰东图书局之间的关系。《创造十年》的流行，让近乎消失在人们视野里的泰东图书局再次走到台前，郭沫若一方面批评了泰东图书局苛刻的待遇，另一方面也充分肯定了泰东图书局作为创造社"摇篮"的作用。与创造社出版部刚成立时相比，郭沫若叙及赵南公时的态度已经缓和了不少。或许，这些使精明的赵南公看到了机会，让他觉得有可能借助郭沫若的名气重振泰东图书局的出版事业。

1933 年 5 月 6 日，石郎撰写了《四马路书店巡礼记》，文中叙述自己走过世界书局后，"旁边是同世界大相悬殊的泰东。泰东以前似乎是新文化的先锋，不知近来何以没落如此。最近似乎也没见他出过什么新书；在一堆杂乱的旧书中有一本郭沫若标点的《西厢》，还可怜地躺着在。在《创造十年》中，我们可知道那是使郭沫若非常抱恨的一本书"。② 不久后，丰庄也写到了四马路书店，文章开篇写道："一走进四马路，便十足的看得出出版界的衰颓，负有历史荣誉的小书店'泰东'，已经破产得成了个烂书摊子，他们出卖书籍不但不按定价卖，就是一折二折也很少有人去顾问了，那末，只有来得痛快一点，'一角钱一磅'，于是书的价值，就看它的磅数轻重了。就是这样，生

---

① 李楚书：《纪念"左联"，缅怀战友》，《左联回忆录》上，中国社会科学出版社 1982 年版，第 204—209 页。

② 石郎：《四马路书店巡礼记》，《出版消息》1933 年 5 月第 12 期。

意仍然是十分的清淡。因为一般读者早已不买这种书了。"① 走在四马路上，就能清晰地感受到泰东图书局的没落。但是若说此时的泰东图书局所售图书一无是处，也不甚妥当。1933 年暑假，何天行就在泰东图书局购买了《清代朴学大师评传》、《楚辞研究》、《尚书去伪》、《朱谦之古学卮言》、《古微书》等，由此展开的古文学研究颇有成就。当然，这些书都是泰东图书局以前出版的旧书，且在左翼文学出版潮流中也显得不合时宜，就新的出版物来说，泰东图书局已经远离了时代的潮流。

为了改变泰东图书局冷落的出版发行状况，赵南公将主意打在了郭沫若的身上。1933 年 9 月，泰东图书局编辑出版了《沫若书信集》，列为"复兴"第 1 种。赵南公将丛书起名为"复兴"，就是想要重振泰东图书局出版事业的意思。赵南公写信到日本，说要出郭沫若的书信集，请郭沫若写篇序。郭沫若回复说："书信集可以出，序也可以作，但所搜集的信稿须先送我检阅一遍。"泰东图书局很快将书信寄给郭沫若看，却已经是最终的校样了。让郭沫若觉得失望的是泰东图书局只是将《三叶集》里郭沫若的信抽出来，又添上了郭沫若写给郁达夫、成仿吾写的 6 封信。在郭沫若看来，这些书信"都是已经发表过的"，属于"过去了的东西"，他一方面"多谢书局方面的热心"，另一方面"很希望书局方面借这个机会来搜集我其他未曾发表过的信札，汇成一个续集。"② 郭沫若的序，"言辞之间，仿佛与泰东图书局从未有过芥蒂。其详情究竟如何，就不得而知了"③。泰东图书局经常会

---

① 丰庄：《出版界的没落》，《出版消息》1933 年 8 月第 18 期。
② 郭沫若：《沫若书信集·序》，泰东图书局 1933 年版，第 2—3 页。
③ 刘纳：《创造社与泰东图书局》，广西教育出版社 1999 年版，第 234 页。

编选已经发表过的文字加以出版，但是很少事先取得作者的同意。《沫若书信集》也是如此，郭沫若拿到稿件时，已是最后的清样了。泰东图书局所需要的，并不是郭沫若的同意，而是想要请郭沫若写篇序。赵南公此举，至少有这样两个方面的打算：首先，弱化《创造十年》带给书局的负面影响；其次，借郭沫若的名气以谋书局之"复兴"。

《沫若书信集》出版后，泰东图书局"复兴"的努力在某种程度上也得到了人们的肯定。1933 年 12 月出版的《时事大观》上册刊登了消息《一年来之上海出版界》，文章谈到如从四马路路口由西向东而行，先看到的是一些古董书店，而后是建筑宏伟的世界书局，"旁与世界大相悬殊者为泰东，前曾为新文化先锋，此则努力更新"。所谓"更新"，说的便是赵南公正在努力于泰东图书局的"复兴"大业。

以赵南公的精明，原本应该在得到郭沫若的回信后，即可展开郭沫若其他信札的搜集整理，作为一个续集出版，不仅能够使得"复兴"顺理成章地得到第 2 种图书，还可以使得郭沫若的两部书信集自身构成对照，使得书局再次踏上"趋新"的征程。毕竟，郭沫若在当时的出版界已成了金字招牌，是畅销的标志。"乐华图书公司一九三四年第一本巨著，便为《沫若自选集》，是书本拟去年出版，俟因等待作者新作品《鸡》一篇，故延至今年出版，自本书出版登出广告之一天，上海适大雪，但乐华门市部来购者异常踊跃，次日天雾，即售去数百本，而作者之亲笔签名本亦于是日售完。"[①] 以《沫若自选集》为参照，可知赵南公《沫若书信集》的出版选题实在不错。对于郭沫若的建议，不知出于什么原因，赵南公并没有给出回应，从而错失了"复兴"的

---

① 《沫若自选集畅销》，《出版消息》1934 年第 29 期。

最好的一次机遇。不能紧紧抓住郭沫若的泰东图书局，似乎正如郭沫若在书信集序言中指出的，欲借以"复兴"的只不过是一些"过去了的东西"。代表着"过去了的东西"的《沫若书信集》的出版，象征着泰东图书局"复兴"的无力，已经跟不上出版界发展的形势。当然，以赵南公的精明来说，不回应郭沫若的建议，肯定是别有隐情，比如糟糕的身体状况等使他无法承担泰东图书局的"复兴"重任。作为"复兴"丛书第 1 种的《沫若书信集》，结果也成为了"复兴"丛书的绝响，就此而言，这本书信集的真正意义是标志了泰东图书局出版事业的结束。

1934 年，家祥在《上海之新书店》中说"我们要从'书店之群'的四马路经过"，① 并叙述"上海各新书店"，罗列出来的共有 28 家，其中没有泰东图书局的名字。《1935 年上海书店调查》还有泰东图书局的记录，经理是赵南公，资产约计一万元。光华书局的资产也是一万元，张静庐担任经理的上海杂志公司资产是五千元。从上海书店的调查数据来看，泰东图书局的资产与光华书局、上海杂志公司旗鼓相当，似乎还没有落魄到关门停业的地步。实际情况则是泰东图书局早已落魄到无人问津的地步，离关门停业已经不远了。

《出版消息》1934 年第 34、35 期合刊号刊登消息《泰东图书局有招盘讯》："赵南公氏创办之泰东图书局为国内新文化运动之有力者，曾引起广大青年之注意，给予中国文化上不少影响，惟最近因无人经营，颇有'日暮'之概，闻泰东现正在招盘，拟将全部书籍让与别家出版，确否待证。""招盘"而非"出盘"，表明赵南公并没有放

---

① 　家祥：《上海之新书店》，《中国出版月刊》1934 年第 5、6 期合刊号。

弃泰东图书局的打算。招盘消息的扩散，意味着赵南公放弃了"复兴"计划，坐困愁城的赵南公不得不将泰东图书局的一些纸型出租给其他书局印售。"靠了几部创造社丛书的纸型，租给人家印售，收一分钱一本书的租金，过着黯淡无光的日子。"[①] 一般来说，出租的纸型，版权页上的发行者虽然还是赵南公，在印刷或发行条目下也会注上泰东图书局的字样，但是总发行所却变成了"大中书局"、"大新书局"等。1932 年 10 月《辛夷集》第 15 版、1934 年 6 月《楚辞之研究》第 7 版，总发行所都是"大中书局"，1935 年 4 月《烦恼的网》第 5 版总发行所为"大新书局"，以上这些都属于泰东图书局的纸型出租版。

张泽贤谈到大新书局时说，大新书局自产图书很少，"到了 1935 年主要是为'泰东'图书局当发行，或者说是买了'泰东'的版权出书。笔者所见大新书局发行的'泰东'版，大多是当年创造社的著作……笔者猜想，大新书局在 1935 年'总发行'的一些图书，如郭沫若的《女神》、郑伯奇的《卢森堡之一夜》、王独清的《新月集》等，估计都是属于在吃'创造社丛书'的老本。版次大多已达五六版，甚至十几版，笔者所见郭沫若的《女神》，已是 1935 年 4 月第十二版。从当时的情况看，销路仍未低迷，可见'创造社丛书'的魅力。但从另一层意思看，大新书局等名不见经传的小书局，正是在靠吃名家的'残羹剩饭'过日子。至于，'吃'一本给赵南公多少钱，好像从未见到过文字记载。""《新月集》版权页上印的文字很有意思，出版者是泰东图书局，发行人是赵南公，总发行所不是'泰东'，却是处在上海一条小弄堂：露香园街春华里 5 号的大新书局。看到这些，如不谙上

---

① ［马来西亚］温梓川：《新书业与作家》，《文人的另一面——民国风景之一种》，广西师范大学出版社 2004 年版，第 345 页。

述历史的话，实在难以解读其中之矛盾，正因为大新书局出了钱买下了翻印发行的有限权利，于是便有了印上'总发行所'的大名和一枚自己的出版标记。"①

赵南公靠纸型出租过日子，纸型的所有权还是属于泰东图书局，但是出版发行等具体事务却由新的书局负责，于是也就造成了一些图书在版权页上同时出现两个出版机关的问题。丁丁（丁嘉树）编的《革命文学论》，1927 年 1 月由泰东图书局出版，后来又在大新书局出版。沈寂在《〈革命文学史〉究竟由谁编？——求证陈独秀有无这两首新诗》中说："据吴孟明先生在上海图书馆查证，《革命文学论》在泰东图书局出了 5 版，在大新书局也出了 5 版（见到的实物为泰东 1927 年 1 月第 1 版，缺第 2 版，1928 年 3 月第 3 版，1928 年 9 月第 4 版，1930 年 2 月第 5 版和大新书局 1935 年的第 5 版）。泰东与大新的发行者同为赵南公，应是同一家。""《论》的第 1 版 1927 年 1 月至第 2 版 1927 年 12 月 26 日之间，经历了'四一二'政变。第 2 版的问世，在技术上作了一些微妙的处理，大概与此政治局势的变更有关，但版权页仍保留，编者、书名与发行者依旧。"此书在当时或仍称得上"是进步违禁书籍"，"所以封面上不署编者之名，也没有版权页"，因为"若要印版权页，就要向国民党反动当局报批，等于自投罗网，不但出不了书，而且作者、编者及出版社都将遭到镇压。"②因为不清楚泰东图书局纸型出租之事，于是将因纸型出租造成的版权页问题视为规避政治问题的"技术"处理，这就将本来简单的问题复杂化了，属于对史料的过度阐释。在逻辑上看起来似乎很合理，实际上却完全不是

---

① 张泽贤：《民国出版标记大观》，上海远东出版社 2012 年版，第 92—93 页。

② 唐宝林：《关于〈陈独秀的两首诗〉新证》，《安徽史学》1998 年第 1 期。

那么一回事。

赵南公的身体健康状况严重影响到了泰东图书局"复兴"计划。家庭开销甚巨，出租纸型所得甚微，赵南公后来只能不断地分租甚或抛售泰东图书局房子等固定产业。事业早已溃败不可收拾，生活则是每况愈下。温梓川对赵南公晚年的叙述更为详细："上海沦陷后，出版业务受创最重，纷纷内迁，他的生活有如雪上加霜，更加困苦。据说当时伪政府中，颇有一些他的熟人在做高官，想提拔他。但他不屑去同流合污，宁愿忍饥挨饿，过他的饥寒交迫的苦日子，终于在一个亭子间里寂寞死去。"1938 年冬，赵南公病逝，家境凄凉无以为殓，"听说还是由几个热心的同业，捐款办理丧事。这一位杰出的出版界先进，结局的凄惨，真值得同情。但他宁死不肯失节事敌的正义感，更值得人们的尊敬。"① 随着赵南公病逝，泰东图书局也就正式成为了一个历史名词。

---

① ［马来西亚］温梓川：《新书业与作家》，《文人的另一面——民国风景之一种》，广西师范大学出版社 2004 年版，第 345 页。

结 语

从商务印书馆到文化生活出版社，陈思和认为中国已经先后形成了三代出版家。第一代以张元济为代表，"第二代可以从辛亥年以后逐渐崛起的一些出版商人如陆费逵等人算起，'五四'后风云际会的赵南公、李小峰、张静庐等也属此列"。① 陈思和列举出来的四位第二代出版家，张静庐是在赵南公的扶持下踏进出版界的，如此算来，赵南公在第二代出版家中也可算得上是领军人物。

曾在泰东图书局工作过的沈松泉说："现在回想起来，赵南公作为一个书店经理或出版家在民国初年多数小书店只注意出版《礼拜六》

---

① 陈思和：《中国知识分子的理想——关于孙晶〈理想和希望之孕〉》，《南方文坛》1998 年第 6 期。

派小说的时候，他能够适应当时政治形势的要求，出版了一些政治法律和经济方面的书籍。在'五四'运动后，他又能跟上新潮流，出版了介绍新俄情况的著作。当时在上海只有亚东图书馆出版过几本关于新文艺方面的著作，如胡适的《尝试集》、康白情的《草儿集》等，而泰东能够为创造社提供出版的阵地，使郭沫若等有用武之地，在这一点上，不能不说赵南公在当时中国的出版业中有一定的贡献的。"①在张静庐、温梓川、莫洛等人的文字中，都能找到与沈松泉相类似的说法。对于赵南公在现代出版事业上的贡献，人们的认识较为一致。

具体地说，赵南公主要在以下四个方面作出了杰出的贡献。

第一，发掘与培养新人。1921 年，少年中国学会的左舜生到马霍路找郭沫若，曾对郭沫若说："寿昌在二月间有信来，托我找出版处，我也奔走了几家。中华书局不肯印，亚东也不肯印；大约商务也怕是不肯印的。"虽然田汉、郭沫若在当时的文坛上已经有了知名度，却依然没有得到出版社的青睐。在这种情况下，是赵南公给了创造社一个机会。郭沫若日后回忆说："当时我也暗暗感谢赵南公，因为我听了左舜生的那一番话，像那时还未成型的创造社，要想出杂志，在上海滩上是不可能的。在不可能之中有泰东来印，这当然是可以感谢的事。"发掘文坛新人，给前途未知的新人机会，赵南公在这方面绝对称得上是一个优秀的出版家。赵南公主持下的泰东图书局，走出了一批现代优秀的出版发行人才，如光华书局创办人沈松泉、上海联合书店和上海杂志公司创办人张静庐、梁溪图书馆创办人黄济惠、群众图书公司创办人方东亮、儿童书局创办人张一渠等。

---

① 　沈松泉：《泰东图书局经理赵南公》，《中国出版史料（现代部分）》第 1 卷上册，山东教育出版社 2001 年版，第 334 页。

小小的泰东图书局并不能够以丰厚的待遇吸引人才，发掘新人也可以说是解决书局发展问题的无奈选择。赵南公所发掘的一些新人都成长为现代出版界的新星，说明赵南公的确在用人识人方面有独到之处。虽然赵南公没有能够留住自己所发掘和培养起来的人才，但是从整个现代出版界来看，赵南公的泰东图书局却像一个小却强有力的造血机器，为中国现代出版事业作出了令人瞩目的贡献。

第二，积极推动新文学与新文化的出版事业。在人才的发掘和培养之外，赵南公所主持的泰东图书局还代表着当时出版界向着新文学转移的努力。在郭沫若看来，那时的泰东图书局勇于创新，敢于说"硬话"。"像孤军社的人想出杂志，不怕他们都是商务的编辑，并且还有些是占着重要位置的人，却不找商务而要找泰东，他们的目的就是要多说几句硬话。替商务办杂志的人，是连半句硬话都不敢说的，如有人肯高兴去问问雁冰先生，他便知道得最明白。他为这件事情便是上过当来的人。我们在创造社的刊物上也算说了不少的硬话，那些刊物你根本不要设想：能在商务出版！所以，在这些地方也正该应该感谢泰东。"郭沫若还回忆说，有一天郑振铎陪着朱谦之到泰东图书局，带着《革命哲学》的书稿寻求出版。"《革命哲学》在商务不好出版，问过别家书店，也都不敢承印，要望泰东替他印行。南公没说二句话便答应了下来。"①《革命哲学》作为"创造社丛书"第2种出版，问世不久便被禁止发卖，改题为《哲学》后再版依然被禁止。"创造社丛书"的广告中，此书后面一直标着"发卖禁止"的字样。这自然是利用禁书效应做广告，但是刚出版即被查禁也就意味着无法收回成本。赵南

① 郭沫若：《创造十年》，《郭沫若全集》文学编第12卷，人民文学出版社1992年版，第104页、第186页。

公并没有因此终止与朱谦之的合作，《大同共产主义》、《国民革命与世界大同》、《到大同之路》等著作先后由泰东图书局初版发行。这说明赵南公在新文化与新文学出版方面不遗余力，并非单纯为了利润而"趋新"。

即便以"趋新"而言，也应该看到赵南公的出版活动努力的目标是创造时尚、引领时尚，而不是追逐时髦。在本质上，赵南公并不是那种靠媚俗获利的出版家。1921 年，赵南公答应郭沫若出版纯文学季刊《创造》时，新文学的刊物还不多，纯文学刊物竟没有。茅盾谈到这一时期的新文学发展时说："现在我们回顾民国六年（一九一七）到民国十年（一九二一）这五年的期间，（这是中国新文学史上第一个'十年'的前半期），总会觉得那时的创作界很寂寞似的。作者固然不多，发表的机关也寥寥可数。然而我们再看看那时的后半的五年（一九二二到一九二六），那情形可就大不同了。从民国十一年起（一九二二），一个普遍的全国的文学活动开始来到！"[①]1921 年，文学研究会成立，《小说月报》是其机关刊物。茅盾并没有将 1921 年作为"普遍的全国的文学活动"的起始点，而是以 1922 年为界。1922年最引人注目的事件，便是《创造》季刊的出版，以及随之而来的创造社与文学研究会之间的论争。换言之，正是泰东图书局出版发行的《创造》季刊，触发了"普遍的全国的文学活动"的到来。

第三，在赵南公的主持下，泰东图书局出版了一批优秀的图书与杂志。1920 年，泰东图书局出版了陈溥贤翻译的《马克思经济学说》（德国柯祖基著），这种优秀的图书旋即被转到商务印书馆出版，1922

---

① 茅盾：《中国新文学大系·小说一集·导言》，上海良友图书印刷公司 1935 年版，第 4 页。

年 8 月 27 日商务印书馆在《申报》为其刊登的广告宣称已"新出四版"。泰东图书局挖掘的作者和出版项目，随后在商务印书馆等大书店被隆重推出的现象，不在少数，这在某种程度上也说明泰东图书局不断致力于优秀图书的出版。赵南公连续三年持续不断地支持出版"创造"系列期刊和"创造"系列丛书，给了郭沫若等文学新人一个机会，也将泰东图书局的出版发行事业带上了一个辉煌的发展轨道。泰东图书局的成功绝非偶然，而是植根于赵南公的坚持。

阿英编纂的《中国新文学大系·史料索引》集中，专著部分一共列出了文学史 24 种，其中泰东图书局出版的有 3 种，而王靖的《英国文学史》还没有被计算在内。诗歌总集 8 种，其中泰东图书局出版的有 1 种。此外，泰东图书局还出版诗歌别集 5 种，小说别集 12 种。泰戈尔汉译 14 种著作中，泰东图书局出版的有 4 种。与数量相比，更引人注目的是出版物的质量，准确地说正是因为出版物的质量才让阿英在史料索引集里列出了泰东图书局如此多的出版物。史料索引集中列出的泰东图书局的出版物，如《女神》、《少年维特之烦恼》、《沉沦》、《茵梦湖》等，都是中国新文学出版史上不可磨灭的里程碑式的著译作品。

第四，勇于探索，敢于创新。赵南公在出版选题、构建发行网、图书广告装帧和创办读者俱乐部等方面，总有一些令人惊叹的奇思妙想。泰东图书局在出版发行等方面的许多探索及成功经验，后来为光华书局、上海杂志公司、创造社出版部等借鉴，并加以发扬光大，有些做法即便是放在今天也仍然有可借鉴的价值。

赵南公编辑出版大事年表

1882 年

出生于今河北省曲阳县赵城东村。

1914 年　32 岁

3 月，与欧阳振声、谷钟秀等在上海创办泰东图书局，赵南公担任股东并在书局内工作。

1916 年　34 岁

6 月，在谷钟秀的推荐下，担任泰东图书局经理。

同年，组织出版反袁系列书籍，如《最新袁世凯》、《护国军纪事》、《新华春梦记》等。

1917 年　35 岁

3 月，代为出版发行《太平洋》月刊。

同年，出版宁协万《青年成功策》、无我译述《侠骨忠魂》（[法] 大仲马著）、民心社编《大革命家陈其美》等。

1918年　36岁

同年，为纪念苏曼殊，翻印苏曼殊译的《拜伦诗选》、《英汉三昧集》、《悲惨社会》（[法]雨果著）。

1919年　37岁

11月，参加全国各界联合会。会议期间遇见张静庐，邀请他到泰东图书局工作。

12月7日，上海四马路商界联合会成立，赵南公是主要筹备者和负责人之一。

同年，出版陈荣广《老上海》。代售郑佩刚拿来的无政府主义书籍，遭到巡捕房搜检，被捕，交了罚款后释放。

1920年　38岁

2月，聘请沈松泉到书局担任助理编辑。

3月，创办《新的小说》，由张静庐担任主编，成立新潮社。

4月，出版《新人》月刊，与主编张无为发起成立新人社。

7月，聘请王靖与张静庐一起编辑《新的小说》。

8月，上海总商会因国会问题分为两派，以赵南公为首的一派主张召开国民大会，并策划另行组建各马路商界联合会。

12月20日，出版王无为编的《湖南自治运动史》，收入了毛泽东的4篇文章：《"湖南自治运动"应该发起了》、《再说促进的运动》、《湖南建设问题的根本问题》、《湖南受中国之累，以历史和现状证明之》，被认为是"毛泽东第一部独立成册的著作"。

同年，代为出版发行《家庭研究》、《民铎杂志》、《国民》、《评论之评论》（The Review of Review）等杂志。组织出版新文化与文学书籍，如蔡晓舟《国语组织法》、王靖《英国文学史》、王无为《蒙古旅行记》、张静庐等著《红叶集》。组织出版经济哲学著作，如李培天译《近世经济思想史论》（［日］河上肇著）、陶乐勤译《协力主义政治经济学》（［法］季特 C.Gide 著）、陈溥贤译《马克思经济学说》（［德］柯祖基著）、邹敬芳译述《劳动总同盟之研究》，以及杜威的《哲学史》《试验心理学》等。

1921 年　39 岁

1 月，将泰东图书局编辑所从南成都路搬迁到马霍路。

同月，领衔揭发上海总商会在江苏省议会选举中的舞弊行为。

2 月，与李凤亭、王无为、张静庐、王靖等在同兴楼商谈书局改组事宜。

4 月 3 日，参加上海公共租界纳税华人会议。

4 月 4 日，在同兴楼宴请从日本来到泰东图书局工作的成仿吾和郭沫若。

5 月，与王无为、张静庐等人在上海成立废娼会，同时连出两期《新人》月刊"废娼运动专号"。

7 月，因广文书局等侵害泰东图书局版权，到书业公所和书业商会进行申诉。

8 月 11 日，与前来书局造访的毛泽东晤谈。30 日，与书业公会高凤池、王锡华、赵廉臣等聚谈泰东图书局图书被翻印事。

同年，决定标点元曲，与郭沫若商议创办纯文学杂志、发行创造社丛书，并将泰东图书局出版审查大权委托给郭沫若。出版"创造社丛书"，如郭沫若的《女神》、郁达夫的《沉沦》、朱谦之的《革命哲学》；出版"创造社世界名家小说集"，如郭沫若、钱君胥合译《茵梦湖》（［德］施笃谟著）。其他书籍有胡怀琛的《大江集》《尝试集批评与讨论》和《新文学浅说》，罗敦伟、易家钺的《中国家庭问题》，郭沫若标点的《西厢》（郭沫若标点），王靖译《柴霍甫小说（汉英合璧）》（[俄] 柴霍甫著），王靖、孔襄我合译《同名异娶》（[英] 王尔德著），林家枢译《女儿国》（[英] 盖斯凯尔夫人著），以及《托尔斯泰小说集》第1集（上海新人社编译）等。

1922年 40岁

5月，出版发行《创造》季刊，由郭沫若、郁达夫、成仿吾等负责编辑。

9月，代为出版发行《孤军》杂志。

同年，继续出版"创造社丛书"，如张资平《冲积期化石》；继续出版"创造社世界名家小说集"，如郭沫若译《少年维特之烦恼》（[德] 歌德著）、郑伯奇译《鲁森堡之一夜》（[法] 古尔孟著）、邓均吾译《虚无乡消息》（[英] 毛列斯原著）。新推出"创造社世界少年文学选集"，如穆木天译《王尔德童话》（[英] 王尔德著）、王独清译《新月集》（[印] 泰戈尔著）。组织出版社会、经济学书籍、如易家钺《妇女职业问题》、陈安仁《社会观》、邵光谟译《人类经济进化史略》（[美] 伊利 Ely、威葛 Wicker 著）、施存统编译《社会经济丛刊》等。

1923年 41岁

1月，与成仿吾等创造社同人计划推出"创造社科学丛书"和"创造社新智丛书"，未果。

5月，出版发行《创造周报》，由郭沫若、成仿吾等负责编辑。

6月14日，赵南公为首的上海各路商界总联合会发表《对政潮重要宣言》，斥责曹锟等人为"亡国妖孽"，提出由全国各界发起召集国民会议，推选德高望重者组织国务委员会，以便解决国事，实现"国民自决"。

同年，代为出版发行《留日学生学报》、《浅草》季刊等杂志。继续出版"创造"系列丛书，如郭沫若《星空》、郁达夫《茑萝集》、郭沫若等著《辛夷集》。出版闻一多的新诗集《红烛》。同时出版钟健闳译《原群》（[法] 鲁

漭著）、王维克译《青鸟》（[比] 梅特林克著）、张墨池、景梅九合译《家庭
与世界》（[印] 泰戈尔著）、钟健闳译《首领论》（[美] Gowin 著）、苏曼殊
译《英汉三昧集》、戴时熙译《生育节制论》（[美] 桑格尔夫人著）、《曾国
藩日记》（王启原编、陶乐勤标点）等。

1924 年　42 岁

7 月，担任农商部商标登录筹备处上海分处处长。

8 月，出版发行《洪水》周刊，由周全平等编辑，这也是赵南公与创造
社同人合作的最后一份刊物。

10 月 3 日，赵南公领衔在《申报》发表告白《赵南公等控总商会改选
违法》，声称上海总商会改选有种种违法行为，要求重选。

同年，继续出版"创造"系列丛书，如周全平《烦恼的网》、倪贻德《玄
武湖之秋》、郭沫若译波斯莪默·伽亚谟《鲁拜集》、穆木天译《蜜蜂》（[法]
法郎士著）等。同时出版王新命《蔓罗姑娘》和《狗史》、景梅九与张墨池
合译的《人格》（[印] 泰戈尔著）、马凌甫译《国民经济学原理》（[日] 津
村秀松著）、刘楚湘编《癸亥政变纪略》、杨永泰等著《现代民主政治》等。

1925 年　43 岁

同年，组织出版文学史书籍，如谭正璧《中国文学史》、朱谦之《音乐
的文学小史》、王维克译《法国文学史》（[法] T.parthier 著）等。同时出版
释太虚《人生观的科学》、支伟成《清代朴学大师列传》、蒋桑汉译《欧洲思
想大观》（[日] 金子筑水著）、《中华民国联省宪法草案及说明书》（汪馥炎
和李祚禅编）等。

1926 年　44 岁

3 月，在未经郭沫若同意的情况下，将郭沫若发表在《创造》季刊上的

雪莱译诗编成《雪莱诗选》出版。

6月，领衔揭发上海总商会会长选举舞弊行为。

11月，出版发行《白露》半月刊，聘请复旦大学法科学生汪宝瑄等为刊物编辑。

同年，组织出版朱谦之的《谦之文存》、《大同共产主义》、《一个唯情论者的宇宙观及人生观》，陈安仁的《人生问题》、《人类进化观》，以及刘永济编《国风乐选》、汉人编著《台湾革命史》等书。

1927年　45岁

3月，上海工人第三次武装起义胜利后，参加上海临时市民代表大会并成功竞选上海市政府委员。

5月，"马日事变"后，长沙泰东图书局分店被查封。

9月，出版发行《泰东月刊》，聘请范香谷为刊物主编。

同年，出版革命文学著作，如蒋光慈著《短裤党》、丁丁编《革命文学论》，还有书局自编的《中国民族革命运动史》（恽代英的讲演集）等。另与狂飙社合作推出"狂飙社丛书之二"，如尚钺的《病》、高歌的《清晨起来》等。与白露社合作推出"白露丛书"，如蒯斯曛《凄咽》等。组织出版社会、哲学书籍，如杨幼炯《社会学述要》、王平陵编《社会学大纲》、朱谦之《国民革命与世界大同》、卢剑波编译《世界产业工人会简史》等。

1928年　46岁

3月，出版发行《社会科学杂志》，由杨幼炯等担任编辑。

4月，出版发行《战线》周刊，由潘汉年担任主编。

11月，与张静庐、赵南公、李志云、汪孟邹、章锡琛等人多次召开新书业公会筹备会。

12月5日，与光华书局、现代书局、亚东图书馆等发起成立新书业公会。

同年，继续出版"白露丛书"，如翰哥（毛含戈）《两种力》、王任叔《殉》等。继续出版"狂飙社丛书之二"，如尚钺《斧背》、高歌《压榨出来的声音》、高长虹《走到出版界》、《曙》、《游离》等。继续出版革命文学著作，如钱杏邨《暴风雨的前夜》、《现代中国文学作家》（第一卷）、《一条鞭痕》等。组织出版朱应祺、朱应会合译的"马克斯研究丛书"，黄思越译的《社会主义发展史纲》等书籍。

1929年　47岁

1月，《白露》半月刊改为《白露月刊》，继续出版。

5月1日，配合中共江苏省委开展的红五月活动，泰东图书局停工一天。

同月，国民党中央执行委员会致函国民政府，提请查禁泰东图书局出版的《暴风雨的前夜》。

6月，国民党中央执行委员会致函国民政府，提请查禁泰东图书局出版的《短裤党》。

8月3日，领衔在《申报》刊登告白《上海新书业公会启事》，驳斥铲共锄奸团宣言的诬蔑之词。

10月4日，因国民党上海特别市党部检举，公共租界巡捕房派出洋探长潘林士、华探长古伟青，前去搜查泰东图书局，结果一无所获。5日，赵南公在律师的陪同下到上海临时法院出席庭审。

同年，代为出版发行《海风周报》、《彩虹》杂志、《莉蕾》月刊。继续出版"狂飙社丛书之二"和"马克斯研究丛书"，又新组织出版了"苏俄研究丛书"和"世界文艺丛书"各四种。

1930年　48岁

2月，与鲁迅、郁达夫、潘汉年等51人发起组织中国自由运动大同盟。

同年，代为出版发行左联创办的《世界文化》杂志。继续出版"马克斯研究丛书"和其他马列著作,如王若水译《近代唯物论史》([俄]普赖汉诺夫著)、陶伯译《唯物史观》([俄]布哈林著)、成嵩译《从猿到人》([德]恩格斯著)和《马克斯主义的基本问题》([俄]蒲列汉诺夫著)等。

1932年 50岁

3月18日,将泰东图书局编辑所提供给"文总"作为召开执委会议的场所。

同年,书局陷入困境,将《辛夷集》的纸型出租给大中书局出版,开始以出租纸型的方式维持书局生存。

1933年 51岁

8月,策划出版"复兴丛书"。

9月,出版书局自编郭沫若作序的《沫若书信集》。作为"复兴丛书"的第一种也是最后一种,该书的出版是赵南公复兴泰东图书局出版事业的最后努力。

1934年 52岁

2月,国民党中央宣传委员会决定查禁图书149种,其中由泰东图书局出版的书籍有:《现代中国文学作家》、《枳花集》、《前线》、《俄国文学概论》。

1935年 53岁

同年,将《女神》、《卢森堡之一夜》、《新月集》、《烦恼的网》等书的纸型出租给大新书局出版。

1938年 56岁

冬,病逝。

参考文献

北京图书馆编:《民国时期总书目》,书目文献出版社1986—1997年版。

蔡震:《〈女神〉及佚诗》,人民文学出版社2008年版。

蔡震:《郭沫若生平文献史料考辨》,社会科学文献出版社2014年版。

曹聚仁:《听涛室人物谭》,上海人民出版社1998年版。

曹聚仁:《书林三话》,生活·读书·新知三联书店2010年版。

陈明远:《文化人与钱》,百花文艺出版社2001年版。

陈其强:《郁达夫年谱》,浙江大学出版社1989年版。

陈思和:《中国新文学整体观》,上海文艺出版社2001年版。

陈西滢:《西滢闲话》,新月书店1933年版。

陈永志:《〈女神〉校释》,华东师范大学出版社2008年版。

陈子善、王自立:《回忆郁达夫》,湖南文艺出版社1986年版。

陈无我:《老上海三十年见闻录》,大东书局1928年版。

成仿吾:《成仿吾文集》,山东大学出版社1985年版。

成嵩译:《从猿到人》,泰东图书局1930年版。

丁淦林:《中国新闻事业史》,高等教育出版社2002年版。

董大中:《鲁迅与高长虹》,河北人民出版社1999年版。

方汉奇:《中国近代报刊史》,山西教育出版社1991年版。

方铭:《蒋光慈研究资料》,宁夏人民出版社1983年版。

费正清主编:《剑桥中华民国史》,上海人民出版社1991年版。

冯乃超:《冯乃超文集》,中山大学出版社1986年版。

冯并:《中国文艺副刊史》,华文出版社2001年版。

高长虹:《高长虹文集》,中国社会科学出版社1989年版。

高歌:《高歌作品集》,北岳文艺出版社1993年版。

戈公振:《中国报学史》,上海古籍出版社2003年版。

郭沫若:《郭沫若全集》,人民文学出版社1982—1992年版。

胡适:《胡适全集》,安徽教育出版社2003年版。

胡适:《胡适文存》,外文出版社2013年版。

胡寄南:《胡寄南心理学论文选(增补本)》,学林出版社1985年版。

黄忏华:《学术丛话》,泰东图书局1921年版。

黄淳浩:《郭沫若书信集》,中国社会科学出版社1992年版。

黄淳浩:《创造社:别求新声于异邦》,社会科学文献出版社1995年版。

黄淳浩:《创造社通观》,崇文书局2004年版。

黄人影:《创造社论》,光华书局1932年版。

黄药眠口述、蔡彻撰写:《黄药眠口述自传》,中国社会科学出版社2003年版。

回忆潘汉年编写组:《回忆潘汉年》,江苏人民出版社1985年版。

贾植芳主编:《中国现代文学的主潮》,复旦大学出版社1990年版。

贾植芳、俞元桂主编:《中国现代文学总书目》,福建教育出版社1993年版。

蒋光慈:《蒋光慈文集》,上海文艺出版社1982年版。

柯仲平:《柯仲平文集》,云南人民出版社2002年版。

旷新年：《1928：革命文学》，山东教育出版社 1998 年版。

李大钊：《李大钊文集》，生活·读书·新知三联书店 1984 年版。

李广宇：《叶灵凤传》，河北教育出版社 2003 年版。

李欧梵：《现代性的追求》，生活·读书·新知三联书店 2000 年版。

李伟江编：《冯乃超研究资料》，陕西人民出版社 1992 年版。

李一氓：《模糊的荧屏：李一氓回忆录》，人民出版社 1992 年版。

黎锦熙：《国语运动史纲》，商务印书馆 1934 年版。

廖久明：《一群被惊醒的人——狂飙社研究》，武汉出版社 2011 年版。

刘纳：《创造社与泰东图书局》，广西教育出版社 1999 年版。

鲁迅：《鲁迅全集》，人民文学出版社 2005 年。

[美] 卢汉超：《霓虹灯外：20 世纪初日常生活中的上海》，段炼等译，上海古籍出版社 2004 年版。

茅盾：《我走过的道路》，人民文学出版社 1981 年版。

茅盾等著：《左联回忆录》，中国社会科学出版社 1982 年版。

莫洛：《陨落的星辰》，上海人间书屋 1949 年版。

倪墨炎：《现代文坛内外》，汉语大词典出版社 1998 年版。

倪墨炎：《现代文坛灾祸录》，上海书店出版社 1996 年版。

宁协万：《青年成功策》，泰东图书局 1917 年版。

潘光武编：《阳翰笙研究资料》，中国戏剧出版社 1992 年版。

平襟亚等著：《民国社会群像》，中国文史出版社 2002 年版。

钱理群、温儒敏、吴福辉：《中国现代文学三十年》，北京大学出版社 1998 年版。

饶鸿兢等编：《创造社资料》，福建人民出版社 1985 年版。

芮和师等编：《鸳鸯蝴蝶派文学资料（上）》，福建人民出版社 1984 年版。

尚钺：《斧背》，泰东图书局 1929 年版。

沈殿成主编：《中国人留学日本百年史 1986—1996》，辽宁教育出版社

1997 年版。

沈从文：《沈从文文集》，花城出版社 1984 年版。

宋原放主编：《中国出版史料》，山东教育出版社 2001 年版。

宋原放编：《中国出版史料（现代部分）补卷》，山东教育出版社 2006 年版。

宋庆森：《书海珠尘：漫话老版本书刊》，新华出版社 2001 年版。

苏曼殊：《苏曼殊全集》，哈尔滨出版社 2011 年版。

谭勉予：《俘虏的生还》，泰东图书局 1929 年版。

唐达君编：《阳翰笙文集》，华夏出版社 2000 年版。

唐沅等编：《中国现代文学期刊目录汇编》，知识产权出版社 2010 年版。

唐弢主编：《中国现代文学史》，人民文学出版社 1981 年版。

唐文一、沐定胜：《消逝的风景：新文学版本录》，山东画报出版社 2005 年版。

汤志钧：《章太炎年谱长编》，中华书局 1979 年版。

天裔、剑波：《新妇女的解放》，泰东图书局 1927 年版。

田寿昌等著：《三叶集》，亚东图书馆 1920 年版。

陶晶孙：《陶晶孙文集》，华夏出版社 2000 年版。

王靖、钱家骧译：《人生之实现》，泰东图书局 1921 年版。

王慕民：《朱镜我评传》，宁波出版社 1998 年版。

王晓明：《二十世纪中国文学史论》，东方出版中心 1997 年版。

王余光、吴永贵：《中国出版通史》，中国书籍出版社 2008 年版。

汪孟邹：《亚东图书馆与陈独秀》，学林出版社 2006 年版。

汪馥炎、李祚禅编：《中华民国联省宪法草案及说明书》，泰东图书局 1925 年版。

魏建：《创造与选择——论前期创造社的文化艺术精神》，百花文艺出版社 1995 年版。

文史资料研究委员会编:《辛亥革命回忆录》,文史资料出版社 1961 年版。

闻一多:《闻一多全集》,湖北人民出版社 1993 年版。

[马来西亚] 温梓川:《文人的另一面——民国风景之一种》,广西师范大学出版社 2004 年版。

吴腾凰、杨连成:《蒋光慈宋若瑜》,中国青年出版社 1995 年版。

武继平:《郭沫若留日十年 1914——1924》,重庆出版社 2001 年版。

伍廷芳:《伍廷芳集》,中华书局 2004 年版。

夏含华编:《中国国民党之史的发展》,泰东图书局 1929 年版。

邢贲思、黄枬思、方克立:《三大思潮鼎立格局的形成——五四后期的思想文化论战》,百花洲文艺出版社 2007 年版。

徐志摩:《徐志摩全集》,中央编译出版社 2014 年版。

许子东:《郁达夫新论》,浙江文艺出版社 1985 年版。

许寿裳:《亡友鲁迅印象记》,人民文学出版社 1953 年版。

严家炎:《中国现代小说流派史》,人民文学出版社 1989 年版。

阳翰笙:《风雨五十年》,人民文学出版社 1986 年版。

杨武能:《三叶集:德语文学·文学翻译·比较文学》,巴蜀书社 2005 年版。

杨幼炯:《俄国革命史》,民智书局 1928 年版。

姚一鸣:《中国旧书局》,金城出版社 2014 年版。

叶灵凤:《读书随笔》,生活·读书·新知三联书店 1988 年版。

叶灵凤:《霜红室随笔》,海豚出版社 2012 年版。

易君左:《易君左自选集》,黎明文化事业股份有限公司 1975 年版。

应国靖:《现代文学期刊漫话》,花城出版社 1986 年版。

郁达夫:《郁达夫全集》,浙江大学出版社 2006 年版。

俞子林编:《百年书业》,上海书店出版社 2008 年版。

曾纪泽：《使西日记》，湖南人民出版社 1981 年版。

赵必振译：《德意志文豪六大家列传》，上海作新社 1903 年版。

赵家璧主编：《中国新文学大系》，良友图书印刷公司 1935 年版。

赵南公：《赵南公日记》，上海交通大学出版社 2016 年影印版。

张静庐：《在出版界二十年》，江苏教育出版社 2005 年版。

张静庐辑注：《中国近现代出版史料》，上海书店 2003 年版。

张泽贤：《民国出版标记大观》，上海远东出版社 2012 年版。

朱寿桐编：《张资平自传》，江苏文艺出版社 1998 年版。

张允侯等编著：《五四时期的社团》，生活·读书·新知三联书店 1979 年版。

张东荪编：《宪法与省制》，泰东图书局 1916 年版。

张养民：《苏联之经济组织》，泰东图书局 1929 年版。

张其柯：《理论与实践——从辩证法唯物论的立场出发》，亚东图书馆 1930 年版。

郑伯奇：《沙上足迹》，黑龙江人民出版社 1999 年版。

郑振铎：《郑振铎全集》，花山文艺出版社 1998 年版。

中国社科学院文学研究所编：《"革命文学"论争资料选编》，人民文学出版社 1981 年版。

中国社会科学院近代史研究所近代史资料编辑组编：《近代史资料（总107 号）》，中国社会科学出版社 2003 年版。

中央文献研究室编：《毛泽东书信选集》，中央文献出版社 2003 年版。

中共中央马恩列斯著作编译局研究室编：《五四时期期刊介绍》，生活·读书·新知三联书店 1959 年版。

中共杨浦区委组织部、中共杨浦区委党史办公室、杨浦区档案局编：《中共沪东地区斗争史（一九二三·七——一九三七·七）》，上海远东出版社 2000 年版。

周海林：《创造社与日本文学：关于早期成员的研究》，上海社会科学出版社 2016 年版。

周瘦鹃：《花前新记》，江苏人民出版社 1958 年版。

周作人：《周作人日记》，大象出版社 1996 年版。

周作人：《周作人自编文集·谈虎集》，河北教育出版社 2002 年版。

朱寿桐：《情绪：创造社的诗学宇宙》，上海文艺出版社 1991 年版。

朱谦之：《朱谦之文集》，福建教育出版社 2002 年版。

［日］伊藤虎丸：《鲁迅、创造社与日本文学——中日近现代比较文学初探》，北京大学出版社 2005 年版。

《新人》月刊、《新的小说》、《创造》季刊、《创造周报》、《创造日》、《泰东月刊》、《白露》半月刊、月刊、《社会科学杂志》、《民铎杂志》、《浅草》、《新青年》、《文学旬刊》、《长虹周刊》、《文友》、《民谊》、《东方杂志》、《小说月报》、《文艺春秋副刊》、《中国新书月报》、《出版消息》、《中学生》（上海）、《清议报》、《大公报》、《时事新报》及其副刊《学灯》、《顺天时报》、《申报》

统　　筹：贺　畅

责任编辑：周　颖

封面设计：肖　辉　胡欣欣

版式设计：汪　莹

图书在版编目（CIP）数据

中国出版家.赵南公/咸立强 著.—北京：人民出版社，2020.3

（中国出版家丛书/柳斌杰主编）

ISBN 978－7－01－020807－7

I.①中…　II.①咸…　III.①赵南公（1882~1938）－生平事迹　IV.① K825.42

中国版本图书馆 CIP 数据核字（2019）第 089818 号

中国出版家·赵南公

ZHONGGUO CHUBANJIA ZHAO NANGONG

咸立强　著

人民出版社 出版发行

（100706　北京市东城区隆福寺街 99 号）

北京盛通印刷股份有限公司印刷　新华书店经销

2020 年 3 月第 1 版　2020 年 3 月北京第 1 次印刷

开本：710 毫米 × 1000 毫米 1/16　印张：22.5

字数：259 千字

ISBN 978－7－01－020807－7　定价：69.00 元

邮购地址 100706　北京市东城区隆福寺街 99 号

人民东方图书销售中心　电话：（010）65250042　65289539